·13·

亚洲研究丛书

# 亚洲新兴经济体的住房挑战：
# 政策选择与解决方案

## The Housing Challenge in Emerging Asia:
## Options and Solutions

吉野直行　马蒂亚斯·赫布尔/主编
Naoyuki Yoshino and Matthias Helble, Editors

严　荣/译

社会科学文献出版社
SOCIAL SCIENCES ACADEMIC PRESS (CHINA)

CONTENTS

# 第一部分　住房政策的理论介绍 ············································ 1

### 第一章　住房政策的一个简要模型

# 表目录

# 图目录

# 编著者简介

相泽俊明（Toshiaki Aizawa），亚洲开发银行研究院副研究员

马蒂亚斯·赫布尔（Matthias Helble），亚洲开发银行研究院经济学家

克里斯蒂安·希尔贝尔（Christian Hilber），伦敦政治经济学院教授

金京焕（Kyung-Hwan Kim），韩国国土交通部副部长

小林正宽（Masahiro Kobayashi），日本住宅金融支援机构总经理

李惊（Jing Li），（香港）恒生管理学院助理教授

朴美仙（Miseon Park），韩国人居环境研究院副研究员

潘淑莹（Sock-Yong Phang），新加坡管理大学教授

乔蒂·拉奥（Jyoti Rao），（澳大利亚）墨尔本大学博士研究生

奥利维尔·尚尼（Olivier Schöni），（德国）波恩大学博士后研究人员

皮尤什·蒂瓦里（Piyush Tiwari），（澳大利亚）墨尔本大学教授

吉野直行（Naoyuki Yoshino），亚洲开发银行研究院院长

# 前　言

在过去的三十多年里，亚洲实现了举世瞩目的经济增长，数以亿计的人摆脱了贫困。然而，尽管经济增长势头强劲，许多亚洲国家的住房条件仍然不够完善。

亚洲是城市化的后来者。在三十多年前，不到 1/3 的亚洲人生活在城市区域，直到今天，也只有一半人生活在城市当中。除了非洲以外，世界上所有地区的城市化率都已经超过了 70%。在可预见的未来，城市化的趋势仍将继续推进。联合国预计亚洲的城市化率将在 2050 年达到 64%。

亚洲目前的城市居民数量在 20 亿人以上，超过了世界上任何一个地区。到 2050 年，亚洲的城市居民数量可能会接近 33 亿。不断增加的城市居民数量意味着城市区域每年需要为较大规模的新居民提供住房。亚洲开发银行研究院（the Asian Development Bank Institute，ADBI）估计，按照现在的城市化推进速度，亚洲每天有 12.7 万人进入城市区域。

整个亚洲都迫切需要提供适足且负担得起的住房。经济增长伴随着持续推进的城市化，使亚洲不断壮大的中产阶层对住房的需求与日俱增，但是住房供应跟不上需求的增加，由此导致土地、劳务和建筑材料的价格都快速上涨。而且，获得住房还需要融资渠道。在许多亚洲国家，中低收入家庭一般都缺乏获得正规金融机构融资的渠道。结果，亚洲很大一部分人口仍然难以获得住房。对于低收入群体而言，这些问题演变为城市贫民窟的扩张，而不是居住条件的改善。

不适当的住房条件带来的影响是多重的。在科学研究文献中已有实证表明，健康状况不佳与住房不足紧密相关。获得饮用水和卫生设施对提高健康水平同样重要。而且，文献还论证了住房不足与教育水平较低之间的关联性。最后，获得住房是各个国家福利体系中的一项重要内容。

在亚洲，提供负担得起且适足的住房的挑战并不是新近才出现的。过去四十多年，该地区的各个国家政府都尝试了很多干预政策。伴随着经济迅速增长，一些国家改善了大量市民的居住条件。通过实施贫民窟改造方案，在过去二十多年里，亚洲城市人口中生活在贫民窟中的人口比例已经下降了。然而，由于人口快速增长，生活在贫民窟中的人口绝对数量还是有所增加。因此，提高获得负担得起且适足的住房机会仍然是亚洲大多数政府将面临的一项重要任务。

本书致力于为解决住房挑战提供新知识。本书研究了几个发达国家的经验，这些国家早先就面临城市人口快速增长带来的住房挑战。这些国家的经验和教训能给当前的政策制定者提供宝贵的借鉴。尽管各国国情有差异，但是一些原则是通用的，包括：（1）取消供给侧的约束以促进住房市场发展；（2）让更多居民能获得住房融资，同时要避免过度借贷或者将私营机构挤出市场；（3）在确保负担得起的同时要持续提升居住品质。

本书是由位于东京的亚洲开发银行研究院牵头亚洲内外的顶尖住房政策专家合作研究的成果。主编是亚洲开发银行研究院院长吉野直行（Naoyuki Yoshino）和该院经济学家马蒂亚斯·赫布尔（Matthias Helble）。这是亚洲开发银行研究院在住房政策领域的第一本著作。我相信该书将有助于亚洲地区的政策制定者在住房领域做出更好、更明智的决策，从而有利于提升亚洲人民的福祉。

中尾武彦

（Takehiko Nakao）

亚洲开发银行行长

# 缩略词

| 英文缩写 | 英文全称 | 中文译名 |
|---|---|---|
| ARRA | American Recovery and Reinvestment Act | 美国复苏与再投资法案 |
| BPL | below the poverty line | 低于贫困线 |
| CPF | Central Provident Fund | （新加坡）中央公积金 |
| CPI | consumer price index | 消费价格指数 |
| CRH | Cheap Rental Housing | 廉租房 |
| DTI | debt-to-income | 债务收入比率 |
| ECH | Economic and Comfortable Housing | 经济适用住房 |
| EWS | economically weaker section | （印度）经济脆弱群体 |
| FILP | Fiscal Investment and Loan Program | （日本）财政投融资体制 |
| FY | fiscal year | 财政年度 |
| GDP | gross domestic product | 国内生产总值 |
| GFI | government financial institution | 政府融资机构 |
| GHLC | Government Housing Loan Corporation | （日本）住宅金融公库 |
| HAMP | Home Affordable Modification Program | （美国）房贷负担可调整计划 |
| HATA | Housing Assistance Tax Act | （美国）住房补助税收法案 |
| HDB | Housing & Development Board | （新加坡）建屋发展局 |
| HDFC | Housing Development Finance Corporation | （印度）住房开发金融公司 |
| HHF | Hardest-Hit-Fund( program) | （美国）重创基金(项目) |
| HIG | high-income group | 高收入群体 |
| HOS | Home Ownership Scheme | （中国香港）居者有其屋计划 |
| HPF | Housing Provident Fund | 住房公积金 |
| HPI | house price index | 住房价格指数 |
| HUDCO | Housing and Urban Development Corporation | （印度）住房和城市开发公司 |
| JHC | Japan Housing Corporation | 日本住房公团 |
| JHF | Japan Housing Finance Agency | 日本住房金融支援机构 |

续表

| 英文缩写 | 英文全称 | 中文译名 |
|---|---|---|
| JNNURM | Jawaharlal Nehru National Urban Renewal Mission | (印度)贾瓦哈拉尔·尼赫鲁全国城市复兴计划 |
| km² | square kilometers | 平方公里 |
| LBS | Lease Buyback Scheme | (新加坡)屋契回购计划 |
| LGU | local government unit | 地方政府部门 |
| LIG | lower-income group | 低收入群体 |
| LTV | loan-to-value | 贷款价值比率 |
| m² | square meters | 平方米 |
| MBS | mortgage-backed securities | 抵押贷款支持证券 |
| MDO | mortgage debt outstanding | 未偿还的抵押贷款债务 |
| MHA | Making Home Affordable(program) | (美国)房贷可负担方案 |
| MHUPA | Ministry of Housing and Urban Poverty Alleviation | (印度)住房和城市扶贫部 |
| MID | mortgage interest deduction | 扣减抵押贷款利息 |
| MIG | middle-income group | 中等收入群体 |
| MOLIT | Ministry of Land, Infrastructure, Transport and Tourism | (日本)国土交通省 |
| MPCE | monthly per capita expenditure | 每月人均支出 |
| MRD | monthly rental with deposit | 每月租金与押金 |
| NHB | National Housing Bank | (印度)国家住房银行 |
| OECD | Organisation for Economic Co-operation and Development | 经济合作与发展组织 |
| PAP | People's Action Party | (新加坡)人民行动党 |
| PIR | price-income ratio | 价格收入比 |
| PLS | private label securities | 普通商业机构发行的住房抵押贷款支持证券 |
| PRC | People's Republic of China | 中华人民共和国 |
| PRH | public rental housing | 公共租赁住房 |
| RAY | Rajiv Awas Yojana | (印度)拉吉夫城市住房工程计划 |
| SHI | Second Home Initiative | (瑞士)第二住所倡议计划 |
| SOE | state-owned enterprise | 国有企业 |
| SPR | Singapore permanent resident | 新加坡永久居民 |
| TMHD | Two-Million Housing Drive | (韩国)两百万套住房运动 |
| TPS | Tenants Purchase Scheme | (中国香港)租者置其屋计划 |
| UDC | Urban Development Corporation | (日本)都市开发公团 |
| UK | United Kingdom | 英国 |
| ULB | urban local body | (印度)城市地方机构 |
| UR | Urban Renaissance Agency | (日本)都市更新机构 |
| US | United States | 美国 |

# 导　言

吉野直行　马蒂亚斯·赫布尔

　　对每个人而言，衣食住行都是生活的基本需要。受益于经济快速增长以及贸易开放，亚洲新兴经济体的大多数居民现在都能满足前两种需要。毕竟，亚洲当前的人均 GDP 是 1990 年的 4 倍多。然而，在这几种基本需要中，获得适足的住房对许多亚洲居民而言仍然是难以实现的。本书旨在分析亚洲国家在住房领域面临的各种挑战，并提出了一些新颖的应对之策。

　　过去的三十多年，亚洲国家能实现强劲的经济增长，原因来自多个方面。一些亚洲经济体改善了宏观经济政策，推行了卓有成效的出口导向发展战略，快速融入了国际市场。进入 21 世纪以来，亚洲经济体成功地加入了区域和全球生产网络，并将亚洲建设成为全球制造中心。同时，城市化也促进了经济增长。在 20 世纪 90 年代初，亚洲国家只有 1/3 的人口生活在城市地区，而在目前，该比例已升至一半左右。这种快速增长背后的机制相当简单。城市地区对廉价劳动力的需求超过了供给，使得大量劳动力从农村地区迁徙至城市。由于城市地区制造业和服务业的生产率通常比农业部门更高，所以亚洲国家的城市化进程推动了该区域的经济增长。另外，城市地区产业集群的发展被证实在经济方面是非常有效率的，尤其在交通运输成本、外包和溢出效应方面发挥重要作用的一些产业。与此同时，城市化进程会自我强化，因为相比农村地区，城市的工资收入一般更高，生活水平也更高。

　　然而，亚洲国家快速的城市化进程并非没有问题。城市地区通常会面临环境恶化、污染严重以及交通堵塞等问题。对城市居民而言，当前最为迫切的挑战之一在于能否获得适足且负担得起的住房。快速城市化一般会引起住房需求的急剧增加，但住房供应总是跟不上需求。而且，城市地区的土地总是有限的，这也会造成房价快速上涨。还有不利因素就是有一部分地区的城市化缺乏规划，导致涌现出了一些居住条件非常恶劣的贫民窟。

能够提供负担得起且适足的住房将成为该区域公平和可持续发展的基石。恶劣的居住条件的负面影响是显而易见的，包括身体不佳、教育水平低以及负面的社会溢出效应。

本书内容安排如下：我们首先提出了一个理论框架，将住房市场的主要特征进行概念化。该模型可以分析和模拟政府出台的各类干预政策，以此作为一个有意义的参照点。在本书的第二部分，我们研究了9个发达国家的住房政策，目的在于让读者了解这些发达国家制定和执行住房政策的一些经验和教训，从而为亚洲新兴经济体提供可资借鉴的视角和指导。

对这9个经济体的挑选有以下3个标准。首先，我们对有较长住房政策发展历史并且资料齐全的经济体更为感兴趣。其次，这些经济体的住房政策在国际学术文献中已被研究过，这会使我们的结论具有坚实的经验依据。最后，我们希望能将亚洲一些最发达的经济体——日本、韩国和新加坡，以及两个最大的国家——中国和印度纳入其中。当然亚洲的其他国家也满足前两个要求，但是本书并不能详尽无遗，我们的主要目的是从理论和实践两个方面全面认识各种住房政策的机制。

如果不是以全面协调的方式进行设计，哪怕是最好的住房政策都无法取得成效。住房政策不仅与其他公共政策相互关联，而且要依靠许多干预性的公共政策。比如，每个家庭都需要供水、用电以及卫生服务；新建住宅需要与公路网络相连，如果有可能，还需要与公共交通网络相连；而且新的住宅区应该提供基本服务设施，如医疗卫生和教育。对政策制定者而言，增加就业机会也是需要重点考虑的问题。与此同时，住房政策也会对实现其他政策领域的目标发挥作用。比如，提高住房的建筑节能水平有助于减少电力消耗和温室气体排放，因而住房政策成为实现节能环保目标的一项内容。另外一个例子就是住房政策要求所有的住宅都满足一定的安全和质量标准，这会提高健康水平，同时能防止建造不符合标准的住房。最后，住房政策能否成功的关键因素之一就是法律框架。比如，不确定的土地产权可能阻碍潜在的房东建造住房。再一次声明，本书无意穷尽所有的关联机制，我们只聚焦住房政策本身。当然，我们的国别研究清楚地表明，在制定和执行住房政策时，与其他政策领域的关联是非常重要的考量因素。

# 章节概览

本书开篇由吉野直行（Naoyuki Yoshino）、马蒂亚斯·赫布尔（Matthias Helble）和相泽俊明（Toshiaki Aizawa）合著。该章的主要目的是概述经常实施的几种住房政策，并阐述其经济效应。为便于分析，几位作者首先针对自有住房和租赁住房引入了一个简单的两阶段住房需求模型，然后增加了一个标准的存量—流量住房供给模型。借助这个模型化框架，几位作者解释了各种住房政策对供给与需求的定性影响。仍是由这几位作者合写的第二章运用第一章中所引入的两阶段住房需求模型，对不同住房政策的效应做出定量估测。该章在成本不变的假设下，评估了不同住房政策的影响。数值模拟表明，从成本效益角度来说，对于自有住房最有效的需求侧政策是降低抵押贷款利率；而对承租户来说，现金补贴优于租赁补助。

本书第二部分包括由小林正宽（Masahiro Kobayashi）撰写的有关日本住房政策的一章。二战后，日本面临严重的住房短缺，政府采取了一系列政策刺激住房供应。随着经济快速增长，存量住房的修复工作快速推进，许多日本人得以成为房主。然而，在 20 世纪 80 年代末，住房价格的快速上涨导致房地产泡沫不断膨胀，最终在 20 世纪 90 年代初破灭。房地产泡沫的破灭不仅重创了实体经济，而且使日本民众一直缺乏重振经济的信心。提升住房品质是当前日本住房政策的重要内容。与此同时，日本政府也试图平衡新建住房与盘活存量住房之间的关系。

由金京焕（Kyung-Hwan Kim）和朴美仙（Miseon Park）合作撰写的章节，回顾并评价了韩国过去几十年的住房政策。他们描述了住房政策是如何应对不断涌现的新挑战的，比如住房短缺、住房品质问题以及住房困难群体的福利问题。两位作者发现，幸亏在 20 世纪 80 年代以后持续大规模地供应新建住房，这才在较短时期内解决了住房的绝对短缺问题，并显著改善了整体居住条件。然而，该章提出韩国住房政策仍然有一项重要任务亟待完成，那就是提高低收入家庭和弱势群体的住房福利。韩国住房政策的一个显著特征就是在政府广泛干预的框架内让私营部门积极参与。政府在很多方面都发挥关键作用，包括建立公共部门的制度和法律框架，提供可开发的土地，分配住房资源给目标群体。根据作者的分析，韩国住房政策正面临着人口和社会经济变化带来的全新挑战。

　　由潘淑莹（Sock-Yong Phang）和马蒂亚斯·赫布尔（Matthias Helble）合作撰写的章节分析了新加坡的住房政策。新加坡住房体系最显著的特征是3/4 的存量住房由建屋发展局（the Housing & Development Board，HDB）建造，家庭购房获得中央公积金（Central Provident Fund，CPF）储蓄的资助。因而，新加坡的住房自有率在 90% 左右，是市场化程度最高的国家之一。该章描述了在不同的经济发展阶段，新加坡政府如何应对各种住房问题。20世纪 60 年代，为缓解严重的住房短缺问题，建立了一个统一的土地与住房供应和融资体系。20 世纪 90 年代，面临的主要挑战是对老旧住房进行更新，并为建屋发展局的住房交易建立一个市场。此时，还推行了住房补助方式的补贴政策。近期面临的主要挑战是遏制投资和投机需求、日益加剧的收入不平等以及人口老龄化等问题。为此，政府特意出台了面向住房补助的宏观审慎政策，并提出了帮助老年人将其住房产权进行货币化处置的计划。该章还分析了住房政策的几项关键内容，包括土地收储、建屋发展局与中央公积金体系、市场的作用、对住房市场的干预、种族融合计划（the Ethnic Integration Scheme）、屋契回购计划（the Lease Buyback Scheme），并总结了一些可资其他国家吸取的教训。

　　由克里斯蒂安·希尔贝尔（Christian Hilber）和奥利维尔·尚尼（Oliver Schöni）合作撰写的章节分析了欧美三个发达国家——瑞士、英国和美国的住房市场及当前的住房政策。两位作者聚焦于这三个国家，主要是因为它们有各不相同的制度背景。英国的特征是财政集权和非常严格的规划体系。两位作者的研究表明，这种有些死板的制度设计使住房供应根本无法对住房价格的波动做出反应，从而导致了非常严重的住房支付能力危机和住房短缺问题，尤其是对年轻人而言。英国住房政策的关键内容被称为"购房援助计划"（Help-to-Buy），由于只注重刺激住房需求，所以难以缓解可支付能力方面的危机。因为在不增加住房供应的情况下，增长的住房需求只会推高房价。瑞士的特征是财政分权和相当宽松的分区体系，这两者都会促进住宅开发。但是，这种特征的国家所面临的主要挑战是城市的蔓延扩张和租金的快速上涨，而且鲜有成功应对的案例。最后，美国的特征是财政联邦主义。不同城市对土地使用限制的松紧程度差异很大。全美国相同的重要政策导向是促进住房自有，为此，较为关键的政策是扣减抵押贷款利息（the mortgage interest deduction，MID）。该章的作者分析了这一政策在经济较发达和土地利用被严格管制的城市区域是如何被逆转的，因为它推高了房价。扣减抵押贷款利息的政策只提高了实行土地利用宽松管制的城市区域的高收入家庭的住房自有率，促进住房自有的政策在全国的净效用几乎为零。该章的作者认为，对住房政策的评价高度依赖于当地住房市场的财政和管制环境。在实行严格管制或者供应非常刚性的市场中，类似扣减抵押贷款利息或"购房援助计划"的刺激住房需求政策注定会失效。

在本书的第三部分，皮尤什·蒂瓦里（Piyush Tiwari）和乔蒂·拉奥（Jyoti Rao）分析了印度的案例，指出该国在建立住房政策、项目和制度方面都拥有悠久的历史。然而，由于未能配置适当的资源，这些政策和制度在缓解住房短缺方面的作用已经非常有限。2011年，印度的住房短缺量估计在5100万套左右。该章认为，要缓解印度的住房短缺问题，迫切需要搭建住房体系的基础：（1）将住房纳入宪法权利；（2）解决不明确的土地所有权及随后的索赔问题；（3）为保障性住房项目配置适当的金融资源；（4）为提高所有收入阶层的住房支付能力设计有效的政策工具；（5）解决市场分割问题，目前这种分割局面只迎合了信用可靠的客户的住房需求，而忽视了中低收入群体日益增长的住房需求。该章作者认为，印度在住房方面拥有较为全面的机构、政策和市场框架，但需要配备适当的资源，使之能为所有人提供住房。

由李惊（Jing Li）撰写的章节分析了中国（包括香港地区）的住房市场与住房政策。由于有限的土地供应，两个市场（内地和香港地区）都面临住房的负担能力问题，但解决方案各有不同。作者阐述了香港地区采取了一种"地铁加物业开发模式"（a Railway and Property Development Model），使政府与开发企业在城市区域紧密合作，而大多数绿化带和周边岛屿则开发不足。与之相对，中国内地承诺维持基本农田的底线，但由于地方政府出于财政约束和经济增长的考虑，常常会打破该项承诺。在这种背景下，该章进一步剖析了经济和制度的差异将如何影响住房市场的发展，以及在不同制度和体系中住房政策的运转情况。两个市场中住房政策的目标和效果与其社会福利体系相吻合：香港地区倾向于老年人和低收入人群，而内地更加关注年轻人和高收入人群。所运用的政策工具也有差异：香港地区通过提供住房补贴帮助租赁公屋的居民成为房东，而内地则通过住房公积金，扣减抵押贷款利息，这是获得自有住房的有效措施。

# 住房政策矩阵

本书提供了住房政策的一种概要。表 I.1 概述了本书所研究的各种住房政策，既有需求侧和供给侧政策，也有针对自有住房（第二列）和租赁住房（第三列）政策。对于自有住房的相关政策，我们首先列出了试图促进住房自有的措施（标有加号），比如从所得税中扣减抵押贷款利息。然后列出了意在抑制住房需求的措施（标有减号），比如对购买住房征收房产税。至于提升品质标准的政策，既有可能通过提出更高的标准而促进住房自有，也有可能因为成本更高而产生抑制作用。对于住房租赁市场，我们列出了所有能使租赁更具可负担性的政策。比如，政府可能会决定向承租户提供租赁补贴。对于供给侧，本书分析了六项政策，既涉及自有住房市场，也有关涉住房租赁市场的政策。

**表 I.1　住房需求侧和供给侧政策概要**

|  | 自有住房市场 | 住房租赁市场 |
|---|---|---|
| 需求侧 | ＋对购买住房提供现金补助 | ＋固定数额的现金补贴 |
|  | ＋住房补贴 | ＋租赁补贴 |
|  | ＋降低抵押贷款利率 | ＋租赁凭证 |
|  | ＋从所得税中扣减抵押贷款利息 | ＋住房券 |
|  |  | ＋租金管制 |
|  | ±提升品质标准 |  |
|  | －对购买住房征收房产税 |  |
|  | －管制贷款价值比率(LTV)和债务收入比率(DTI) |  |
|  | －限制新购房行为 |  |
| 供给侧 | ＋公共住房 | ＋公共住房 |
|  | ＋向供应主体提供补贴 | ＋向供应主体提供补贴 |
|  | ·提升品质标准 | ＋改造贫民窟 |

资料来源：作者。

表 I.2 和 I.3 用矩阵方式分析了本书所涵盖的经济体的主要住房政策。矩阵的第一列列出了具体的住房政策；第一行描述了该政策是供给侧还是需求侧的政策；接下来的几行简述了各种政策的优点和缺点；最后列举了该政

策在本书所涉及经济体中的应用情况。比如，在韩国，低收入群体有资格获
得住房券以降低租金支出。住房券不是没有缺点，比如可能会被用作他途，
而不是支付租金，也有可能加重公共预算负担。表Ⅰ.2和Ⅰ.3对本书的案
例中所使用的主要政策工具提供了一个简要概述。

**表Ⅰ.2 促进住房自有的相关政策**

8

| 政策 | 住房的现金补助和住房补贴 | 降低抵押贷款利率 | 从所得税中扣减抵押贷款利息 | 提升品质标准 | 住房建设或土地供应 |
|---|---|---|---|---|---|
| 需求侧/供给侧 | 需求侧 | | | 需求侧/供给侧 | 供给侧 |
| 优点 | 减少家庭的住房成本；操作简便且容易理解 | 降低购买住房的融资成本；增强竞争力 | 降低购买住房的融资成本 | 提高生活标准和耐久性；有助于环境政策 | 加快住房建设；确保住房质量 |
| 缺点 | 现金补助可能用于其他目的；（需设立）资格标准；财政负担 | 挤出私营银行和投资者；增加家庭的债务；财政负担 | 对低收入群体缺乏有效性；增加家庭的债务；财政负担 | 对家庭和政府而言有执行成本；使低收入群体更加负担不起住房 | 超出供应能力的范围；缺乏多样性；财政负担 |
| 国家示例 | 韩国、新加坡 | 日本、韩国 | 美国、日本 | 日本、韩国 | 日本、韩国、新加坡 |

资料来源：作者。

**表Ⅰ.3 支持低收入承租户的住房政策**

9

| 政策 | 租赁凭证 | 住房券 | 租金管制 | 公共住房 | 补贴供应者 |
|---|---|---|---|---|---|
| 需求侧/供给侧 | 需求侧 | | 需求侧/供给侧 | 供给侧 | |
| 优点 | 增加住房消费；（对业主）鼓励维护 | 给家庭更多选择权；（对业主）鼓励维护 | 减轻租金负担 | 缓解住房短缺；保证最低（居住）标准 | 加快住房建设；缓解住房短缺 |
| 缺点 | 没有动力去寻找更廉价的住房；财政负担 | 补贴可能被用于其他目的；财政负担 | 过度需求；对新建租赁住房的激励太小；低效率配置（资源） | 限制家庭的选择；挤出私营供应者；（设立）资格条件 | 过度投资；财政负担 |
| 国家示例 | 美国 | 韩国、美国 | 瑞士、美国 | 日本、英国 | 印度 |

资料来源：作者。

10

# 结论

如表Ⅰ.2和表Ⅰ.3所示，住房政策可以采取截然不同的实施方式，而且各国对住房政策的执行也有很大差异。即便同一种政策工具应用于两个国家，政策表现也会相异。显然，各国国情总是不一样的。虽然不同国家间存在差异，我们还是发现所有国家都面临一些共同挑战。

大多数国家共同面临的第一个问题就是住房市场的翔实数据较为匮乏。众所周知，住房市场的一个特性在于每个住房单元（一栋或一套）都有其独特性（房龄、建筑面积等），因而在购买或租赁时都会有不同的价格。另一个使问题更复杂的因素在于住房市场中的交易数量相比存量住房总规模是比较低的。因而，要知道住房泡沫是否存在及其确切规模，一般是颇具挑战性的。另外一个难题是估计住房供应和需求的弹性。要确保政府对住房市场的干预措施能取得预期效果，必须掌握房价以及其他经济变量的详细数据。以往，不管是发达国家还是发展中国家，政府在采取住房政策时都不知道确切影响。因而，政策失灵的风险非常高，并且如本书所述，正是由于缺乏对住房市场的足够了解，很多住房政策已经失灵。

各国政府面临的第二项挑战，在于确定市场在改善获得能负担得起且适足的住房方面的角色。通过研究和比较各国住房政策的发展历史，一种模式已现雏形。在经济发展的初级阶段，政府倾向于采取非市场的政策措施。比如，日本和韩国的政府在经济飞速发展期，积极实施住房市场供给侧的干预措施，促进新房建设。随着经济发展步入成熟期，住房政策就更加依赖市场化的措施了。比如，在经济取得不断发展之后，新加坡逐步放松了对住房市场的管制。对政策制定者而言，经常面临的一个难题是决定住房政策中市场化与非市场手段干预的恰当程度。

各国政府面临的另一个共同问题是对需求侧与供给侧政策的抉择。通过比较本书涉及的这些经济体，我们注意到，在20世纪50~70年代，供给侧政策更为普遍。比如，像日本这样快速发展的国家，都大规模地供应住宅用地和公共租赁住房。从20世纪90年代开始，许多国家都转向需求侧政策，供给侧则留给了私营部门。这种政策调整只有在供应富有弹性，足以满足不断增长的需求之时，才能取得成功。在英国的案例中，不断增长的需求导致房价不断上涨，降低了住房的可负担性。

11

　　至于住房金融，各国政府考虑引入的政策工具，要能减少因利率波动造成抵押贷款违约而带来的风险。家庭签署的抵押贷款利率一般都是灵活的，与类似伦敦银行同业拆借利率（the London Interbank Offered Rate，LIBOR）这样的基准利率挂钩。在利率突然快速提高的情形下，贷款家庭为偿还债务，会面临显著增加的支付要求。美国2007～2008年爆发的次级贷款危机表明，利率猛然波动会给那些低收入或因为失业而失去收入的家庭带来灾难性的后果。许多家庭可能被迫出售住房，导致房价快速下跌，而家庭的债务却迅猛增加。在利率飙升的情形下，政府可以采取降低利率或为较低利率提供担保的干预措施。但是，政府在采取这些政策工具时应该慎重，要避免扭曲私营部门的市场行为，或者向家庭提供不恰当的激励。最好的情况是政府使用的政策工具能提高住房金融的可预见性和可支付性（平抑加息带来的影响），从而既防止住房市场崩盘，又避免家庭过度借贷。

　　本书涉及的经济体具有截然不同的制度背景。但是，所有经济体（除新加坡和中国香港地区）都面临的一个老话题——中央与地方政府之间富有挑战性的关系。我们可以在中央和地方两个层面设计住房政策。但是政策执行通常需要依靠地方政府的能力。在印度和中国，这种中央与地方的关系对住房政策的推进尤为重要。在这两个国家，地方政府经常缺乏执行中央层面制定的住房政策的能力。另外一种可能是一些住房政策有悖于地方政府利益。比如，地方政府可能有动力促进当地住房市场发展以维持经济增长，但是没有考虑区域和全国住房市场的系统性风险。为有效执行住房政策，需要平衡好中央与地方政府之间的关系。

　　本书所分析的许多住房政策，起初都是希望能改善社会中最贫穷群体的居住条件，希望通过这些住房政策增强低收入群体的财力。这或者通过直接的现金转移支付，或者通过其他类型的间接补贴，比如为抵押贷款提供担保。但是，当这些政策落实到穷人身上时，并不总是能达到预期目标。美国扣减抵押贷款利息的案例表明，尽管该政策针对低收入群体，但最终还是高收入群体获益。出现这种现象的原因比较复杂，其中之一在于低收入群体通常不会在其应税收入中提出扣减。另外一个案例是租金控制。本来的目的是要限制租金上涨，但在租金控制的情形下，住房成了不太具有吸引力的投资品，因而往往会减少租赁住房的供应。结果租赁市场变得更加紧张，而业主会更加偏向于高收入承租户。正如这些案例所示，一项政策的良好意愿不足以在实践中取得实质性的改变。

人生的一个重要目标就是成为有房者，这在世界各地的许多国家都一样。因而，各国政府采取了多种政策去促成这重要一步。一些亚洲国家的住房自有率较高，比如新加坡和日本。促进住房自有能带来各种好处，比如鼓励积累物质资产。但与此同时，追求住房自有也会带来一些严重的风险，比如家庭过度借贷，降低劳动力的流动性。政府应该权衡住房自有的利与弊，然后才能决定是偏向住房自有还是偏向房屋租赁。

在经济快速发展的一些经济体中，住房政策的重要关涉是（住房的）可支付性和适足性。比如，中国香港特区政府已经做出了大量努力以确保低收入群体能够居住在满足最低标准并且能够负担得起的住房中。随着经济发展逐渐成熟，我们观察到这些经济体的住房政策开始吸纳旨在提升居住品质的相关内容。比如，日本和韩国都在 2000 年前后采取注重品质标准的一些政策措施。除了提升住房质量外，这些政策还有可能由其他政策措施所推动。一些国家可能追求特定的环境目标，比如减少温室气体排放。因而，鼓励提升新建和既有住房的品质，能够实现多重目标。

另一个各国经常提起的议题就是维护存量住房。政府措施往往会针对新房建设，而较少考虑需要维护存量住房，结果房屋损毁的速度很快。这不仅严重影响居住条件，而且对邻里社区带来负外部性，比如较高的犯罪率。对既有住房进行翻新与建造新房同样重要。

13  本书所强调的教训来自对各国住房政策的细致比较。本书并不打算对所有住房问题都提供"银色子弹"（a silver bullet）①。但是，我们还是希望本书所有撰写者所做出的分析能对感兴趣的读者提供启示，特别是能够提供新的视角和信息，并且能帮助政策制定者和执行者更好地评估、设计和执行住房政策。快速发展的亚洲实现获得适足住房愿景的时刻已然来临。

---

① "银色子弹"，是指纯银质或镀银的子弹。在欧洲民间传说以及 19 世纪哥特式小说风潮的影响下，银色子弹往往被描绘成具有驱魔功效的武器。后来也被比喻为具有极端功效的解决办法，作为撒手锏、王牌武器等的代称。——译者注

# 第一部分

## 住房政策的理论介绍

# 第一章

## 住房政策的一个简要模型

吉野直行　马蒂亚斯·赫布尔　相泽俊明

## 1.1　引言

对全世界的中低收入家庭而言，能获得负担得起且适足的住房都是非常关键的问题。快速城市化加上人口增长使得许多城市的房价迅速上涨，尤其是在一些发展中国家。由此，住房对许多中低收入家庭来说变得难以负担。最近的调查表明，住房的可负担问题在亚洲和太平洋地区特别严重。根据房价收入比进行排名，世界上房价收入比最高的 20 个城市中有 16 个在亚太地区（见图 1.1）。

如果住房价格超出了许多城市居民的承受能力，会带来很多严重后果。首先，这些家庭会被迫居住在面积非常狭小或条件非常糟糕的房屋中。其次，这些家庭会被迫将大部分收入用于住房，从而忽视其他生活需要或承担巨大的财务风险。最后，一些低收入家庭由于难以承受正规住房的价格而居住在非法建筑或贫民窟中，常常缺乏基本的公共服务，如干净饮用水或卫生设施。

为了避免出现这些负面后果，政策制定者尝试着使用各种政策手段去干预住房市场。尽管为居民提供能够负担得起且适足的住房问题并不是新问题①，但这些住房政策的实施效果却并不总是令人满意。第一个公共住房

---

① 公共住房在罗马帝国时代就已为人熟知。

18

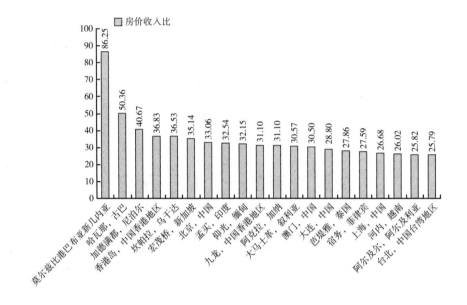

**图 1.1　世界上房价收入比最高的 20 个城市**

资料来源：Numbeo Property Prices Index，2015。

项目于 1890 年出现在伦敦的老尼科尔地区（the Old Nichol），这是当时一个声名狼藉的贫民窟。整个 20 世纪，世界各地的政府都对住房市场实施了干预，试图为居民提供适足的住房。尤其在遭遇自然灾害或战争后，众多居民流离失所，政府的干预力度就会特别大，通常会大规模地为低收入群体建造公共住房。

当前，亚洲在住房政策领域面临的主要挑战来自快速的城市化。根据联合国的统计（United Nations 2014），亚洲目前只有 48% 的人口生活在城市区域，除了非洲以外，比世界上任何一个地区都低（北美 82%，拉美和加勒比地区 80%，欧洲 73%）。由于亚洲城市人口的比例相对较低，联合国预计亚洲的城市化将快速推进，到 2050 年城市化率将达到 64%（城市人口规模约为 33.13 亿人）。联合国人居署（UN-HABITAT）估计，这种增速意味着
19　亚洲的城市区域每天要接纳大约 12 万名新居民，相当于每天新增 2 万套住房的需求。城市经济学中有一个著名论述，住房供应是非常缺乏弹性的（参见 Ozanne and Struyk 1978）。根据经验，城市经济学家估计每年的新建住房数量只占存量住房总量的 2%～3%（O'Sullivan 1996）。由于对住房的需求快速增长，供应又缺乏弹性，因而住房的可负担问题成为亚太地区许多

经济体的核心议题就不足为奇了。亚洲地区的许多政府都开始对住房市场实施干预，但在大多数地方，获得能负担得起且适足的住房仍然是难以实现的。

本章的目的在于构建一个简要的理论框架，以更好地理解并评价各种住房政策。我们所提出的模型能说明供需两端的政策，而且涉及自有住房和租赁住房。我们主要的意图是为政策制定者提供一个简要的工具，方便他们更好地理解各种政策含义，并能对这些政策做出比较。作为一个政策工具，它有助于政策制定者更好地管理住房市场，有利于亚太地区增加供应能负担得起的住房。

## 1.2 相关文献

本章的目的是要研究各种住房政策的定性和定量影响。城市经济学的许多教科书已经阐述了各类住房政策的定性影响（比如，Brueckner 2011；O'Sullivan 1996；Harvey 2000；McDonald 1997）。这些作者通常会使用简单的教学图形（pedagogical diagram）来分析不同的住房政策。然而，这些用于说明问题的图形很少基于效用最大化的推导，而是从住房需求方面的众多经济学文献中得出。

本文中，住房需求一般从家庭的效用最大化推导而来。如 Megbolugbe et al.（1991）所指出的，作为一种商品，住房有一些基本特征，比如耐用性、异质性以及空间不可移动性。特别是耐用性，使住房有别于其他消费品。基于这些特征，为了更好地描述住房需求，我们在研究方面已经做了大量尝试和改进。根据 Rothenberg et al.（1991），住房需求可以分为下列四大类型：（1）对住房服务或住房数量的需求；（2）对住房特征价值的需求，比如到中央商务区的距离以及社区的配套设施情况；（3）租买选择；（4）家庭的空间分布。每种类型的住房需求都需要使用不同的模型和估算方法（Zabel 2004）。

有关住房服务或住房数量需求的研究，会假定每一个住房单位都是同质的（如 Gahvari 1986；Malpezzi et al. 1985；Kau and Keenan 1980）。有关住房特征价值需求的研究，通常会构建一个单阶段模型，采取效用估价法（hedonic approach）进行估测（如 Rosen 1974；Bajic 1984；Cheshire and Sheppard 1984）。单阶段模型的劣势在于较难融入住房的耐用品特征。与之相对，有关租买选择的研究倾向于将住房消费视为多阶段模型中的一种离散选择（或者租，或者买），但是离散性使其难以分析政策的定量效应。比如，Attanasio et al.（2012）最近的研究通过构建全生命周期的住房需求模型，分析了租买选择和自有率的变动情况，就是以不连续的方式处理住房消费。有关空间分布的研究，会分析人们选择居住的地方，并讨论居住隔离问题（如 McFadden 1978；Rapaport 1997；McDonald 1997）。

从研究目标看，本文属于第一种类型，因为它将住房需求视为一个连续变量。但是，与第一类的大多数研究有所不同的是，我们构建了一个聚焦住房融资的两阶段模型。我们的文章主要从以前有关住房需求的文献中借鉴了两个方面的内容。首先，我们的效用函数与 Zabel（2004）类似。Zabel（2004）提出了一个单阶段模型，假设个体效用依赖于住房与非住房的消费组合以及人口特征。该模型对住房需求的表征非常简单、直观，但它只是一个单阶段模型，因而难以阐释一些重要内容，比如抵押贷款对家庭预算约束的影响。

其次，我们有关住房金融的模型与 Gahvari（1986）类似。Gahvari（1986）提出了一个多阶段模型，明确地将住房金融纳入预算约束之中。每个阶段的最优住房消费水平推导自个体在各个阶段的效用最大化。Gahvari（1986）提出的模型基于消费者选择模型的思路，并且细致地提出了住房与其他所有消费品的替代关系。然而，该模型忽略了住房的耐用品特性。在该模型中，个体可以在每个阶段选择最优住房消费水平，而不受前一阶段相关选择的影响。我们明确地将住房的耐用品特性纳入模型中，这借鉴了以往的相关研究，比如 Fallis（1983）。[①]

总之，本章采用 Zabel（2004）提出的模型框架，并采取与 Gahvari（1986）类似的方式，将其拓展为融入了住房金融的两阶段决策模型。我们在自有住房模型中清楚地假定了住房数量的连续性以及住房本身的耐用性。我们在已有研究文献的基础上引入了一个新的理论框架，从而能对大多数常用的住房政策进行分析。

## 1.3 住房政策概述

第二次世界大战以来，各类住房政策在全世界都得以推行。本文拟从四

---

① Fallis（1983）引入了一个动态模型去分析一般耐用品的需求。在该文中，作者提出了一个静态的单阶段模型去解释住房需求和租买选择。

个维度对这些政策进行分类（见表 1.1）：需求政策、供给政策、促进住房自有的政策以及支持承租户的政策。

表 1.1　基于四个维度的住房政策概览

| | 自有住房市场 | 租赁住房市场 |
|---|---|---|
| 需求侧 | （1）购房的现金补贴<br>（2）住房补助<br>（3）降低抵押贷款利率<br>（4）从所得税中扣减抵押贷款利息<br>（5）提升品质标准<br>（6）征收房产税<br>（7）对贷款价值比率和债务收入比率的管制<br>（8）限制新购住房 | （1）固定额度的现金补贴<br>（2）租赁补贴<br>（3）租金凭证<br>（4）住房券<br>（5）整治贫民窟<br>（6）租金控制 |
| 供给侧 | （1）公共住房<br>（2）补贴供应者<br>（3）提升品质标准 | （1）公共住房<br>（2）补贴供应者<br>（3）改造贫民窟 |

资料来源：作者。

需求侧政策包括所有直接面向需求的政策。其中一个例外是提升品质标准的政策，它同时直接影响需求和供给。在需求侧，我们先列出增加住房需求的政策，然后再列出抑制需求的政策。（表 1.1 中各类政策的次序根据本章随后介绍的顺序。）

供给侧政策是许多政府在第二次世界大战以后才实施的。战争的摧毁以及人口的快速增长，使各国政府必须直面住房短缺的挑战。一些新兴经济体由于经济迅猛增长也出现了住房短缺的局面，使这些政府需要采取一些供给侧的干预措施。在经济变得成熟稳定后，需求侧的政策通常会成为更受青睐的政策工具。

一个从供给侧转向需求侧的较好案例是韩国。为了应对严重的住房短缺问题，韩国在 1989 年首先采取了被称为"两百万新住房建设项目"（Two Million New Housing Construction Project）的供给侧政策。在缓解住房短缺和房价快速上涨问题后，韩国的住房政策逐步转向了需求侧，比如解除对利率的管制，引入反向抵押贷款（reverse mortgage loan）以及现金补贴。新加坡是这种政策转向的另一个实例。在李光耀总理（1959～1990）的领导下，绝大多数住房政策是供给侧导向的，其目的在于提高住房自有率。在 20 世纪 90 年代，新加坡政府转向了需求侧补贴，这被认为比供给侧的补贴政策更为有效。然而，供给侧的政策在亚太地区许多经济体中仍然发挥着关键作用。比如在印度，供给侧政策被认为在提供可负担住房方面与需求侧政策一样重要。

# 1.4  住房政策的理论框架

我们使用的消费者选择模型是基于微观经济学的标准分析工具。我们假设只有两类商品：住房（H）和其他消费品（C），家庭将预算配置到这两类商品上。面向自有住房的两阶段住房需求模型让我们能分析住房需求和供给的相互影响，而运用两类需求模型（自住和租赁）能够分析主要住房政策的效应。构建一个理论模型的好处在于，让我们能从图形和数值两个方面评估政策效应。

23  对于住房供给，我们运用了存量和流量模型的方法（Brueckner 2011；Pirounakis 2013；DiPasquale and Wheaton 1996）。存量与价格无关，但流量受价格影响。存量对于价格缺乏弹性，而存量水平通过流量市场逐步变化。由于存量和流量模型不是得自典型厂商利润最大化的推导，因而我们在分析供给侧政策时只聚焦其定性影响。

## 1.4.1  住房需求

### 1.4.1.1  两阶段自住住房需求模型

我们假定典型家庭的生活只有两个阶段，并且从中寻找效用最大化：

$$u(C_1,H_1) + \beta u(C_2,H_2),\beta \in (0,1) \tag{1}$$

其中

$$u(C_t,H_t) = \frac{C_t^{1-\theta}}{1-\theta} + b\frac{H_t^{1-\omega}}{1-\omega},\theta \neq 1,\omega \neq 1 \tag{2}$$

$$u(C_t,H_t) = ln(C_t) + bln(H_t),\theta = \omega = 1 \tag{3}$$

$$H_2 = (1-\delta)H_1 \tag{4}$$

$C_t$ 和 $H_t$ 分别表示家庭在 $t$ 阶段消费的商品数量以及拥有的住房数量。每套住房都被假定是同质的，因而该模型没有考虑住房之间的各种差异，比如区位、社区环境、邻里关系的和谐程度等。换句话说，我们认为所有住房都是相同的，假定住房的特征差异不影响需求。作为一种耐用品，住房在两个阶段都会影响效用，但是由于损耗，住房会折旧，假设折旧率为 $\delta$。模型中 $b$ 代表住房在效用函数中的权重，而 $\beta$ 是未来效用的贴现因子。

我们假定家庭在第一阶段利用贷款补助（$L$）购买一套新房，在第二阶段偿还本息。贷款利率是 $r$，$Y_1$ 和 $Y_2$ 分别代表家庭在这两个阶段的收入，$G_1$ 和 $G_2$ 分别代表家庭在这两个阶段从政府获得的现金补贴，$t_h$ 和 $t_y$ 分别代表房产税率和所得税率。家庭的预算约束可以记为：

$$C_1 + (1 + t_h)P_hH_1 = (1 - t_y)Y_1 + L + G_1 \tag{5}$$

$$C_2 + (1 + r)L = (1 - t_y)Y_2 + G_2 \tag{6}$$

$$Y_2 = (1 + g)Y_1 \tag{7}$$

其中，$P_h$ 是一套住房的价格，而各类消费品的价格被设定为一套基准价格（numeraire）。$g$ 表示经济增长率，假定它外生于本模型。从式（5）到式（7），我们可以得到跨期预算约束条件：

$$C_1 + \frac{C_2}{1+r} + (1 + t_h)P_hH_1 = (1 - t_y)Y_1 + \frac{(1 - t_y)(1 + g)Y_1}{1+r} + G_1 \tag{8}$$

如果假定 $\theta = \omega = 1$，$H_1^*$、$H_2^*$、$C_1^*$、$C_2^*$ 的最优值是消费组合的最大化：

$$ln(C_1) + bln(H_1) + \beta\{ln(C_2) + bln((1 - \delta)H_1)\} \tag{9}$$

服从跨期预算约束条件。

其他商品和住房的最优消费水平都表述为收入与房价的函数（推导过程详见附录）：

$$H_1^* = \frac{b}{(1 + t_h)(1 + b)P_h}\left\{(1 - t_y)Y_1 + \frac{(1 - t_y)(1 + g)}{1+r}Y_1 + G_1 + \frac{G_2}{1+r}\right\} \tag{10}$$

$$H_2^* = (1 - \delta)H_1^* \tag{11}$$

$$C_1^* = \frac{1}{(1 + \beta)(1 + b)}\left\{(1 - t_y)Y_1 + \frac{(1 - t_y)(1 + g)}{1+r}Y_1 + G_1 + \frac{G_2}{1+r}\right\} \tag{12}$$

$$C_2^* = \frac{\beta(1 + r)}{(1 + \beta)(1 + b)}\left\{(1 - t_y)Y_1 + \frac{(1 - t_y)(1 + g)}{1+r}Y_1 + G_1 + \frac{G_2}{1+r}\right\} \tag{13}$$

住房贷款的最优水平为 $L^*$，然后债务收入比率（DTI）和贷款价值比率（LTV）可以做如下表述：

$$L^* = C_1^* + (1 + t_h)P_h H_1^* - (1 - t_y)Y_1 - G_1 \tag{14}$$

$$DTI = \frac{L^*}{Y_1} \tag{15}$$

$$LTV = \frac{L^*}{P_h H_1^*} \tag{16}$$

#### 1.4.1.2 两阶段租赁住房需求模型

与自住住房模型相似，我们假设一个典型家庭在两个阶段里寻求最大化效用，函数如下：

$$u(C_1, R_1) + \beta u(C_2, R_2), \beta \in (0,1) \tag{17}$$

其中

$$u(C_t, R_t) = \frac{C_t^{1-\theta}}{1-\theta} + b\frac{R_t^{1-\omega}}{1-\omega}, \theta \neq 1, \omega \neq 1 \tag{18}$$

$$u(C_t, R_t) = \ln(C_t) + b\ln(R_t), \theta = \omega = 1 \tag{19}$$

$C_t$ 代表消费的各类商品数量，$R_t$ 表示家庭在 $t$ 阶段租赁的住房数量。

在每个阶段，家庭都可以选择相应的住房租赁数量。这可以通过储蓄来跨期替代消费，其中利率为 $r$：

$$C_1 + P_r R_1 + S = (1 - t_y)Y_1 + G_1 \tag{20}$$

$$C_2 + P_r R_2 = (1 - t_y)Y_2 + (1 + r)S + G_2 \tag{21}$$

$$Y_2 = (1 + g)Y_1 \tag{22}$$

其中，$P_r$、$t_y$ 和 $g$ 分别代表每单位住房的租赁价格、所得税率和外生的经济增长率。$G_t$ 是指 $t$ 阶段从政府获得的补贴数量。

26　　从式（20）到式（22），租赁住房的跨期预算约束形式是：

$$C_1 + \frac{C_2}{1+r} + P_r R_1 + \frac{P_r R_2}{1+r} = (1 - t_y)Y_1 + \frac{(1 - t_y)(1 + g)Y_1}{1+r} + G_1 + \frac{G_2}{1+r} \tag{23}$$

租赁住房和消费品的最优解，$R_1^*$、$R_2^*$、$C_1^*$、$C_2^*$，可以通过最大化终身效用得出，该效用受制于跨期预算约束条件。

如果假定 $\theta = \omega = 1$，租赁住房和消费品的最优解如下：

$$R_1^* = \frac{b}{(1+\beta)(b+1)P_r}\left\{(1-t_y)Y_1 + \frac{(1-t_y)(1+g)}{1+r}Y_1 + G_1 + \frac{G_2}{1+r}\right\} \quad (24)$$

$$R_2^* = \frac{b\beta(1+r)}{(1+\beta)(b+1)P_r}\left\{(1-t_y)Y_1 + \frac{(1-t_y)(1+g)}{1+r}Y_1 + G_1 + \frac{G_2}{1+r}\right\} \quad (25)$$

$$C_1^* = \frac{1}{(1+\beta)(b+1)}\left\{(1-t_y)Y_1 + \frac{(1-t_y)(1+g)}{1+r}Y_1 + G_1 + \frac{G_2}{1+r}\right\} \quad (26)$$

$$C_2^* = \frac{\beta(1+r)}{(1+\beta)(b+1)}\left\{(1-t_y)Y_1 + \frac{(1-t_y)(1+g)}{1+r}Y_1 + G_1 + \frac{G_2}{1+r}\right\} \quad (27)$$

### 1.4.2　住房供给

#### 1.4.2.1　一个住房供给的存量 – 流量模型

基于 Pirounakis（2013）、DiPasquale 和 Wheaton（1996）的研究，我们假定住房供给分为存量和流量两类——住房存量是之前的住房数量与新建数量之和。在存量 – 流量模型中，当前的存量 $H_t$，是前一时期的住房存量 $H_{t-1}$，加上当前时期的新建数量 $\Delta H_t$，减去被拆除的住房数量 $\delta H_{t-1}$。我们假设新建住房数量既取决于当前房价，也受外生条件的影响，比如政策变化 $\nu_t$。

$$H_t^s = H_{t-1}^s + \Delta H_t^s - \delta H_{t-1}^s \quad (28)$$

$$\Delta H_t^s = aP_{ht} + b + \nu_t, a > 0 \quad (29)$$

从式（28）和式（29）可知：

$$H_t^s = aP_{ht} + (1-\delta)H_{t-1}^s + b + \nu_t \quad (30)$$

图 1.2 显示了住房市场中的存量和流量情况。左边的图形反映了当前的住房存量，而右边的图形说明了在价格给定的情况下，住房存量是否变动，以及变化多少的情况。每个时期，既有新房被建成，同时也有破旧住房被拆除。只要新建量超过拆除量，存量就会增加。反之则住房存量减少。

存量 – 流量模型告诉我们，短期内住房价格会快速调整，以使需求与存量住房数量相平衡。除了价格，住房存量也会进行调整，以使价格回到最初的均衡水平。然而，住房存量的调整非常缓慢，而且常常会滞后。如果存量不发生变化，$H_t^s = H_{t-1}^s$，存量就被认为是处于稳定状态。受稳定状态下均衡

27

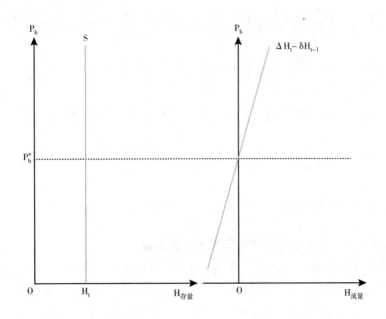

**图 1.2　存量 – 流量供给模型**

资料来源：作者。

28　价格 $P_h^*$ 的影响，新建数量和拆除数量相互抵消，即 $\Delta H_t^* = \Delta H_{t-1}^*$。如果由于一些因素的影响使得价格高于稳定状态下的均衡价格，新建数量会超过拆除数量，因而存量会逐渐增加。如果价格低于 $P_h^*$，住房的流量为负，存量规模会持续减少。稳定状态下的住房供给可以通过将 $H_t^{**} = H_{t-1}^{**}$ 代入方程（30）而推导得出。

$$H_t^{**} = aP_h^*(1-\delta)H_t^{**} + b + v_t \qquad (31)$$

求解 $H_t^*$，我们得到稳定状态下的住房供给：

$$H_t^{**} = \frac{aP_h^* + b + v_t}{\delta} \qquad (32)$$

其中，$P_h^*$ 是稳定状态下的均衡价格。

#### 1.4.2.2　均衡

均衡价格由需求与存量住房数量的交叉点所决定。

如果不考虑严重的外生冲击（比如自然灾害），可以假定短期内的住房供应对任何价格水平都是固定不变的，这在图上就转化为一条垂直的短期供给曲线，对价格变化没有弹性。而在中长期，住房供应通过流量变化而对价格变动做出反应。价格越高，新建数量越多，存量住房数量就会增加。

如果因为人口增长而使住房需求增加，需求曲线会向上移动，将短期价格推高至 $P_h^{**}$（见图1.3）。越高的价格会激发越多的新建住房，因而随着新建住房数量超过拆除数量，住房供应会逐步增加。于是，短期均衡价格 $P_h^{**}$ 和新建规模会逐渐变小。这种变动会一直持续到短期均衡价格接近最初稳定状态下的均衡水平 $P_h^*$。需要强调的是，由于新建住房（或者损毁旧住房）不能马上完成，因而一般情况下住房供应只能逐步调整。当然，外生冲击——比如，战争，自然灾害，或者严厉的政策干预有可能直接且猛烈地影响供应。

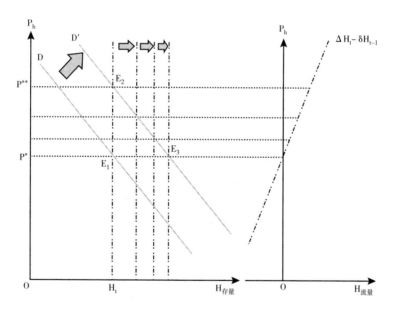

**图1.3 需求变动对供应的影响**

资料来源：作者。

## 1.5 住房政策的应用

本节分析表1.1中各项政策的定性影响。我们首先讨论自有住房市场的相关政策，然后再分析租赁住房市场中的一些政策。我们在分析中会运用无

差异曲线和预算约束曲线。典型家庭在所有可行的点中会选择效用最大的那
个点。无差异曲线是一条能获得相同效用的轮廓线，所以无差异曲线上的所
30　有点都有相同的效用水平。位于西北的无差异曲线具有更高的效用水平，但
是家庭只能选择可行区域的点，即位于西南被预算约束线所分隔的区域。

### 1.5.1 自有住房市场

我们将对下列需求政策的效用做出分析：

（1）购房的现金补贴；

（2）住房补助；

（3）降低抵押贷款利率；

（4）从所得税中扣减抵押贷款利息；

（5）技术进步；

（6）征收房产税；

（7）管制贷款价值比率；

（8）管制债务收入比率；

（9）限制新购住房。

图 1.4 表示在执行政策之前其他消费品和住房消费的最优水平。该水平
由预算约束线和无差异曲线的切点决定。由于典型家庭在不同时期会理性地
转换其消费，并在不同阶段以精确的预判决定其在消费品和住房方面的最优
支出水平，因而家庭会按照效用最大化原则配置其预算。

31

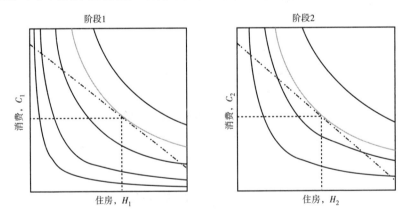

图 1.4　第一阶段和第二阶段的最优组合

资料来源：作者。

在两阶段模型中，第二阶段的住房消费水平基于第一阶段的住房消费水平。从这种角度看，家庭在第二阶段无法选择需要多少住房。然而，每个阶段的最优住房消费水平都是由具有完全信息和精准预判力的家庭所决定的，这就可以在第二阶段的图上画出预算约束线，因为第二阶段的选择离不开第一阶段的选择。

绝大多数住房政策都会影响家庭的预算约束线，因而会改变对消费品和住房的需求。每种政策都会对一些外生变量的值产生影响，比如利率、补贴、税率。第一阶段和第二阶段的预算约束分别是：

$$C_1 = \frac{1}{1+\beta}(1+t_h)P_hH_1 + \frac{1}{1+\beta}\left\{(1-t_y)Y_1 + \frac{(1-t_y)(1+g)Y_1}{1+r} + G_1 + \frac{G_2}{1+r}\right\}$$

$$(33)$$

$$C_2 = \frac{\beta}{(1+\beta)(1-\delta)}(1+t_h)(1+r)P_hH_2 + \frac{\beta}{1+\beta}$$
$$\{(1-t_y)(1+r)Y_1 + (1-t_y)(1+g)Y_1 + (1+r)G_1 + G_2\} \qquad (34)$$

#### 1.5.1.1　对购房的现金补贴

我们现在假设政府会向目前尚未拥有住房但打算购买的家庭提供一笔现金补贴。在一些国家，这些对象是低收入家庭，或者是年轻家庭。这种补贴是以现金方式发放的，既可以用于购买住房，也可以用于其他用途。Brueckner（2011）简要解释了这种现金补贴与其他实物福利的不同影响，比如住房补助。

现金形式的补贴会推高第一阶段和第二阶段的预算约束（见图1.5）。从而导致的结果是，其他商品消费和住房消费的最优水平都会更高，两个阶段的效用水平也会更高。

#### 1.5.1.2　住房补助

现在要介绍另外一种补贴方式，假设补贴的金额要取决于家庭计划购买的住房价格。住房金融补助，有时也被称为住房补助，是这种补贴类型的一种实例。家庭购买的住房越昂贵，获得的补助就越多。对购房家庭而言，在获得这种补助后，房子就相对便宜了。购房成本变低，意味着预算约束线会外推（见图1.6）。最初的预算约束线与新预算约束线之间的差额就是政府提供的补贴。由于住房更加便宜了，因而家庭会增加消费的数量，从而获得更高的效用。然而，由于我们的模型中相关参数设定的原因，相对价格的变化不会影响其他商品的消费。这里有两种影响发挥作用：房价下降会迫使家

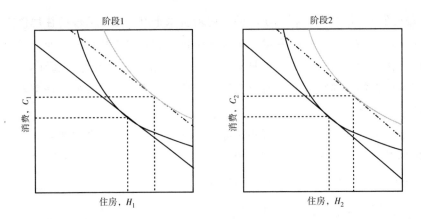

**图 1.5 现金方式的住房补贴**

资料来源：作者。

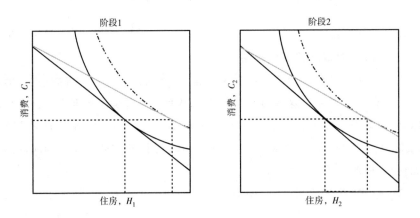

**图 1.6 与住房价格相对应的住房补助**

资料来源：作者。

庭消费更少的其他商品，因为相比而言这些商品变得更加昂贵了（替代效应）。同时，更加便宜的住房会改善家庭的处境，从而增加对其他商品的消费（收入效应）。我们在模型中假定 $\theta = \omega = 1$，因而替代效应与收入效应正好相互抵消。所以，在引入这种补贴前后，家庭对消费品的需求都处于相同水平。

大家都知道，即便数额相同，住房补助也会比现金补贴更缺乏效率。这是因为现金方式的补贴，相当于一次性的转移支付，相比住房补助，给家庭提供了更多的选择。这种福利差异不是由于我们的参数设定，而在于住房补助对价格体系造成的扭曲。根据标准的新古典微观经济学理论，对竞争的价格体系进行干预会造成一种无谓的损失（deadweight loss）。在这种情形下，无谓损失表现为家庭的福利损失，也就是说降低了效用。相反，像现金补贴这种一次性的补助，不会干扰价格体系，因而能实现有效配置。

许多国家推行了住房补助政策。比如，印度曾在20世纪50年代和60年代提供了较多补贴，以使居民负担得起住房。起初，由于可支付性一直是一个重要问题，这种做法也颇为有效。但是，政策成本在后来变得较为高昂，而且新建住房的数量跟不上需求。新加坡曾在吴作栋任总理期间（1990~2004年）引入补助作为住房政策的一项内容。住房补助的资本化有助于居民家庭的住房消费升级，但是吴作栋担任总理期间的住房政策使新加坡的房价泡沫不断膨胀，而这出现在亚洲金融危机之前。

### 1.5.1.3 降低抵押贷款利率

相比前面的政策，降低抵押贷款利率的经济影响更为复杂一些。通过引入补贴，弥补抵押贷款的市场利率与目标水平之间的差距，才能降低抵押贷款利率。更低的利率会推高第一阶段的预算约束，从而促进其他消费品和住房的消费（见图1.7）。第二阶段，预算约束线围绕最初的最优点逆时针转动。虽然在降低抵押贷款利率之后，第二阶段的住房消费会更高，但其他商品的最优消费水平会更低。

20世纪50年代，日本为了促进住房建设，长期推行低利率金融政策。由一个国家资助的机构，即日本住宅金融公库（the Government Housing Loan Corporation），负责向潜在的购房家庭提供利率优惠的抵押贷款。相比私营银行，它有一定的竞争优势，为战后成功缓解住房短缺并提高日本居民的生活条件做出了很大贡献。英国政府于2013年开始提供抵押贷款的担保，这是降低抵押贷款利率的方式之一。该政策增加了住房需求，但是由于住房供应不能及时跟上，新房价格快速上涨，降低了住房的可负担性。

除了政府干预住房金融市场外，另外一种方式是促进住房金融市场的竞争性，以此降低购房家庭的融资成本。比如，韩国在1999年开始对住房金融市场推行自由化政策，让更多家庭能获得住房贷款，最终也提高了住房自有率。

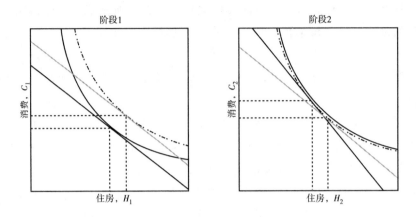

**图 1.7　降低抵押贷款利率**

资料来源：作者。

#### 1.5.1.4　从所得税中扣减抵押贷款利息

该政策允许家庭从应税收入中扣除支付的抵押贷款利息。我们的模型可以拓展到包括扣减抵押贷款利息的政策，如下。

在没有扣减抵押贷款利息政策的情况下，家庭的可支配收入是：

$$（收入）-（税收）= Y_2 - Y_2 t_y = (1 - t_y)Y_2 \tag{35}$$

如果引入该政策，支付的利息 rL 可以从家庭的收入中扣减，因而家庭的可支配收入变为：

$$（收入）-（税收）= Y_2 - (Y_2 - rL)t_y = (1 - t_y)Y_2 + rt_yL \tag{36}$$

新的跨期预算约束条件是：

$$C_1 + \frac{C_2}{1 + r - rt_y} + (1 + t_h)P_hH_1 = (1 - t_y)Y_1 + \frac{(1 - t_y)(1 + g)Y_1}{1 + r - rt_y} + G_1 + \frac{G_2}{1 + r - rt_y} \tag{37}$$

典型家庭根据新的跨期预算约束条件，再一次选择最优的消费水平和最优的住房消费数量。此时，住房和消费品的最优水平变成：

$$H_1^* = \frac{b}{(1 + t_h)(1 + b)P_h}\left\{(1 - t_y)Y_1 + \frac{(1 - t_y)(1 + g)}{1 + r - rt_y}Y_1 + G_1 + \frac{G_2}{1 + r - rt_y}\right\} \tag{38}$$

$$H_2^* = (1-\delta)H_1^* = \frac{(1-\delta)b}{(1+t_h)(1+b)P_h}\left\{(1-t_y)Y_1 + \frac{(1-t_y)(1+g)}{1+r-rt_y}Y_1 + G_1 + \frac{G_2}{1+r-rt_y}\right\} \quad 36$$

$$(39)$$

$$C_1^* = \frac{1}{(1+\beta)(1+b)}\left\{(1-t_y)Y_1 + \frac{(1-t_y)(1+g)}{1+r-rt_y}Y_1 + G_1 + \frac{G_2}{1+r-rt_y}\right\} \quad (40)$$

$$C_2^* = \frac{\beta(1+r-rt_y)}{(1+\beta)(1+b)}\left\{(1-t_y)Y_1 + \frac{(1-t_y)(1+g)}{1+r-rt_y}Y_1 + G_1 + \frac{G_2}{1+r-rt_y}\right\} \quad (41)$$

从所得税中扣减抵押贷款利息会推高第一阶段的预算约束线，使家庭增加其他商品和住房的消费，导致更高的效用水平（见图1.8）。但是，在第二阶段，最优消费水平会下降，因而，其效用水平相比不引入该政策的情况时会更低。扣减抵押贷款利息的总体影响与降低贷款利率的效应相同。

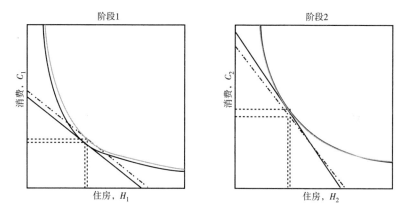

**图1.8　从所得税中扣减抵押贷款利息**

资料来源：作者。

美国是实施扣减抵押贷款利息政策的典型例子。为了促进住房自有，尤其是中低收入家庭，美国在1986年开始推行一种扣减抵押贷款利息的方案（mortgage interest deduction，MID）。该方案允许房主扣除高达110万美元的　37
抵扣贷款余额和高达10万美元的房屋净值贷款的利息支出。但是，颇具讽刺意味的是，该方案的好处不成比例地流向了高收入纳税人（Tax Payers for Common Sense 2013）。Hilber and Turner（2014）发现，该方案给中低收入家庭带来的好处要少于高收入家庭，因为无论有没有该方案，后者都会拥有住房。结果，该方案并没有提高住房自有率。总体上，该政策被证明是缺乏有效性的，而且政府的管理成本也很高。

#### 1.5.1.5　技术进步（降低折旧率）

我们假设品质提升，比如提高抗震性能或节能性能，减慢房屋损毁的速度，会在两阶段需求模型中转化为 $\delta$（折旧率）的降低，而且没有任何额外的成本。由于 $\delta$ 只影响第二阶段的住房存量水平，因而品质提升不会影响到第一阶段的最优消费组合。但是，由于降低了折旧率，第二阶段的住房存量（从第一阶段延续而来）会增加，这会导致效用水平变得更高。由于存量住房的供给在短期内不会发生变化，需求曲线的移动会使房价上涨至 $P_h^{**}$，而 $E_2$ 则成为短期均衡点。

品质提升也会影响到住房供给。在提升品质后，房屋拆除量会减少，使住房流量曲线向右移动（见图 1.9）。出现这种移动的原因在于，尽管新建数量不取决于品质提升，但从前一阶段保留下来的存量住房数量会增加。住房流量曲线向右移动会使稳定状态的均衡价格从 $P_h^*$ 降至 $P_h^{***}$。由于在 $P_h^{**}$ 会有更多的新建住房，因而住房存量会逐步增加。随着新建数量增加，住房存量曲线会向右移动。住房存量曲线的移动要持续到房价下降至新的稳定状态，实现新的均衡，即 $E_3$。

38

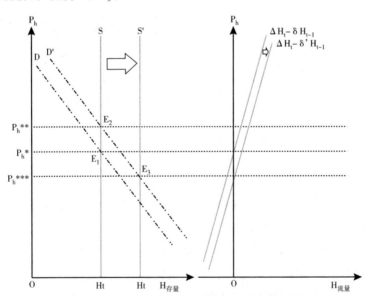

**图 1.9　品质提升对住房流量与存量的影响**

日本近年来推进了提升住房品质的措施。在 20 世纪 70 年代满足了住房的数量需求之后，把重点转向了与住房品质有关的领域，包括居住环境和住房绩效（The Building Center of Japan 2014）。2006 年颁行的《住房基本法》（the Basic Act for Housing）致力于提升住房的品质，并为居住困难群体提供住房方面的安全网络。该项法律试图使日本在当前和今后达到较高的生活居住水准。其中，提高抗震性和节能性以及完善适老设施的配置是重中之重。根据最新研究，该措施已经改善了住房品质和居住条件。[①]

### 1.5.1.6 对购买住房征收房产税

对购买住房征收房产税会产生推高房价的效应。因而，引入房产税会使预算约束线向内旋转，并降低两个阶段的住房消费（见图 1.10）。然而，根据我们在模型中对相关参数的设定情况，住房单价的变化不会影响其他商品的消费数量。也就是说，替代效应和收入效应正好相互抵消。

引入房产税会减少对住房的需求，而房价上涨会使家庭的经济状况变糟。

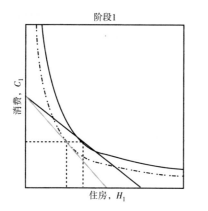
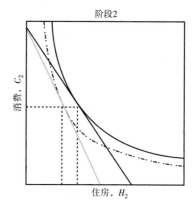

阶段1

阶段2

消费，$C_1$

住房，$H_1$

消费，$C_2$

住房，$H_2$

**图 1.10 引入房产税**

资料来源：作者。

房产税一般用于遏制住房市场中的投机行为。比如，作为《十年长远房屋策略》（the 10-year Long Term Housing Strategy）的一部分，中国香港在

---

[①] 据日本建筑中心（The Building Center of Japan ）编辑的《2014 年 5 月日本住房速览》报告，生活在最低住房标准线以下的家庭比例已缩减至 5% 左右，而超过住房标准目标线的家庭比例已经在 50% 以上。

2003 年开始设立若干种印花税，包括特别印花税、买方印花税和从价印花税。特别印花税根据住房持有时间计算，买方印花税针对购买居住物业的非中国香港永久居民征收。这些印花税旨在降低非本地购买者和投机者的需求。但是，它并没有完全遏制房价的进一步上涨。[①]

40 同样，中国内地的上海和重庆在 2011 年推出了房产税试点方案，其主要目的在于遏制对豪华住宅的投机行为以及限制新的购房需求。另一个目的在于鼓励更多住房用于出租，减少空置数量。但是，该方案还没有推向全国，因为面临着多方面的阻力，包括地方政府、开发商以及公众，它们认为自己的投资机会被限制。还有一个目的是刺激经济增长——房地产开发建设对中国的经济增长一直有着重要作用。

### 1.5.1.7　实施对贷款价值比率和债务收入比率的管制

通过对贷款价值比率、债务收入比率实施管制，使家庭借贷不能超过一定额度。在我们的模型中，这种类型的限制措施会使预算约束线变得更加弯曲，因为在对可用的抵押贷款数额进行约束后，可以购买的住房数量也会受到严格限制（见图 1.11）。如果这种管制措施具有约束力，家庭的境况反而会变糟，因为它们无法达到不推行这些措施情形下的最优住房消费水平。如果这种限制没有约束力，它们仍然能够选择之前的最优组合并实现相同的效用水平（见图 1.12）。

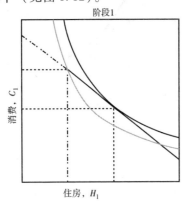
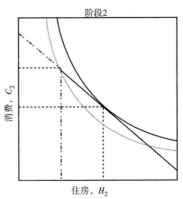

阶段1　　　　　　　　　　　　阶段2

消费，$C_1$　　住房，$H_1$　　　　消费，$C_2$　　住房，$H_2$

**图 1.11　对贷款价值比率、债务收入比率实施管制**
**（措施具有约束力的情况下）**

资料来源：作者。

---

① 根据《十年长远房屋策略》，计划新建 47 万套住房以改善住房的可支付性。

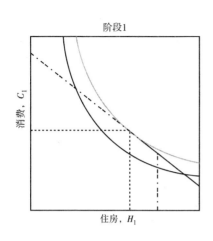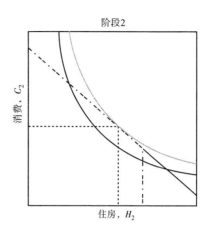

**图 1.12 对贷款价值比率、债务收入比率实施管制**
**（措施没有约束力的情况下）**

资料来源：作者。

对贷款价值比率、债务收入比率实施管制的案例很多。2003 年，当住房市场过热并且出现系统性风险时，为了抑制对住房贷款的需求，韩国调整了贷款价值比率和债务收入比率的上限。2004 年，李显龙总理领导的新加坡政府为了减少投资需求，降低了贷款价值比率，引入了债务收入比率的管制措施。在这两个国家，对贷款价值比率、债务收入比率实施的管制都抑制了住房的投机需求，有助于遏制房价进一步上涨。

### 1.5.1.8 限制购买住房

最近颇为流行的另一项住房政策是对额外的住房购买行为实施限制。该政策的目标在于阻止家庭购买额外的住房，以减少住房需求。在我们的模型中，假定家庭只能购买一定数量的住房（见图 1.13）。这种政策的经济效应与对贷款价值比率、债务收入比率实施管制的效应相似。面对这种限制措施，家庭会将更多支出花费在其他商品的消费上，而不是购买住房，但是相比没有这种限制措施的情形，它们的效用水平下降了。如果这种限制措施没有影响到它们的最优决策，它们仍然可以选择与之前相同的住房和其他商品消费数量（见图 1.14）。

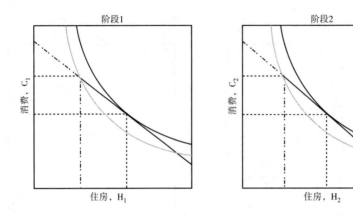

**图 1. 13　限制购买的措施具有约束力**

资料来源：作者。

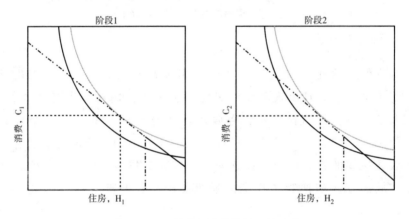

**图 1. 14　限制购买的措施缺乏约束力**

资料来源：作者。

瑞士是最近实施该措施的一个例子。该国禁止在拥有第二套住房比例较高的区域建造新的第二套住房，以阻止旅游区内第二套住房空置现象的蔓延。结果，在受影响的城市对第二套住房的需求急剧下降。房价下降使当地的年轻人更能承受得起自住的首套房。但是，由于房价下降，受影响区域的自住业主以及二套房业主的境况变糟了。而且，我们发现第二套住房空置现象的蔓延在总体上并未减少，因为对第二套住房的需求只是从受限制的区域转移到了未受限制的区域。

另一个例子是中国。2010 年，为了避免潜在的住房泡沫，中国开始对

45 个城市中拥有两套房以上的新购住房行为进行限制。非本地户籍居民和外国人不允许购买第二套住房，而本地户籍居民在购买第二套住房之前最少需要有两年的间隔期。而且，那些希望利用贷款购买第二套或第三套住房的家庭需要有较高的首付款比例。限购措施对于防止房价进一步快速上涨并最终导致房价大幅下跌产生了积极影响。但是，不少地方政府认为房价下降太快，而住房库存量快速增加。到 2014 年，许多地方政府决定取消或放松限购措施。截至 2015 年初，已有 42 个城市取消了限购。

### 1.5.1.9  政府提供住房以及补贴供给方

另一种促进住房供给的方式是政府建造住房。假设政府不是按照当前的房价水平去提供一定规模的新建住房，私人市场之外增加的新建量会将流量供给曲线向右上方推动，从而将稳定状态的均衡价格降低至 $P_h^{**}$（见图 1.15）。政府额外建设的住房会增加每个阶段的存量住房数量，均衡点会沿着需求曲线变动。一旦短期均衡价格到达稳定状态的均衡价格，供应就会稳定在 $E_2$。运用同样的逻辑和图形，我们可以分析政府向私营建设企业提供固定补贴的情形。

44

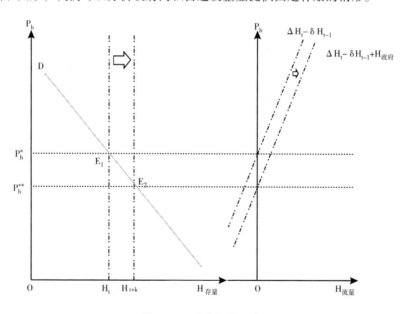

**图 1.15  政府提供住房**

资料来源：作者。

房价越低住房就越具可负担性，但是相比需求侧的政策，公共住房建设存在一些弊端。Weicher（1979）介绍的几项研究表明，新建公共住房的成本要高于新建的私人住房。而且，当有充足的二手住房供应时，新建公共住房的政策成本要比需求侧政策高得多。即便是最廉价的新建住房，新建的成本也会比盘活利用二手住房高很多。根据 Harvey（2000：301）的研究："通常，政府会过于关注新建项目，以至于忽略了仍有许多存量住房或者处于空置状态，或者无人修缮。"O'Sullivan（1996）的研究表明，每一美元公共住房的支出，只会为保障对象带来相对非常微小的福利增量。

当向私营建设行业提供的补贴数额基于私营企业的住房供应量时，住房流量曲线的移动就会产生差异。私营企业供应的住房越多，获得的补贴也越多。结果，如图 1.16 所示，流量曲线会旋转，稳定状态的均衡价格会下移，从 $E_1$ 变至 $E_2$。

45

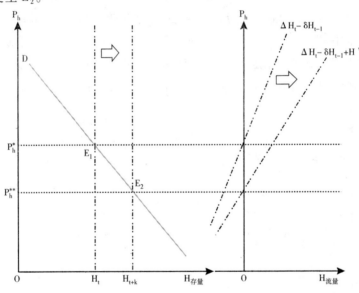

**图 1.16　向住房供应侧提供补贴**

资料来源：作者。

1989 年，为了应对住房短缺以及房价快速上涨的挑战，韩国启动了"两百万套新房建设项目"（the Two Million New Housing Construction Project）。作为国家的重要措施之一，韩国政府通过国有开发企业增加了建设用地的供应。尽管大规模的土地供应导致市场缺乏多样性，而且超出了建设企业的能力范围，但是该措施促进了住房建设，消除了住房短缺，也稳定了房价。

### 1.5.2　住房租赁市场

如图 1.17 和图 1.18 所示，家庭为在每个阶段实现效用最大化，会选择最优的消费组合（$C_t$，$R_t$）。接下来我们会分析面向住房租赁市场的一些政策。

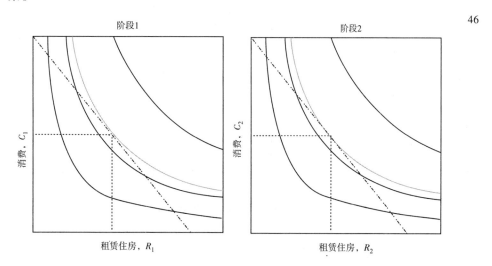

**图 1.17　第一阶段承租户的最优组合**　　　**图 1.18　第二阶段承租户的最优组合**

资料来源：作者。　　　　　　　　　　　　　资料来源：作者。

#### 1.5.2.1　租金控制

首先，我们假定住房市场的均衡点是 $E_1$（见图 1.19）。由于人口增长，我们假定需求曲线向右移动，均衡价格上升至 $P_r^{**}$，均衡点从 $E_1$ 移至 $E_2$。但是，我们假设政府设定了租金上限，该上限低于市场均衡价格。这种租金控制会导致在受约束的均衡状态（$E_3$）下出现过度需求。当租金的上限被设定为低于短期均衡价格 $P_r^{**}$ 时，供给曲线的移动非常缓慢，存量住房的增加则需要更长的时间。这是由于受约束的价格水平不足以激励企业快速地供应住房。只有在住房存量达到 $R_{t+m}$（$m>0$）后，过度需求才会出清，此时均衡点在 $E_4$。由于租金上限仍然高于稳定状态时的均衡价格，住房存量仍会增加。当存量最后达到 $R_{t+n}$（$n>m>0$）时，市场均衡价格回到最初的稳定状态下的均衡价格 $E_5$，同时供给曲线停止移动。如果对租金的控制正好设定在最初稳定状态下的均衡水平 $P_r^*$，供给曲线不会移动，过度需求也不会通过市场调整而消除，原因在于

48

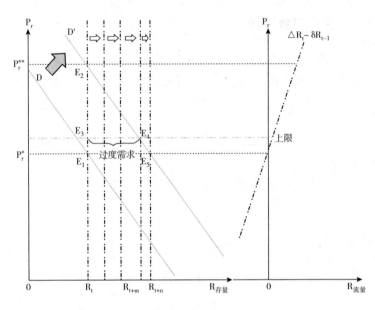

**图 1.19　需求移动和租金控制**

资料来源：作者。

面对受管制的租金，住房存量不会变动。简而言之，租金控制会削减对新建住房的激励，形成过度需求。受控的低水平租金延长了消除住房短缺的过程。

除了延缓调整过程，从有效配置的角度来看，租金控制带来的过度需求也是一个问题。那些愿意出高价的人不一定能找到合适的居所。那些只需要支付较低租金的家庭不愿意腾退，这就使愿意支付更高价格的家庭难以觅得合适的住房。在租金控制政策中，只有第一代承租户能成为"赢家"。房东的利益显然受损，随后几代的承租户也会受损，因为他们将面临更高的搜寻成本。从这种角度看，租金控制会使住房配置不公平。这种资源错配只会让享受低租金的家庭受益，而市场扭曲的出现会对社会福利产生负面影响。也就是说，在租金控制的情况下，无法实现社会盈余的最大化。受控的低租金也无法鼓励房东维护好住房。因此，他们损失的利润会通过减少维护成本而得以弥补，这会导致住房耐久性和品质的下降。

为了减轻租金控制给供给量缩减带来的负面影响，通常会对租金控制政策做一些调整。第一种避免供给量缩减的方式就是让新建住房免受租金控制政策的影响。如果新建住房不受租金控制的影响，潜在的价格上涨会刺激新建住房的供应，从而抵消租金控制导致的存量住房减少问题。但是，如果开发建设者和房东都预期新建住房的房租在未来会受到管制，他们就会不愿意供应新住房。第二种避免租金控制造成住房供给量减少的方式是对新建住房提供补贴。第三种选择是定期调整受控的租金。比如，允许定期提高受控租金以尽量减轻租金控制政策的负面影响。然而，O'Sullivan（1996：440）曾指出："在大多数对租金进行定期调整的租金控制城市，受控租金的上涨速度总是慢于建造和维护租赁住房的成本涨速。"第四种方式是只控制既有承租户的租金。当新承租户租赁住房时，租金可以自由调整。这种相对温和的租金控制方式能减少一些负面影响，但仍然缺乏有效性。最重要的是，对房东投资维护住房的激励太有限了。而且，即便承租户对空间和区位的需求发生了巨大变化，他们也不愿意搬迁。退休夫妇可能决定继续租住在商业中心的公寓，因为如果签订新租约并搬进新的住房，他们将要付出更高的租金，而希望离工作地点更近的年轻夫妇则不得不往返奔波。

租金控制的主要替代方法是由政府征收土地税进行收入再分配。虽然租金控制本身也有收入再分配的作用，但它并不总是有效的，因为租金控制的"赢家"有可能是低收入家庭，也有可能是高收入家庭。只要是继续租赁租金受控房屋的人，都是这种政策的受益者。相比租金控制，通过征收土地税进行收入再分配有一种好处，那就是土地税不会影响土地供应或住房供给，原因在于土地供应对价格是完全没有弹性的。

很多城市实施过租金控制。第二次世界大战以后的纽约市就是一个著名的案例。瑞士也在1936年推行过租金控制，目的是为了稳定租赁市场并遏制城市的无序蔓延。直到今天，瑞士现有承租户的租金还与抵押贷款利率挂钩。该政策在稳定租赁市场方面颇为成功，但也导致了非常明显的过度需求。巴塞尔、日内瓦和苏黎世等大城市的空置率非常低，一般都低于1%。另外两个缺点是低水平的维护和住房资源的错配。

### 1.5.2.2　租金凭证

租金凭证一般分配给低收入群体，这实际上是一种直接补贴，是向居住在标准品质住房中的合格家庭提供的财政补助。其基本理念是不能让符合条件的家庭支付超过市场合理水平的租金，该合理水平取决于标准的低收入居民在竞争性租赁市场中普遍要承受的租金水平。如果一个家庭希望租住价格高于市场合理水平的住房，将无法获得租金凭证，从而必须自掏腰包支付全部租金。

假设一个符合条件的家庭将其30%的收入用于租房支出，实际租金的余下部分由获得的租金凭证支付：

$$真实租金 = 租金凭证 + 0.3 \times 收入$$

50　如果真实租金超过家庭收入的30%，则由政府支付家庭收入的30%与真实租金之间的差额。由于有租金凭证，家庭有更多收入用于其他商品消费的支出。预算约束线在真实租金低于市场合理租金的地方变为水平线。

图1.20反映了租金凭证方案对住房消费的影响。为使讨论更简单、更直观，我们使用了与上一节略有不同的图。在图1.20和图1.21中，横轴代表的是住房支出水平，而不是前面图表中所代表的住房消费数量。[①] 由于租金凭证和住房券都与住房支出有关，因而一张有关支出的图能更形象地反映这两项政策。

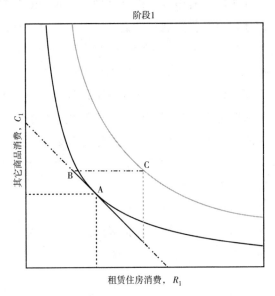

**图1.20　租金凭证方案**

资料来源：作者。

51　图1.20中，在最初的预算约束条件下，住房与其他商品消费的最优组合在A点。一旦实施租金凭证方案，预算约束线会在B点弯折。如果家庭希望租住在租金高于市场合理水平的住房中，该家庭将得不到任何补贴，因而新的预算约束线在市场合理租金水平的C点呈现不连续形态。在新的不

---

① 纵轴代表的是其他商品的支出水平。如果我们假定这些商品以价格为计算单位，规模不会发生改变。

连续的预算约束条件下，家庭会选择 C 点，这在所有可行选择中效用水平
最高。B 点与 C 点之间的差额由政府提供补贴。

### 1.5.2.3　住房券

与租金凭证相似，住房券事实上也是向符合条件的家庭提供一种直接补
贴。但是两者有些不同，因为住房券可以用于各种类型的住房，只要该住房
符合最低的标准要求，因而对于家庭支出多少租金没有上限。

类似于对租金凭证的分析，我们假设家庭需要将收入的 30% 用于租房。住
房券的面值就是市场合理租金与家庭收入的 30% 之间的差额。住房券的数额要
基于市场合理租金，因而与真实租金无关。换句话说，补贴额度是固定的，无
关乎他们选择租住的住房类型。因此，如果家庭租房的支出高于市场合理租金，
仍然会得到相同数额的住房券，但是超过家庭收入 30% 的部分，必须由自己支付。

$$住房券 = 市场合理租金 - 0.3 \times 收入$$

与租金凭证政策相反，在住房券方案中，家庭在住房方面的支出没有上
限。住房券的领取者甚至可以居住在租金远高于市场合理租金的豪宅中。

图 1.21 反映了住房券对家庭效用的影响。为使我们的论证保持一致，
我们使用了与图 1.20 一样的图示。由于实施住房券方案，预算约束线会上

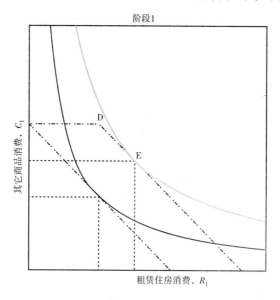

图 1.21　住房券方案

资料来源：作者。

移。但是，相比没有住房券的支持，家庭并不能在其他商品的消费上支出更多，因为住房券无法用于其他商品的消费。这种要求使预算约束线在 D 点出现了弯折。在新预算约束条件下，家庭选择 E 点，这在所有可行选择中效用水平最高。

相比租金凭证，住房券具有以下几方面优点。首先，租金凭证难以激励家庭去寻求低租金的住房。由于补贴会完全弥补真实租金与家庭收入 30%之间的差额，因此只要租金不超过市场合理租金，家庭会选择租金尽可能高的住房。但是，在住房券方案中，无论家庭租住何处，住房券的面值都是固定。因此，家庭会愿意选择最合适的租赁住房，支付比以前更低的租金。

另外，在一定假设条件下，我们能证明住房券给家庭带来的效用会比租金凭证更高，即便向符合条件的家庭提供的补贴一样多。这是因为相较于租金凭证方案，住房券方案作为一种一次性的现金转移支付，让家庭在选择最优消费组合方面有更多的决策权（详细解释在 1.5.1.2）。

当然，这并不总是意味着住房券相对于租金凭证是一种更好的政策工具。如果住房政策的目标在于促进住房消费，而不是提高效用，租金凭证会更有效。

韩国在 2015 年启动了一项住房券方案，旨在确保居民的居住条件能满足最低标准。每月的现金补贴数额取决于家庭收入、租金水平、家庭规模以及租住区位。此项方案的有效性尚待评估。

### 1.5.2.4　贫民窟的预防及整治

贫困家庭总是难以找到合适的住房。主要原因在于他们的收入太低，以至于无法承受最低标准的住房租金。他们的大部分收入都用于基本生存需要的支出。

在我们的模型中，可以较为容易地引入最低生存标准和最低住房标准。在图 1.22 中，$C_{MS}$代表生存的最低消费需求，而 $R_{MS}$代表最低住房标准的最小房屋租金。我们假定每个家庭为了生存，都必须将其消费维持在 $C_{MS}$ 及以上。如果收入太低以至于无法获得最低标准的住房，但是同时又要维持最低消费水平，为了生存，家庭唯一的选择就是牺牲部分住房消费。住房消费支出于是降至低于 $R_{MS}$，这意味着家庭只能生活在低于最低标准的住房中。这样的住房通常是贫民窟，不仅拥挤不堪，而且缺乏必要的通风、光照和卫生条件。另外，一般很难获得干净的饮用水，居住权也无法得到保障。图1.23 反映了家庭收入太低以至于难以承受标准品质住房的租金，只能被迫住在低于标准的住房中。

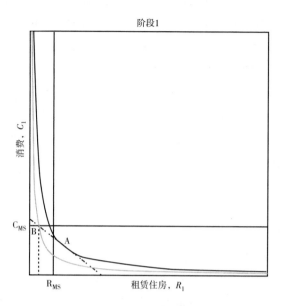

**图 1.22　低于最低标准品质的住房**

资料来源：作者。

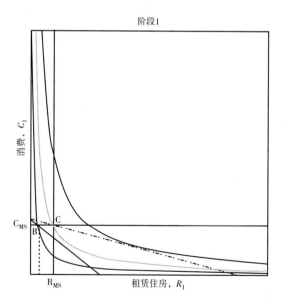

**图 1.23　贫民窟的预防及整治**

资料来源：作者。

预防贫民窟政策的目标是通过增加供应最低标准住房，从而创造可负担住房的存量。增加住房供给会降低房价，这使贫穷家庭能获得最低标准的住房（见图1.23）。他们一般寄希望于家庭收入的增加，从而使他们能够选择高于最低标准线的最优消费组合。

2013年，印度政府启动了一项大规模的贫民窟预防方案，试图让贫民窟居民能获得适当的住房，同时着手处理形成贫民窟的相关问题。主要政策工具就是向受影响的居民提供免费居所或住房。该方案的最终目标是让贫民窟于2022年在印度消失。

55

#### 1.5.2.5　政府提供租赁住房

政府干预租赁市场的另一种选择就是直接投资建设公共租赁住房。特别是在第二次世界大战以后，不少国家的政府都决定提供公共租赁住房，以使居民能获得适足的住房。

在模型中，假定政府为缓解住房短缺问题而推进租赁住房建设。新建住房会使流量曲线右移，这将降低稳定状态的均衡价格（见图1.24）。政府新增的建设量会增加每个阶段的住房存量，均衡价格会沿着需求曲线而变动。一旦短期均衡价格达到新的稳定状态的均衡价格，供给就变稳定了。

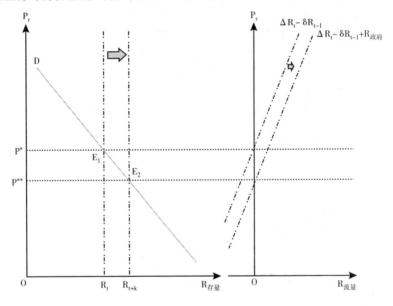

**图 1.24　政府建设公共租赁住房**

资料来源：作者。

既然我们对租赁住房使用了与自有住房相同的存量－流量供给模型，那么，在住房租赁市场中应用的供给侧政策，其影响与前面章节所讨论的情形一样。

很多国家都提供过公共租赁住房。比如，日本在 1951 年颁行了《公营住房法》（the Publicly-Operated Housing Act），通过地方政府向低收入家庭提供公营的低租金住房。该法案要求中央政府向地方政府提供补贴，以增加住房供给。1955 年，日本住房公团（the Japan Housing Corporation）开始为主要生活在几个大城市的中低收入家庭集中建造公租房，以缓解人口大量流入大城市而造成的住房短缺问题。后来，该公司成为 2004 年创设的都市更新机构（the Urban Renaissance Agency）的前身。到 1973 年，所有大都市和县的住房套数都超过了家庭户数。由此，日本实现了户均一套房的目标，结束了战后二十多年住房短缺的局面（The Building Center of Japan 2014）。

## 1.6 结论

住房与食物、衣服被认为是每个人最基本的物质需求。为了满足这些需求，世界各地的政府做出了各种努力，以使其公民，尤其是低收入群体，能获得住房。

本章的目的在于概述几种最常用的住房政策，并阐释它们对家庭福利的影响。为便于分析，我们首先针对自有住房和租赁住房构建了一个简要的两阶段住房需求模型，然后采用了标准的存量－流量供应模型。基于这个模型化的框架，我们解释了各种住房政策对供给与需求的定性影响。

本章提出的理论模型可从几个方面进行拓展。一种可能是明确地将住房对于社会的外部性纳入模型之中。比如，维护良好的住房不仅有助于改善居民的健康状况，而且向邻里展现了一种正能量。另外一种选择是将搬迁成本纳入我们的模型之中。已有文献（如 O'Sullivan 1996）很好地证明了，搬迁成本可能会阻碍居民居住在更好的住房中。还有一种有趣的拓展可能在于将自有市场与租赁市场之间的关联性纳入模型之中。两个市场中，无论哪个市场实施政策，肯定会对另外一个市场产生影响。最后，就像食物和衣服一样，住房条件需要达到一定标准才会是适足的，也才能达到预期效果。本章中，我们假定所有的住房都满足相同的标准。然而，在许多发展中国家，大量住房是低于最低标准的。对住房标准问题采取更加细微的分析方法可能是值得尝试的。

## 参考文献

Attanasio, O. P., R. Bottazzi, H. W. Low, and L. Nesheim. 2012. Modelling the Demand for Housing over the Life Cycle. *Review of Economic Dynamics* 15: 1–18.

Bajic, V. 1984. An Analysis of the Demand for Housing Attributes. *Applied economics* 16: 597–610.

Brueckner, J. K. 2011. *Lectures on Urban Economics*. Cambridge, MA: The MIT Press.

Cheshire, P., and S. Sheppard. 1984 Estimating the Demand for Housing, Land, and Neighbourhood Characteristics. *Oxford Bulletin of Economics and Statistics* 60(3): 357–382.

DiPasquale, D., and W. C. Wheaton. 1996. *Urban Economics and Real Estate Markets*. Upper Saddle River, NJ: Prentice-Hall.

Fallis, G. 1983. Housing Tenure in a Model of Consumer Choice: A Simple Diagrammatic Analysis. *AREUEA Journal* 11(1): 30–42.

Gahvari, F. 1986. Demand and Supply of Housing in the U.S.: 1929–1978. *Economic Inquiry* 24(2): 333–347.

Harvey, J. 2000. *Urban Land Economics*. 5th edition. Basingstoke, UK: Macmillan.

Hilber, C. A. L., and T. M. Turner. 2014. The Mortgage Interest Deduction and its Impact on Homeownership Decisions. *Review of Economics and Statistics* 96(4): 618–637.

Kau, J. B., and D. Keenan. 1980. The Theory of Housing and Interest Rate. *Journal of Financial and Quantitative Analysis* 15(4): 833–847.

Malpezzi, S., S. K. Mayo, and, D. J. Gross. 1985. *Housing Demand in Developing Countries*. Washington, DC: The World Bank.

McDonald, J. F. 1997. *Fundamentals of Economics*. Upper Saddle River, NJ: Prentice Hall.

McFadden, D. 1978. Modelling the Choice of Residential Location. In *Spatial Interaction Theory and Planning Models,* edited by A. Karlquist and T. Kungl. Amsterdam–New York, NY: North-Holland Publishing Company.

Megbolugbe, I. F., A. P. Marks, and M. B. Schwartz. 1991. The Economic Theory of Housing Demand: A Critical Review. *The Journal of Real Estate Research* 6(3): 381–393.

O'Sullivan, A. 1996. *Urban Economics*. 3rd edition, Chicago, IL: Irwin.　58

Ozanne, L., and R. Struyk. 1978. The Price Elasticity of Supply of Housing Services. In *Urban Housing Markets: Recent Directions in Research and Policy*, edited by L. S. Bourne and J. R. Hitchcock. Toronto, Canada: University of Toronto Press.

Pirounakis, N. G. 2013. *Real Estate Economics—A Point-to-Point Handbook*. London: Routledge.

Rapaport, C. 1997. Housing Demand and Community Choice: An Empirical Analysis. *Journal of Urban Economics* 42: 243–260.

Rothenberg, J., G. C. Galster, R. V. Butler, and J. Pitkin. 1991. *The Maze of Urban Housing Markets: Theory, Evidence, and Policy*. Chicago, IL: The University of Chicago Press.

Tax Payers for Common Sense. 2013. *Mortgage Interest Deduction: Time for Reform*. http://www.taxpayer.net/images/uploads/downloads/mortgage_interest_deduction.pdf.

The Building Center of Japan. 2014. *A Quick Look at Housing in Japan, May 2014*.

United Nations (UN). 2014. *World Urbanization Prospects: The 2014 Revision, Highlights*. Department of Economic and Social Affairs, Population Division (ST/ESA/SER.A/352).

UN–HABITAT. 2011. *Affordable Land and Housing in Asia*. Nairobi: United Nations Human Settlement Programme.

Weicher, J. 1979. Urban Housing Policy. In *Current Issues in Urban Economics*, edited by P. Mieszkowski and M. Straszheim. Baltimore, MD: The Johns Hopkins University Press.

Zabel, J. E. 2004. The Demand for Housing Services. *Journal of Housing Economics* 13: 16–35.

59 **附录**

式（10）–式（13）的推导

设定下列拉格朗日函数：

$$L = u(C_1, H_1) + \beta u(C_2, H_2) + \lambda \left\{ (1 - t_y)Y_1 + \frac{(1 - t_y)(1 + g)Y_1}{1 + r} + G_1 + \frac{G_1}{1 + r} - C_1 - \frac{C_2}{1 + r} - (1 + t_h) - (1 + t_h)P_h H_1 \right\} \quad (42)$$

或者

$$L = ln(C_1) + bln(H_1) + \beta \{ ln(C_2) + bln[(1 - \delta)H_1] \} + \lambda \left\{ (1 - t_y)Y_1 + \frac{(1 - t_y)(1 + g)Y_1}{1 + r} + G_1 + \frac{G_1}{1 + r} - C_1 - \frac{C_2}{1 + r} - (1 + t_h)P_h H_1 \right\} \quad (43)$$

对 $C_1$、$C_2$、$H_1$ 和 $\lambda$ 分别取一阶条件，得到：

$$\frac{1}{C_1} = \lambda \quad (44)$$

$$\frac{\beta}{C_2} = \lambda \frac{1}{1 + r} \quad (45)$$

$$\frac{b}{H_1} + \frac{\beta b}{H_1} = \lambda(1 + t_h)P_h \quad (46)$$

$$(1 - t_y)Y_1 + \frac{(1 - t_y)(1 + g)Y_1}{1 + r} + G_1 + \frac{G_1}{1 + r} = C_1 + \frac{C_2}{1 + r} + (1 + t_h)P_h H_1 \quad (47)$$

将式（44）代入式（45）和式（46），得到：

$$\beta(1 + r)C_1 = C_2 \quad (48)$$

$$b(1 + \beta)C_1 = (1 + t_h)P_h H_1 \quad (49)$$

将式（47）代入式（49）并且 $H_2 = (1 - \delta)H_1$，得到：

$$H_1^* = \frac{b}{(1 + t_h)(1 + b)P_h} \left\{ (1 - t_y)Y_1 + \frac{(1 - t_y)(1 + g)}{1 + r - rt_y}Y_1 + G_1 + \frac{G_2}{1 + r - rt_y} \right\}$$

$$H_2^* = (1 - \delta)H_1^* = \frac{(1 - \delta)b}{(1 + t_h)(1 + b)P_h} \left\{ (1 - t_y)Y_1 + \frac{(1 - t_y)(1 + g)}{1 + r - rt_y}Y_1 + G_1 + \frac{G_2}{1 + r - rt_y} \right\}$$

60

$$C_1^* = \frac{1}{(1 + \beta)(1 + b)} \left\{ (1 - t_y)Y_1 + \frac{(1 - t_y)(1 + g)}{1 + r - rt_y}Y_1 + G_1 + \frac{G_2}{1 + r - rt_y} \right\}$$

$$C_2^* = \frac{\beta(1 + r - rt_y)}{(1 + \beta)(1 + b)}\left\{(1 - t_y)Y_1 + \frac{(1 - t_y)(1 + g)}{1 + r - rt_y}Y_1 + G_1 + \frac{G_2}{1 + r - rt_y}\right\}$$

式（24）-式（27）的推导

设定下列拉格朗日函数：

$$L = u(C_1, R_1) + \beta u(C_2, R_2) + \lambda\left\{(1 - t_y)Y_1 + \frac{(1 - t_y)(1 + g)Y_1}{1 + r} + G_1 + \right.$$
$$\left. \frac{G_1}{1 + r} - C_1 - \frac{C_2}{1 + r} - P_r R_1 - \frac{P_r R_2}{1 + r}\right\} \tag{50}$$

或者：

$$L = \ln(C_1) + b\ln(R_1) + \beta\{\ln(C_2) + b\ln[R_2]\} + \lambda\left\{(1 - t_y)Y_1 + \frac{(1 - t_y)(1 + g)Y_1}{1 + r} + \right.$$
$$\left. G_1 + \frac{G_1}{1 + r} - C_1 - \frac{C_2}{1 + r} - P_r R_1 - \frac{P_r R_2}{1 + r}\right\} \tag{51}①$$

分别对 $C_1$、$C_2$、$R_1$ 和 $\lambda$ 取一阶条件，得到：

$$\frac{1}{C_1} = \lambda \tag{52}$$

$$\frac{\beta}{C_2} = \lambda\frac{1}{1 + r} \tag{53}$$

$$\frac{b}{R_1} = \lambda P_r \tag{54}$$

$$\frac{\beta b}{R_2} = \lambda\frac{P_r}{1 + r} \tag{55}$$

$$(1 - t_y)Y_1 + \frac{(1 - t_y)(1 + g)Y_1}{1 + r} + G_1 + \frac{G_1}{1 + r} = C_1 + \frac{C_2}{1 + r} + P_r R_1 + \frac{P_r R_2}{1 + r} \tag{56}②$$

将式（52）代入式（53）、式（54）和式（55），得到：

61

$$\beta(1 + r)C_1 = C_2 \tag{57}$$

$$bC_1 = P_r R_1 \tag{58}$$

$$\beta b(1 + r)C_1 = P_r R_2 \tag{59}③$$

---

① 原文可能有误,已根据正文修改。——译者注
② 原文可能有误,已根据正文修改。——译者注
③ 原文可能有误,已根据正文修改。——译者注

式（56）代入式（59），得到：

$$R_1^* = \frac{b}{(1+\beta)(b+1)P_r}\left\{(1-t_y)Y_1 + \frac{(1-t_y)(1+g)}{1+r}Y_1 + G_1 + \frac{G_2}{1+r}\right\}$$

$$R_2^* = \frac{b\beta(1+r)}{(1+\beta)(b+1)P_r}\left\{(1-t_y)Y_1 + \frac{(1-t_y)(1+g)}{1+r}Y_1 + G_1 + \frac{G_2}{1+r}\right\}$$

$$C_1^* = \frac{1}{(1+\beta)(b+1)}\left\{(1-t_y)Y_1 + \frac{(1-t_y)(1+g)}{1+r}Y_1 + G_1 + \frac{G_2}{1+r}\right\}$$

$$C_2^* = \frac{\beta(1+r)}{(1+\beta)(b+1)}\left\{(1-t_y)Y_1 + \frac{(1-t_y)(1+g)}{1+r}Y_1 + G_1 + \frac{G_2}{1+r}\right\}$$

# 第二章

## 住房政策的模拟：数值分析

吉野直行　马蒂亚斯·赫布尔　相泽俊明

## 2.1　引言

针对在两阶段住房需求模型中引入不同政策后，住房与其他商品的消费以及家庭效用的变化情况，上一章的图解分析为我们提供了颇有价值的见解，本章将再次引入对住房政策的数值分析。两阶段需求模型的模拟可以让我们比较不同需求政策的效应。本章目的在于通过分析成本效益来衡量住房政策的影响和有效性。

在上一章中，我们从典型家庭的效应最大化问题中获得了业主自有住房和租赁住房的最优需求水平。

对于自有住房，家庭的效用最大化问题是：

$$\max u(C_1, H_1) + \beta u(C_2, H_2), \beta \in (0,1)$$

$$C_1, H_1$$

$$C_2, H_2$$

$$\text{s. t. } C_1 + P_r R_1 + S = (1 - t_y)Y_1 + G_1$$

$$C_2 + P_r R_2 = (1 - t_y)Y_2 + (1 + r)S + G_2$$

$$Y_2 = (1 + g)Y_1$$

其中：

$$u(C_1, H_t) = ln(C_t) + b\ln(H_t)$$

$$H_2 = (1 - \delta)H_1$$

得到：

$$H_1^* = \frac{b}{(1 + t_h)(1 + b)P_h}\left\{(1 - t_y)Y_1 + \frac{(1 - t_y)(1 + g)}{1 + r}Y_1 + G_1 + \frac{G_2}{1 + r}\right\}$$

$$H_2^* = (1 - \delta)H_1^* = \frac{b(1 - \delta)}{(1 + t_h)(1 + b)P_h}\left\{(1 - t_y)Y_1 + \frac{(1 - t_y)(1 + g)}{1 + r}Y_1 + G_1 + \frac{G_2}{1 + r}\right\}$$

$$C_1^* = \frac{1}{(1 + \beta)(1 + b)}\left\{(1 - t_y)Y_1 + \frac{(1 - t_y)(1 + g)}{1 + r}Y_1 + G_1 + \frac{G_2}{1 + r}\right\}$$

$$C_2^* = \frac{\beta(1 + r)}{(1 + \beta)(1 + b)}\left\{(1 - t_y)Y_1 + \frac{(1 - t_y)(1 + g)}{1 + r}Y_1 + G_1 + \frac{G_2}{1 + r}\right\}$$

对于租赁住房，家庭的效用最大化问题是：

$$\max u(C_1, R_1) + \beta u(C_2, R_2), \beta \in (0,1)$$

$$C_1, R_1$$

$$C_2, R_2$$

$$s.t. \ C_1 + P_r R_1 + S = (1 - t_y)Y_1 + G_1$$

$$C_2 + P_r R_2 = (1 - t_y)Y_2 + (1 + r)S + G_2$$

$$Y_2 = (1 + g)Y_1$$

其中：

$$u(C_t, R_t) = ln(C_t) + b\ln(R_t), \theta = \omega = 1$$

得到：

$$R_1^* = \frac{b}{(1 + \beta)(b + 1)P_r}\left\{(1 - t_y)Y_1 + \frac{(1 - t_y)(1 + g)}{1 + r}Y_1 + G_1 + \frac{G_2}{1 + r}\right\}$$

$$R_2^* = \frac{b\beta(1 + r)}{(1 + \beta)(b + 1)P_r}\left\{(1 - t_y)Y_1 + \frac{(1 - t_y)(1 + g)}{1 + r}Y_1 + G_1 + \frac{G_2}{1 + r}\right\}$$

$$C_1^* = \frac{1}{(1 + \beta)(b + 1)}\left\{(1 - t_y)Y_1 + \frac{(1 - t_y)(1 + g)}{1 + r}Y_1 + G_1 + \frac{G_2}{1 + r}\right\}$$

$$C_2^* = \frac{\beta(1 + r)}{(1 + \beta)(b + 1)}\left\{(1 - t_y)Y_1 + \frac{(1 - t_y)(1 + g)}{1 + r}Y_1 + G_1 + \frac{G_2}{1 + r}\right\}$$

表 2.1 和 2.2 概括了上一章讨论的所有需求侧政策的定性结果。为简便起见，我们只聚焦需求侧的政策，忽略对供给侧的影响。下一部分将通过调整政策变量的值来定量估算其对住房政策的影响。

表 2.1 政策对需求和效用的影响（自有住房）

| 自有住房 | 第一阶段 | | | 第二阶段 | | |
|---|---|---|---|---|---|---|
| 政策 | $H_1$ | $C_1$ | $U_1$ | $H_2$ | $C_2$ | $U_2$ |
| 现金补贴 | ↑ | ↑ | ↑ | ↑ | ↑ | ↑ |
| 住房补助 | ↑ | ← | ↑ | ↑ | ← | ↑ |
| 降低抵押贷款利率 | ↑ | ↑ | ↑ | ↑ | ↓ | ↓ |
| 从所得税中扣减抵押贷款利息 | ↑ | ↑ | ↑ | ↑ | ↓ | ↓ |
| 提升品质 | ← | ← | ← | ↑ | ← | ↑ |
| 对购买住房征收房产税 | ↓ | ← | ↓ | ↓ | ← | ↓ |
| 对债务收入比率、抵押贷款比率的管制 | ↓ | ↑ | ↓ | ↓ | ↑ | ↓ |
| 限制购买 | ↓ | ↑ | ↓ | ↓ | ↑ | ↓ |

资料来源：作者。

表 2.2 政策对需求和效用的影响（租赁住房）

| 租赁住房 | 第一阶段 | | | 第二阶段 | | |
|---|---|---|---|---|---|---|
| 政策 | $R_1$ | $C_1$ | $U_1$ | $R_2$ | $C_2$ | $U_2$ |
| 现金补贴 | ↑ | ↑ | ↑ | ↑ | ↑ | ↑ |
| 租赁援助 | ↑ | ← | ↑ | ↑ | ← | ↑ |
| 租金凭证 | ↑ | ↑ | ↑ | ↑ | ↑ | ↑ |
| 住房券 | ↑ | ↑ | ↑ | ↑ | ↑ | ↑ |

资料来源：作者。

## 2.2 住房政策的数值实例

我们模拟的第一步是选择所有的外生变量，这些变量在模拟过程中不会发生变化。在两阶段住房模型中，我们假定这些变量取值如下：

·未来效用的贴现系数：$\beta = 0.95$
·相对风险规避系数：$\theta = 1.0$，$\omega = 1.0$
·住房在效用中的权重：$b = 1.0$

- 第一阶段的收入：$Y_1 = 10$
- 经济增长率：$g = 0.02$
- 所得税率：$t_y = 0.10$
- 每一住房单位的均价：$P_h = 1.5$
- 每一住房单位的平均租金：$P_r = 0.75$

我们将分析，如果调整下列政策变量的值，不同政策对需求和效用的影响：

- 第一阶段和第二阶段的补贴：$G_1 = 0$，$G_2 = 0$
- 利率：$r = 0.05$
- 住房的折旧率：$\delta = 0.10$
- 房产税率：$t_h = 0.00$

表2.3列出了在上述假设条件下的住房需求、其他消费品需求和效用的水平。在我们分析各种备选住房政策的数值影响时，这些值将被当作一个标杆（现状）。

66

**表 2.3 最优需求水平和效用**

| $H_1$ | $C_1$ | $U_1$ | $H_2$ | $C_2$ | $U_2$ | $H_1 + \beta H_2$ | $C_1 + \beta C_2$ | $U_1 + \beta U_2$ |
|---|---|---|---|---|---|---|---|---|
| 5.91 | 4.55 | 3.29 | 5.32 | 4.54 | 3.18 | 10.97 | 8.86 | 6.32 |
| $R_1$ | $C_1$ | $U_1$ | $R_2$ | $C_2$ | $U_2$ | $R_1 + R_2$ | $C_1 + C_2$ | $U_1 + \beta U_2$ |
| 3.03 | 4.55 | 2.62 | 3.18 | 4.54 | 2.67 | 6.22 | 9.09 | 5.16 |

资料来源：作者。

在表2.4中我们列出了稍微改变政策变量的情况下各种需求政策的数值模拟结果。

**表 2.4 住房政策及其政策变量**

| 政策 | 政策变量 | |
|---|---|---|
| 向潜在的购房者提供现金补贴 | $G_1$ | ↑ |
| 住房补助 | $P_h$ | ↓ |
| 降低抵押贷款利率 | $r$ | ↓ |
| 从所得税中扣减抵押贷款利息 | $rt_y L^*$ | ↑ |
| 技术进步 | $\delta$ | ↓ |
| 对购买住房征收房产税 | $t_h$ | ↑ |
| 向承租人提供现金补贴 | $G_1, G_2$ | ↑ |
| 租赁援助 | $P_r$ | ↓ |

资料来源：作者。

我们感兴趣的主要是住房需求量的百分比变化（$\Delta H$）和效用变化（$\Delta U$）的情况。除了住房需求和效用的变化外，我们还关注住房价格在短期内的变动情况。短期住房价格水平被定义为新政策实施之后的价格水平，因此它反映了最初的政策冲击。在中长期，我们的模型预计供应将根据新的需求做出反应并调整住房存量。只要政策不改变供给侧或房价的稳定状态，房价最终将回归到稳定的均衡水平。换句话说，在我们的模型中，需求将在中长期做出反应，使额外的需求或额外的供应都会出清，而短期内额外的需求或额外的供应将通过价格变化而出清，而不是通过供应变化。在本章，我们还将分析住房政策对短期房价的影响。

### 2.2.1　自有住房的需求政策

#### 2.2.1.1　现金补贴

在表2.5中，第一栏 $G_1$ 表示政府可能提供的现金补贴（0~5）。该表的上半部分显示，现金补贴0~5的不同情形中，对住房、消费品、抵押贷款的需求绝对量及效用值的影响。该表的下半部分列出了相对于标杆值的百分比变化情况。图2.1反映了当现金补贴数额发生变化时，住房需求、消费品需求以及终身效用的百分比变化情况。

假定政府在第一阶段向每个希望购买新住房的家庭提供一笔固定金额的补贴。在我们的数值实例中，一个单位的补贴相当于家庭的收入在第一阶段增加10%。因此，对住房的需求和对其他消费品的需求都增加5.64%。从效用变化看，我们发现补贴提高了家庭福利水平的3.33%。每一额外单位补贴对总效用的增加是凹的，这意味着随着补贴的绝对值变大，每一单位额外补贴对效用的边际增幅会减少。图2.1清晰地显示了这种凹的关系。另外，由于补贴会减少家庭依靠抵押贷款购买新房的需要，因而补贴方案降低了家庭寻求贷款的需求，每一单位的补贴会降低抵押贷款需求的5.51%。

在第二阶段，相比没有干预措施的情形，对住房和消费品的需求都会增加，其增幅与第一阶段的观察值相同。第二阶段的效用水平也会增加，而且相比第一阶段，其增幅会更大。由于现金补贴促进了对住房的需求，因而发现短期内房价会上涨。在短期，每一额外补贴会将房价推高5.64%，因而正好抵消需求的增长（我们假定住房供应在短期内是垂直的）。

表 2.5 现金补贴的数值模拟

| $G_1$ | $H_1$ | $C_1$ | $U_1$ | $L$ | $H_2$ | $C_2$ | $U_2$ | $H_1+\beta H_2$ | $C_1+\beta C_2$ | $U_1+\beta U_2$ | 短期 $P_h$ |
|---|---|---|---|---|---|---|---|---|---|---|---|
| 0 | 5.914 | 4.549 | 3.292 | 4.421 | 5.323 | 4.538 | 3.185 | 10.971 | 8.861 | 6.318 | 1.500 |
| 1 | 6.248 | 4.806 | 3.402 | 4.177 | 5.623 | 4.794 | 3.294 | 11.589 | 9.360 | 6.532 | 1.585 |
| 2 | 6.581 | 5.062 | 3.506 | 3.934 | 5.923 | 5.050 | 3.398 | 12.208 | 9.859 | 6.734 | 1.669 |
| 3 | 6.914 | 5.319 | 3.605 | 3.690 | 6.223 | 5.305 | 3.497 | 12.826 | 10.359 | 6.927 | 1.754 |
| 4 | 7.248 | 5.575 | 3.699 | 3.447 | 6.523 | 5.561 | 3.591 | 13.444 | 10.858 | 7.111 | 1.838 |
| 5 | 7.581 | 5.832 | 3.789 | 3.203 | 6.823 | 5.817 | 3.681 | 14.063 | 11.358 | 7.286 | 1.923 |
| 6 | 7.914 | 6.088 | 3.875 | 2.959 | 7.123 | 6.073 | 3.767 | 14.681 | 11.857 | 7.454 | 2.007 |
| 7 | 8.248 | 6.344 | 3.957 | 2.716 | 7.423 | 6.328 | 3.850 | 15.299 | 12.356 | 7.615 | 2.092 |
| 8 | 8.581 | 6.601 | 4.037 | 2.472 | 7.723 | 6.584 | 3.929 | 15.918 | 12.856 | 7.769 | 2.176 |
| 9 | 8.914 | 6.857 | 4.113 | 2.229 | 8.023 | 6.840 | 4.005 | 16.536 | 13.355 | 7.918 | 2.261 |
| 10 | 9.248 | 7.114 | 4.186 | 1.985 | 8.323 | 7.096 | 4.079 | 17.154 | 13.855 | 8.061 | 2.345 |

| $G_1$ | $H_1$ | $C_1$ | $U_1$ | $L$ | $H_2$ | $C_2$ | $U_2$ | $H_1+\beta H_2$ | $C_1+\beta C_2$ | $U_1+\beta U_2$ | 短期 $P_h$ |
|---|---|---|---|---|---|---|---|---|---|---|---|
| 0 | 0.00% | 0.00% | 0.00% | 0.00% | 0.00% | 0.00% | 0.00% | 0.00% | 0.00% | 0.00% | 0.00% |
| 1 | 5.64% | 5.64% | 3.33% | -5.51% | 5.64% | 5.64% | 3.44% | 5.64% | 5.64% | 3.38% | 5.64% |
| 2 | 11.27% | 11.27% | 6.49% | -11.02% | 11.27% | 11.27% | 6.71% | 11.27% | 11.27% | 6.59% | 11.27% |
| 3 | 16.91% | 16.91% | 9.49% | -16.53% | 16.91% | 16.91% | 9.81% | 16.91% | 16.91% | 9.64% | 16.91% |
| 4 | 22.54% | 22.54% | 12.35% | -22.04% | 22.54% | 22.54% | 12.77% | 22.54% | 22.54% | 12.55% | 22.54% |
| 5 | 28.18% | 28.18% | 15.08% | -27.55% | 28.18% | 28.18% | 15.59% | 28.18% | 28.18% | 15.33% | 28.18% |
| 6 | 33.82% | 33.82% | 17.70% | -33.06% | 33.82% | 33.82% | 18.29% | 33.82% | 33.82% | 17.98% | 33.82% |
| 7 | 39.45% | 39.45% | 20.20% | -38.57% | 39.45% | 39.45% | 20.89% | 39.45% | 39.45% | 20.53% | 39.45% |
| 8 | 45.09% | 45.09% | 22.61% | -44.08% | 45.09% | 45.09% | 23.37% | 45.09% | 45.09% | 22.97% | 45.09% |
| 9 | 50.72% | 50.72% | 24.92% | -49.59% | 50.72% | 50.72% | 25.77% | 50.72% | 50.72% | 25.33% | 50.72% |
| 10 | 56.36% | 56.36% | 27.15% | -55.10% | 56.36% | 56.36% | 28.07% | 56.36% | 56.36% | 27.59% | 56.36% |

资料来源：作者。

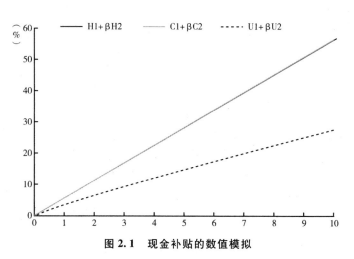

**图 2.1　现金补贴的数值模拟**

资料来源：作者。

### 2.2.1.2　住房补助

上一章讨论过，政府可能会决定根据住房成本的一定比例提供补助，并且只能用于购买住房。表 2.6 概括了不同住房补贴水平的模拟结果。与表 2.6 一样，表 2.7 的上半部分表示绝对值的变化，而下半部分表示相对值的变化。图 2.2 反映了随着补贴率的变动，住房需求、消费品需求和终身效用的百分比变动情况。

我们发现，当补贴率不断提高时，住房需求的增长会更快。换句话说，住房需求的增长速度快于补贴率的提高幅度。比如，当补贴率是 2%（在现状基础上变动 2 个百分点）时，住房需求会在现状基础上增加 2.04%。当补贴率从 2% 变化为 4%（同样也是 2 个百分点的变动）时，住房需求会增加 2.13 个百分点。我们的模型假定，住房补贴不会影响到其他商品的消费，理由在于替代效应正好抵消了收入效应。最后，对于任何额外的住房补助，在效用方面表现出的反应都是凸增长（见图 2.2）。

第二阶段住房需求的变化幅度与第一阶段相同。然而，第二阶段的效用变化比第一阶段更大。如果补贴率是 6%，第一阶段的效用增幅是 1.88%，而第二阶段的增幅是 1.94%。终身效用的增幅（最后一栏）是 1.91%，处于第一阶段和第二阶段效用变化幅度之间。由于住房补助促进了住房需求，我们发现房价在短期内出现了相应的上涨。

70

表 2.6　住房补助的数值模拟

| 补贴率 | $H_1$ | $C_1$ | $U_1$ | $L$ | $H_2$ | $C_2$ | $U_2$ | $H_1 + \beta H_2$ | $C_1 + \beta C_2$ | $U_1 + \beta U_2$ | 短期 $P_h$ |
|---|---|---|---|---|---|---|---|---|---|---|---|
| 0% | 5.914 | 4.549 | 3.292 | 4.421 | 5.323 | 4.538 | 3.185 | 10.971 | 8.861 | 6.318 | 1.500 |
| 1% | 5.974 | 4.549 | 3.302 | 4.421 | 5.377 | 4.538 | 3.195 | 11.082 | 8.861 | 6.337 | 1.515 |
| 2% | 6.035 | 4.549 | 3.313 | 4.421 | 5.431 | 4.538 | 3.205 | 11.195 | 8.861 | 6.357 | 1.531 |
| 3% | 6.097 | 4.549 | 3.323 | 4.421 | 5.487 | 4.538 | 3.215 | 11.310 | 8.861 | 6.377 | 1.546 |
| 4% | 6.161 | 4.549 | 3.333 | 4.421 | 5.545 | 4.538 | 3.225 | 11.428 | 8.861 | 6.397 | 1.563 |
| 5% | 6.226 | 4.549 | 3.344 | 4.421 | 5.603 | 4.538 | 3.236 | 11.548 | 8.861 | 6.418 | 1.579 |
| 6% | 6.292 | 4.549 | 3.354 | 4.421 | 5.663 | 4.538 | 3.246 | 11.671 | 8.861 | 6.438 | 1.596 |
| 7% | 6.359 | 4.549 | 3.365 | 4.421 | 5.724 | 4.538 | 3.257 | 11.797 | 8.861 | 6.459 | 1.613 |
| 8% | 6.429 | 4.549 | 3.376 | 4.421 | 5.786 | 4.538 | 3.268 | 11.925 | 8.861 | 6.480 | 1.630 |
| 9% | 6.499 | 4.549 | 3.387 | 4.421 | 5.849 | 4.538 | 3.279 | 12.056 | 8.861 | 6.502 | 1.648 |
| 10% | 6.571 | 4.549 | 3.398 | 4.421 | 5.914 | 4.538 | 3.290 | 12.190 | 8.861 | 6.523 | 1.667 |
| 补贴率 | $H_1$ | $C_1$ | $U_1$ | $L$ | $H_2$ | $C_2$ | $U_2$ | $H_1 + \beta H_2$ | $C_1 + \beta C_2$ | $U_1 + \beta U_2$ | 短期 $P_h$ |
| 0% | 0.00% | 0.00% | 0.00% | 0.00% | 0.00% | 0.00% | 0.00% | 0.00% | 0.00% | 0.00% | 0.00% |
| 1% | 1.01% | 0.00% | 0.31% | 0.00% | 1.01% | 0.00% | 0.32% | 1.01% | 0.00% | 0.31% | 1.01% |
| 2% | 2.04% | 0.00% | 0.61% | 0.00% | 2.04% | 0.00% | 0.63% | 2.04% | 0.00% | 0.62% | 2.04% |
| 3% | 3.09% | 0.00% | 0.93% | 0.00% | 3.09% | 0.00% | 0.96% | 3.09% | 0.00% | 0.94% | 3.09% |
| 4% | 4.17% | 0.00% | 1.24% | 0.00% | 4.17% | 0.00% | 1.28% | 4.17% | 0.00% | 1.26% | 4.17% |
| 5% | 5.26% | 0.00% | 1.56% | 0.00% | 5.26% | 0.00% | 1.61% | 5.26% | 0.00% | 1.58% | 5.26% |
| 6% | 6.38% | 0.00% | 1.88% | 0.00% | 6.38% | 0.00% | 1.94% | 6.38% | 0.00% | 1.91% | 6.38% |
| 7% | 7.53% | 0.00% | 2.20% | 0.00% | 7.53% | 0.00% | 2.28% | 7.53% | 0.00% | 2.24% | 7.53% |
| 8% | 8.70% | 0.00% | 2.53% | 0.00% | 8.70% | 0.00% | 2.62% | 8.70% | 0.00% | 2.57% | 8.70% |
| 9% | 9.89% | 0.00% | 2.86% | 0.00% | 9.89% | 0.00% | 2.96% | 9.89% | 0.00% | 2.91% | 9.89% |
| 10% | 11.11% | 0.00% | 3.20% | 0.00% | 11.11% | 0.00% | 3.31% | 11.11% | 0.00% | 3.25% | 11.11% |

资料来源：作者。

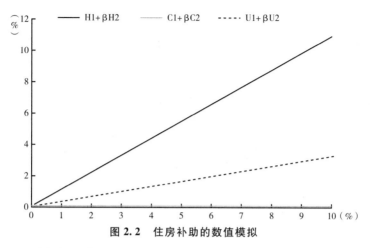

**图 2.2 住房补助的数值模拟**

资料来源：作者。

### 2.2.1.3 降低抵押贷款利率

表 2.7 显示，如果降低抵押贷款利率，住房和其他消费品的需求在第一阶段都会增加。图 2.3 和图 2.4 分别表明了第一阶段和第二阶段住房需求、其他消费品需求和效用的百分比变动情况，图 2.5 表示了贴现系数为 β 加总时的百分比变动情况。当利率从 5% 降至 4%（降低 1 个百分点），住房和其他商品的需求会减少 0.47%，效用提高 0.29%。抵押贷款利率每降低 1 个百分点，抵押贷款的使用会增加 1.44%。根据我们的参数设定，住房需求和消费品需求的增长会与抵押贷款利率的变动呈线性关系（见图 2.3）。

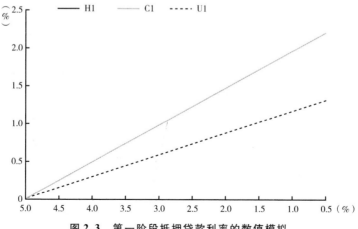

**图 2.3 第一阶段抵押贷款利率的数值模拟**

资料来源：作者。

表 2.7 抵押贷款利率的数值模拟

| $r$ | $H_1$ | $C_1$ | $U_1$ | $L$ | $H_2$ | $C_2$ | $U_2$ | $H_1+\beta H_2$ | $C_1+\beta C_2$ | $U_1+\beta U_2$ | 短期 $P_h$ |
|---|---|---|---|---|---|---|---|---|---|---|---|
| 5.0% | 5.914 | 4.549 | 3.292 | 4.421 | 5.323 | 4.538 | 3.185 | 10.971 | 8.861 | 6.318 | 1.500 |
| 4.5% | 5.928 | 4.560 | 3.297 | 4.453 | 5.335 | 4.527 | 3.184 | 10.997 | 8.861 | 6.322 | 1.504 |
| 4.0% | 5.942 | 4.571 | 3.302 | 4.484 | 5.348 | 4.516 | 3.184 | 11.023 | 8.861 | 6.327 | 1.507 |
| 3.5% | 5.957 | 4.582 | 3.307 | 4.517 | 5.361 | 4.505 | 3.184 | 11.049 | 8.862 | 6.332 | 1.511 |
| 3.0% | 5.971 | 4.593 | 3.311 | 4.549 | 5.374 | 4.494 | 3.184 | 11.076 | 8.862 | 6.337 | 1.514 |
| 2.5% | 5.985 | 4.604 | 3.316 | 4.582 | 5.387 | 4.483 | 3.184 | 11.103 | 8.863 | 6.341 | 1.518 |
| 2.0% | 6.000 | 4.615 | 3.321 | 4.615 | 5.400 | 4.472 | 3.184 | 11.130 | 8.864 | 6.346 | 1.522 |
| 1.5% | 6.015 | 4.627 | 3.326 | 4.649 | 5.413 | 4.461 | 3.184 | 11.157 | 8.865 | 6.351 | 1.525 |
| 1.0% | 6.030 | 4.638 | 3.331 | 4.683 | 5.427 | 4.450 | 3.184 | 11.185 | 8.866 | 6.356 | 1.529 |
| 0.5% | 6.045 | 4.650 | 3.336 | 4.717 | 5.440 | 4.439 | 3.184 | 11.213 | 8.867 | 6.361 | 1.533 |

| $r$ | $H_1$ | $C_1$ | $U_1$ | $L$ | $H_2$ | $C_2$ | $U_2$ | $H_1+\beta H_2$ | $C_1+\beta C_2$ | $U_1+\beta U_2$ | 短期 $P_h$ |
|---|---|---|---|---|---|---|---|---|---|---|---|
| 5.0% | 0.00% | 0.00% | 0.00% | 0.00% | 0.00% | 0.00% | 0.00% | 0.00% | 0.00% | 0.00% | 0.00% |
| 4.5% | 0.24% | 0.24% | 0.14% | 0.716% | 0.24% | -0.24% | 0.00% | 0.24% | 0.00% | 0.07% | 0.24% |
| 4.0% | 0.47% | 0.47% | 0.29% | 1.438% | 0.47% | -0.48% | 0.00% | 0.47% | 0.01% | 0.15% | 0.47% |
| 3.5% | 0.71% | 0.71% | 0.43% | 2.168% | 0.71% | -0.72% | 0.00% | 0.71% | 0.01% | 0.22% | 0.71% |
| 3.0% | 0.96% | 0.96% | 0.58% | 2.905% | 0.96% | -0.97% | -0.01% | 0.96% | 0.02% | 0.30% | 0.96% |
| 2.5% | 1.20% | 1.20% | 0.73% | 3.649% | 1.20% | -1.21% | -0.01% | 1.20% | 0.03% | 0.38% | 1.20% |
| 2.0% | 1.45% | 1.45% | 0.87% | 4.400% | 1.45% | -1.45% | -0.01% | 1.45% | 0.04% | 0.45% | 1.45% |
| 1.5% | 1.70% | 1.70% | 1.02% | 5.158% | 1.70% | -1.69% | -0.01% | 1.70% | 0.05% | 0.53% | 1.70% |
| 1.0% | 1.95% | 1.95% | 1.17% | 5.924% | 1.95% | -1.93% | -0.01% | 1.95% | 0.06% | 0.61% | 1.95% |
| 0.5% | 2.21% | 2.21% | 1.33% | 6.698% | 2.21% | -2.17% | 0.00% | 2.21% | 0.08% | 0.69% | 2.21% |

资料来源：作者。

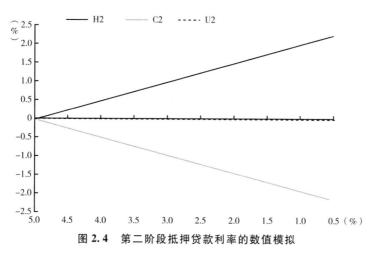

**图 2.4　第二阶段抵押贷款利率的数值模拟**

资料来源：作者。

如果第二阶段的住房消费增速与第一阶段相同，那么对其他消费品的需求会是负增长（见图 2.5）。假定利率从 5% 的水平降低 1 个百分点，住房需求会增长 0.47%，而其他消费品的需求会下降 0.48%。为什么？第二阶段的效用变化接近 0，与抵押贷款利率的下降无关。然而，终身效用会比现状数值更大（见图 2.5）。比如，利率下降 4 个百分点，终身效用会增长 0.61%。如前所述，需求增加会推动短期房价以相同速率上涨。

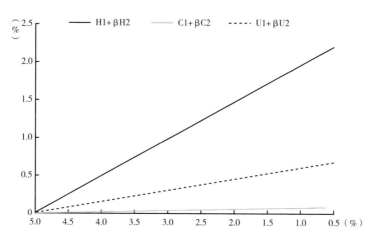

**图 2.5　抵押贷款利率的数值模拟**

资料来源：作者。

#### 2.2.1.4 从所得税中扣减抵押贷款利息

如果引入从所得税中扣减抵押贷款利息的政策，第二阶段的收入会增加 $rt_hL^*$（见表 2.8）。抵押贷款利息支出的减少在第一阶段对住房和消费品需求增长的促进幅度相同，都是 0.24%。提高效用的幅度是 0.14%，使用抵押贷款的增幅是 0.72%。然而到了第二阶段，对其他消费品的需求下降了 0.24%。与之相对，住房需求增长了 0.24%。[①] 总体上，住房需求增长了 0.24%，而对其他消费品的需求维持不变，终身效用增加了 0.07%。我们估计在引入扣减抵押贷款利息政策后，房价会上涨 0.24%。

76

**表 2.8 在收入所得税中扣减抵押贷款利息的效应**

|  | $H_1$ | $C_1$ | $U_1$ | $L$ | $H_2$ | $C_2$ | $U_2$ | $H_1 + \beta H_2$ | $C_1 + \beta C_2$ | $U_1 + \beta U_2$ | 短期 $P_h$ |
|---|---|---|---|---|---|---|---|---|---|---|---|
| 现状 | 5.914 | 4.549 | 3.292 | 4.421 | 5.323 | 4.538 | 3.185 | 10.971 | 8.861 | 6.318 | 1.500 |
| 扣减抵押贷款利息 | 5.928 | 4.560 | 3.297 | 4.453 | 5.335 | 4.527 | 3.184 | 10.997 | 8.861 | 6.322 | 1.504 |
|  | $H_1$ | $C_1$ | $U_1$ | $L$ | $H_2$ | $C_2$ | $U_2$ | $H_1 + \beta H_2$ | $C_1 + \beta C_2$ | $U_1 + \beta U_2$ | 短期 $P_h$ |
| 现状 | 0.00% | 0.00% | 0.00% | 0.00% | 0.00% | 0.00% | 0.00% | 0.00% | 0.00% | 0.00% | 0.00% |
| 扣减抵押贷款利息 | 0.24% | 0.24% | 0.14% | 0.72% | 0.24% | -0.24% | 0.00% | 0.24% | 0.00% | 0.07% | 0.24% |

资料来源：作者的计算。

#### 2.2.1.5 技术进步

在我们的模型中，技术进步转换为更低的折旧率。在下面的数值实例中，我们只关注更低的折旧率带来的需求效应，忽略对供给侧可能存在的影响。如表 2.9 所示，由于住房需求在第一阶段不受 $\delta$ 影响，因而技术进步不影响第一阶段的需求或效用，但是它会增加第二阶段的住房消费，导致第二阶段的效用会更高。在第二阶段，折旧率下降 2% 会使住房需求增加 2.22%。效用对折旧率下降的反应是凹的方式，这意味着随着折旧率下降，效用的边际增长率会变得更小。

如果折旧率下降 2 个百分点，对住房的总体需求会增加 1.02%。终身效用的变化与折旧率下降也是凹关系（见图 2.8）。如果折旧率从 10% 降至 4%

---

① 结果，第二阶段的效用从 3.18451 略降为 3.18445。

表 2.9　技术进步的数值模拟

| $\delta$ | $H_1$ | $C_1$ | $U_1$ | $L$ | $H_2$ | $C_2$ | $U_2$ | $H_1+\beta H_2$ | $C_1+\beta C_2$ | $U_1+\beta U_2$ | 短期 $P_h$ |
|---|---|---|---|---|---|---|---|---|---|---|---|
| 10% | 5.914 | 4.549 | 3.292 | 4.421 | 5.323 | 4.538 | 3.185 | 10.971 | 8.861 | 6.318 | 1.500 |
| 9% | 5.914 | 4.549 | 3.292 | 4.421 | 5.382 | 4.538 | 3.196 | 11.027 | 8.861 | 6.328 | 1.500 |
| 8% | 5.914 | 4.549 | 3.292 | 4.421 | 5.441 | 4.538 | 3.206 | 11.083 | 8.861 | 6.339 | 1.500 |
| 7% | 5.914 | 4.549 | 3.292 | 4.421 | 5.500 | 4.538 | 3.217 | 11.140 | 8.861 | 6.349 | 1.500 |
| 6% | 5.914 | 4.549 | 3.292 | 4.421 | 5.559 | 4.538 | 3.228 | 11.196 | 8.861 | 6.359 | 1.500 |
| 5% | 5.914 | 4.549 | 3.292 | 4.421 | 5.619 | 4.538 | 3.239 | 11.252 | 8.861 | 6.369 | 1.500 |
| 4% | 5.914 | 4.549 | 3.292 | 4.421 | 5.678 | 4.538 | 3.249 | 11.308 | 8.861 | 6.379 | 1.500 |
| 3% | 5.914 | 4.549 | 3.292 | 4.421 | 5.737 | 4.538 | 3.259 | 11.364 | 8.861 | 6.389 | 1.500 |
| 2% | 5.914 | 4.549 | 3.292 | 4.421 | 5.796 | 4.538 | 3.270 | 11.420 | 8.861 | 6.399 | 1.500 |
| 1% | 5.914 | 4.549 | 3.292 | 4.421 | 5.855 | 4.538 | 3.280 | 11.477 | 8.861 | 6.408 | 1.500 |

| $\delta$ | $H_1$ | $C_1$ | $U_1$ | $L$ | $H_2$ | $C_2$ | $U_2$ | $H_1+\beta H_2$ | $C_1+\beta C_2$ | $U_1+\beta U_2$ | 短期 $P_h$ |
|---|---|---|---|---|---|---|---|---|---|---|---|
| 10% | 0.00% | 0.00% | 0.00% | 0.00% | 0.00% | 0.00% | 0.00% | 0.00% | 0.00% | 0.00% | 0.00% |
| 9% | 0.00% | 0.00% | 0.00% | 0.00% | 1.11% | 0.00% | 0.35% | 0.51% | 0.00% | 0.17% | 0.00% |
| 8% | 0.00% | 0.00% | 0.00% | 0.00% | 2.22% | 0.00% | 0.69% | 1.02% | 0.00% | 0.33% | 0.00% |
| 7% | 0.00% | 0.00% | 0.00% | 0.00% | 3.33% | 0.00% | 1.03% | 1.54% | 0.00% | 0.49% | 0.00% |
| 6% | 0.00% | 0.00% | 0.00% | 0.00% | 4.44% | 0.00% | 1.37% | 2.05% | 0.00% | 0.65% | 0.00% |
| 5% | 0.00% | 0.00% | 0.00% | 0.00% | 5.56% | 0.00% | 1.70% | 2.56% | 0.00% | 0.81% | 0.00% |
| 4% | 0.00% | 0.00% | 0.00% | 0.00% | 6.67% | 0.00% | 2.03% | 3.07% | 0.00% | 0.97% | 0.00% |
| 3% | 0.00% | 0.00% | 0.00% | 0.00% | 7.78% | 0.00% | 2.35% | 3.58% | 0.00% | 1.13% | 0.00% |
| 2% | 0.00% | 0.00% | 0.00% | 0.00% | 8.89% | 0.00% | 2.67% | 4.10% | 0.00% | 1.28% | 0.00% |
| 1% | 0.00% | 0.00% | 0.00% | 0.00% | 10.00% | 0.00% | 2.99% | 4.61% | 0.00% | 1.43% | 0.00% |

资料来源：作者。

（下降 6 个百分点），终身效用会增加 0.97%。短期内的房价不会
变化。①

78

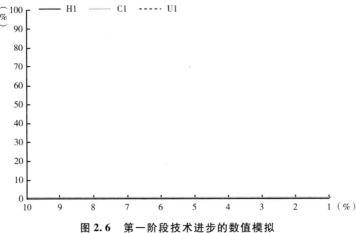

图 2.6　第一阶段技术进步的数值模拟

资料来源：作者。

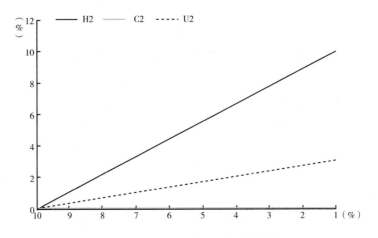

图 2.7　第二阶段技术进步的数值模拟

资料来源：作者。

---

① 这是由于我们只观察典型家庭的需求变化情况。事实上，由于第二阶段的需求增加，市场
中的总需求会推高短期房价，因为市场是由迭代的众多家庭组成的。而且，如上一章所述，
由于此类政策会对供给侧产生影响，因而长期房价会下降。

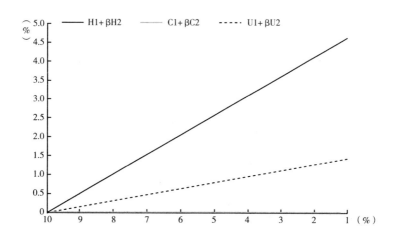

79

图 2.8　技术进步的数值模拟

资料来源：作者。

### 2.2.1.6　对购买住房征收房产税

征收房产税会减少住房需求（见表 2.10）。然而，它不会影响对其他消费品的需求，因为替代效应与收入效应正好相抵（见图 2.9）。相比房产税率的变动，住房需求下降的幅度会更小（见图 2.9）。换句话说，随着税率不断提高，住房需求的降幅会边际递减。同样，效用也是下降的，但是随着税率提高，其降幅比住房需求降幅更小。比如，如果房产税率从 0% 变化为 2%（2 个百分点的变化），住房需求和效用的减幅则分别为 1.96% 和 0.60%。然而，如果税率从 2% 调整为 4%（同样是 2 个百分点的变化），住房需求和效用的降幅则分别是 1.89% 和 0.59%。

在第二阶段，住房需求因税率提高而减少的幅度与第一阶段相同。由于前面已述及的原因，房产税不影响其他消费品的需求。第二阶段效用损失的百分点比第一阶段更大。因而，终身效用的变动速率处于第一阶段和第二阶段效用的减少幅度之间。总体住房需求的变动幅度在第一阶段和第二阶段都一样，房产税带来的房价下降幅度与住房需求减少幅度相同。

80

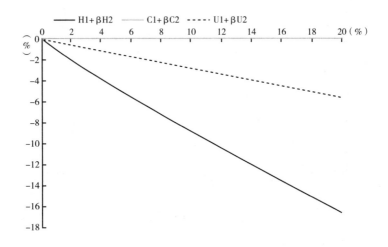

图 2.9　房产税的数值模拟

资料来源：作者。

### 2.2.2　租赁住房的需求政策

#### 2.2.2.1　对承租户提供补贴

每一单位补贴对租赁住房和消费品的需求所带来的增加效用都是 5.50%（见表 2.11）。由于边际效用递减，随着补贴数额增加，额外补贴带来的边际效用会越来越小（图 2.10）。尽管第二阶段的效用几乎以相同的比例增加，但其增幅比第一阶段略大。在这两个阶段，短期房价都会随着住房需求增加而上涨。终身效用仍然遵循凹型趋势，而且其增幅在第一阶段和第二阶段的效用增幅之间。

表 2.10　房产税的数值模拟

| 房产税率 | $H_1$ | $C_1$ | $U_1$ | $L$ | $H_2$ | $C_2$ | $U_2$ | $H_1+\beta H_2$ | $C_1+\beta C_2$ | $U_1+\beta U_2$ | 短期 $P_h$ |
|---|---|---|---|---|---|---|---|---|---|---|---|
| 0% | 5.914 | 4.549 | 3.292 | 4.421 | 5.323 | 4.538 | 3.185 | 10.971 | 8.861 | 6.318 | 1.500 |
| 2% | 5.798 | 4.549 | 3.273 | 4.421 | 5.218 | 4.538 | 3.165 | 10.756 | 8.861 | 6.279 | 1.471 |
| 4% | 5.687 | 4.549 | 3.253 | 4.421 | 5.118 | 4.538 | 3.145 | 10.549 | 8.861 | 6.241 | 1.442 |
| 6% | 5.580 | 4.549 | 3.234 | 4.421 | 5.022 | 4.538 | 3.126 | 10.350 | 8.861 | 6.204 | 1.415 |
| 8% | 5.476 | 4.549 | 3.215 | 4.421 | 4.929 | 4.538 | 3.108 | 10.158 | 8.861 | 6.168 | 1.389 |
| 10% | 5.377 | 4.549 | 3.197 | 4.421 | 4.839 | 4.538 | 3.089 | 9.974 | 8.861 | 6.132 | 1.364 |
| 12% | 5.281 | 4.549 | 3.179 | 4.421 | 4.753 | 4.538 | 3.071 | 9.796 | 8.861 | 6.097 | 1.339 |
| 14% | 5.188 | 4.549 | 3.161 | 4.421 | 4.669 | 4.538 | 3.053 | 9.624 | 8.861 | 6.062 | 1.316 |
| 16% | 5.099 | 4.549 | 3.144 | 4.421 | 4.589 | 4.538 | 3.036 | 9.458 | 8.861 | 6.028 | 1.293 |
| 18% | 5.012 | 4.549 | 3.127 | 4.421 | 4.511 | 4.538 | 3.019 | 9.297 | 8.861 | 5.995 | 1.271 |
| 20% | 4.929 | 4.549 | 3.110 | 4.421 | 4.436 | 4.538 | 3.002 | 9.143 | 8.861 | 5.962 | 1.250 |
| 房产税率 | $H_1$ | $C_1$ | $U_1$ | $L$ | $H_2$ | $C_2$ | $U_2$ | $H_1+\beta H_2$ | $C_1+\beta C_2$ | $U_1+\beta U_2$ | 短期 $P_h$ |
| 0% | 0.00% | 0.00% | 0.00% | 0.00% | 0.00% | 0.00% | 0.00% | 0.00% | 0.00% | 0.00% | 0.00% |
| 2% | -1.96% | 0.00% | -0.601% | 0.00% | -1.96% | 0.00% | -0.62% | -1.96% | 0.00% | -0.61% | -1.96% |
| 4% | -3.85% | 0.00% | -1.191% | 0.00% | -3.85% | 0.00% | -1.23% | -3.85% | 0.00% | -1.21% | -3.85% |
| 6% | -5.66% | 0.00% | -1.770% | 0.00% | -5.66% | 0.00% | -1.83% | -5.66% | 0.00% | -1.80% | -5.66% |
| 8% | -7.41% | 0.00% | -2.338% | 0.00% | -7.41% | 0.00% | -2.42% | -7.41% | 0.00% | -2.38% | -7.41% |
| 10% | -9.09% | 0.00% | -2.895% | 0.00% | -9.09% | 0.00% | -2.99% | -9.09% | 0.00% | -2.94% | -9.09% |
| 12% | -10.71% | 0.00% | -3.442% | 0.00% | -10.71% | 0.00% | -3.56% | -10.71% | 0.00% | -3.50% | -10.71% |
| 14% | -12.28% | 0.00% | -3.980% | 0.00% | -12.28% | 0.00% | -4.11% | -12.28% | 0.00% | -4.04% | -12.28% |
| 16% | -13.79% | 0.00% | -4.508% | 0.00% | -13.79% | 0.00% | -4.66% | -13.79% | 0.00% | -4.58% | -13.79% |
| 18% | -15.25% | 0.00% | -5.027% | 0.00% | -15.25% | 0.00% | -5.20% | -15.25% | 0.00% | -5.11% | -15.25% |
| 20% | -16.67% | 0.00% | -5.538% | 0.00% | -16.67% | 0.00% | -5.37% | -16.67% | 0.00% | -5.63% | -16.67% |

资料来源：作者的计算。

表 2.11 向租赁住房提供现金补贴的数值模拟

| $G_1$ | $G_2$ | $R_1$ | $C_1$ | $U_1$ | $P_r1$ 短期 | $R_2$ | $C_2$ | $U_2$ | $P_r2$ 短期 | $R_1+\beta R_2$ | $C_1+\beta C_2$ | $U_1+\beta U_2$ |
|---|---|---|---|---|---|---|---|---|---|---|---|---|
| 0 | 0 | 6.066 | 4.549 | 3.318 | 0.750 | 6.051 | 4.538 | 3.313 | 0.750 | 11.814 | 8.861 | 6.465 |
| 0.25 | 0.25 | 6.233 | 4.675 | 3.372 | 0.771 | 6.217 | 4.663 | 3.367 | 0.771 | 12.139 | 9.104 | 6.571 |
| 0.5 | 0.5 | 6.400 | 4.800 | 3.425 | 0.791 | 6.384 | 4.788 | 3.420 | 0.791 | 12.464 | 9.348 | 6.674 |
| 0.75 | 0.75 | 6.567 | 4.925 | 3.476 | 0.812 | 6.550 | 4.913 | 3.471 | 0.812 | 12.789 | 9.592 | 6.774 |
| 1 | 1 | 6.733 | 5.050 | 3.526 | 0.833 | 6.717 | 5.037 | 3.521 | 0.833 | 13.114 | 9.836 | 6.872 |
| 1.25 | 1.25 | 6.900 | 5.175 | 3.575 | 0.853 | 6.883 | 5.162 | 3.570 | 0.853 | 13.439 | 10.079 | 6.967 |
| 1.5 | 1.5 | 7.067 | 5.300 | 3.623 | 0.874 | 7.049 | 5.287 | 3.618 | 0.874 | 13.764 | 10.323 | 7.061 |
| 1.75 | 1.75 | 7.234 | 5.426 | 3.670 | 0.894 | 7.216 | 5.412 | 3.665 | 0.894 | 14.089 | 10.567 | 7.152 |
| 2 | 2 | 7.401 | 5.551 | 3.716 | 0.915 | 7.382 | 5.537 | 3.711 | 0.915 | 14.414 | 10.811 | 7.241 |
| 2.25 | 2.25 | 7.568 | 5.676 | 3.760 | 0.936 | 7.549 | 5.662 | 3.755 | 0.936 | 14.739 | 11.054 | 7.327 |

| $G_1$ | $G_2$ | $R_1$ | $C_1$ | $U_1$ | $P_r1$ 短期 | $R_2$ | $C_2$ | $U_2$ | $P_r2$ 短期 | $R_1+\beta R_2$ | $C_1+\beta C_2$ | $U_1+\beta U_2$ |
|---|---|---|---|---|---|---|---|---|---|---|---|---|
| 0 | 0 | 0.00% | 0.00% | 0.00% | 0.00% | 0.00% | 0.00% | 0.00% | 0.00% | 0.00% | 0.00% | 0.00% |
| 0.25 | 0.25 | 2.75% | 2.75% | 1.64% | 2.75% | 2.75% | 2.75% | 1.64% | 2.75% | 2.75% | 2.75% | 1.64% |
| 0.5 | 0.5 | 5.50% | 5.50% | 3.23% | 5.50% | 5.50% | 5.50% | 3.23% | 5.50% | 5.50% | 5.50% | 3.23% |
| 0.75 | 0.75 | 8.25% | 8.25% | 4.78% | 8.25% | 8.25% | 8.25% | 4.79% | 8.25% | 8.25% | 8.25% | 4.78% |
| 1 | 1 | 11.00% | 11.00% | 6.29% | 11.00% | 11.00% | 11.00% | 6.30% | 11.00% | 11.00% | 11.00% | 6.30% |
| 1.25 | 1.25 | 13.75% | 13.75% | 7.77% | 13.75% | 13.75% | 13.75% | 7.78% | 13.75% | 13.75% | 13.75% | 7.77% |
| 1.5 | 1.5 | 16.51% | 16.51% | 9.21% | 16.51% | 16.51% | 16.51% | 9.22% | 16.51% | 16.51% | 16.51% | 9.22% |
| 1.75 | 1.75 | 19.26% | 19.26% | 10.62% | 19.26% | 19.26% | 19.26% | 10.63% | 19.26% | 19.26% | 19.26% | 10.62% |
| 2 | 2 | 22.01% | 22.01% | 11.99% | 22.01% | 22.01% | 22.01% | 12.01% | 22.01% | 22.01% | 22.01% | 12.00% |
| 2.25 | 2.25 | 24.76% | 24.76% | 13.34% | 24.76% | 24.76% | 24.76% | 13.36% | 24.76% | 24.76% | 24.76% | 13.34% |

资料来源：作者的计算。

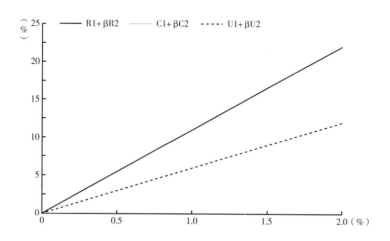

**图 2.10 向租赁住房提供现金补贴的数值模拟**

资料来源：作者。

### 2.2.2.2 租赁补助

如果家庭在两个阶段都获得了租赁补助，住房消费都会增长（表2.12）。相比住房需求，两个阶段的消费品需求都维持不变，这是因为在 $\theta = \omega = 1$ 的假设条件下，替代效应与收入效应正好相抵。引入租赁补助后，效用也会提高。由于两个阶段都表现出相同的增长幅度，终身需求和效用都是凹形反应（图2.11）。与其他情形一样，两个阶段的短期租赁价格都会因为住房需求的增加而上涨。

### 2.2.3 住房政策的比较

如果政府决定以提供补贴的方式去干预住房市场，最重要的问题之一就是这种干预措施是否有效。换句话说，作为特定政策干预的结果，会从哪些方面增加居民家庭的福利？由于我们主要关注可以让低收入家庭更容易获得住房的一些政策，因而在此聚焦刺激住房需求的政策（而非抑制需求的政策）。

表 2.12 租赁补助的数值模拟

| 补贴率 | $R_1$ | $C_1$ | $U_1$ | $P_r,1$ 短期 | $R_2$ | $C_2$ | $U_2$ | $P_r,2$ 短期 | $R_1+\beta R_2$ | $C_1+\beta C_2$ | $U_1+\beta U_2$ |
|---|---|---|---|---|---|---|---|---|---|---|---|
| 0% | 6.066 | 4.549 | 3.318 | 0.750 | 6.051 | 4.538 | 3.313 | 0.750 | 12.117 | 9.088 | 6.465 |
| 2% | 6.190 | 4.549 | 3.338 | 0.765 | 6.174 | 4.538 | 3.333 | 0.765 | 12.364 | 9.088 | 6.504 |
| 4% | 6.319 | 4.549 | 3.359 | 0.781 | 6.303 | 4.538 | 3.354 | 0.781 | 12.622 | 9.088 | 6.544 |
| 6% | 6.453 | 4.549 | 3.380 | 0.798 | 6.437 | 4.538 | 3.375 | 0.798 | 12.890 | 9.088 | 6.585 |
| 8% | 6.593 | 4.549 | 3.401 | 0.815 | 6.577 | 4.538 | 3.396 | 0.815 | 13.170 | 9.088 | 6.627 |
| 10% | 6.740 | 4.549 | 3.423 | 0.833 | 6.723 | 4.538 | 3.418 | 0.833 | 13.463 | 9.088 | 6.670 |
| 12% | 6.893 | 4.549 | 3.446 | 0.852 | 6.876 | 4.538 | 3.441 | 0.852 | 13.769 | 9.088 | 6.714 |
| 14% | 7.053 | 4.549 | 3.469 | 0.872 | 7.036 | 4.538 | 3.464 | 0.872 | 14.089 | 9.088 | 6.759 |
| 16% | 7.221 | 4.549 | 3.492 | 0.893 | 7.203 | 4.538 | 3.487 | 0.893 | 14.425 | 9.088 | 6.805 |
| 18% | 7.397 | 4.549 | 3.516 | 0.915 | 7.379 | 4.538 | 3.511 | 0.915 | 14.776 | 9.088 | 6.852 |
| 20% | 7.582 | 4.549 | 3.541 | 0.938 | 7.563 | 4.538 | 3.536 | 0.938 | 15.146 | 9.088 | 6.900 |

| 补贴率 | $R_1$ | $C_1$ | $U_1$ | $P_r,1$ 短期 | $R_2$ | $C_2$ | $U_2$ | $P_r,2$ 短期 | $R_1+\beta R_2$ | $C_1+\beta C_2$ | $U_1+\beta U_2$ |
|---|---|---|---|---|---|---|---|---|---|---|---|
| 0% | 0.00% | 0.00% | 0.00% | 0.00% | 0.00% | 0.00% | 0.00% | 0.00% | 0.00% | 0.00% | 0.00% |
| 2% | 2.04% | 0.00% | 0.61% | 2.04% | 2.04% | 0.00% | 0.61% | 2.04% | 2.04% | 0.00% | 0.61% |
| 4% | 4.17% | 0.00% | 1.23% | 4.17% | 4.17% | 0.00% | 1.23% | 4.17% | 4.17% | 0.00% | 1.23% |
| 6% | 6.38% | 0.00% | 1.87% | 6.38% | 6.38% | 0.00% | 1.87% | 6.38% | 6.38% | 0.00% | 1.87% |
| 8% | 8.70% | 0.00% | 2.51% | 8.70% | 8.70% | 0.00% | 2.52% | 8.70% | 8.70% | 0.00% | 2.52% |
| 10% | 11.11% | 0.00% | 3.18% | 11.11% | 11.11% | 0.00% | 3.18% | 11.11% | 11.11% | 0.00% | 3.18% |
| 12% | 13.64% | 0.00% | 3.85% | 13.64% | 13.64% | 0.00% | 3.86% | 13.64% | 13.64% | 0.00% | 3.86% |
| 14% | 16.28% | 0.00% | 4.55% | 16.28% | 16.28% | 0.00% | 4.55% | 16.28% | 16.28% | 0.00% | 4.55% |
| 16% | 19.05% | 0.00% | 5.26% | 19.05% | 19.05% | 0.00% | 5.26% | 19.05% | 19.05% | 0.00% | 5.26% |
| 18% | 21.95% | 0.00% | 5.98% | 21.95% | 21.95% | 0.00% | 5.99% | 21.95% | 21.95% | 0.00% | 5.99% |
| 20% | 25.00% | 0.00% | 6.73% | 25.00% | 25.00% | 0.00% | 6.74% | 25.00% | 25.00% | 0.00% | 6.73% |

资料来源：作者的计算。

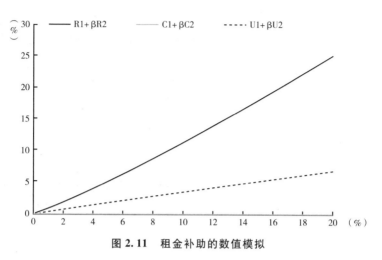

**图 2.11 租金补助的数值模拟**

资料来源：作者。

我们基于成本收益分析做了一些比较。政策成本被定义为政府支出的贴现值或政府在两个阶段减少的财政收入的贴现值。表 2.13 说明了计算政策成本的一些细节。比如，降低抵押贷款利率的政策成本可以从两个方面予以阐释。首先，降低利率会减少政府的收入，而这些损失的收入就被计算为政策成本。其次，由于抵押贷款利率低于市场利率，由此造成的私营金融机构的损失需要政府补偿。每个家庭终身效用贴现值的变化被计算为每种住房政策的收益。

**表 2.13 住房需求政策的成本**

| 政策 | 政策成本（贴现值） |
| --- | --- |
| 向潜在的购房者提供现金补贴 | $G_1$ |
| 住房补助 | （补贴率）$P_h H_1$ |
| 降低抵押贷款利率 | $\beta r L^*$ |
| 从个人所得税中扣减抵押贷款利息 | $\beta r t_y L^*$ |
| 向承租户提供现金补贴 | $G_1 + \beta G_2$ |
| 租赁补助 | （补贴率）$P_r R_1 + \beta$（补贴率）$P_r R_2$ |

资料来源：作者。

表 2.14 概述了数值分析、终身效用的增幅以及用政策成本计算的政策有效性。为比较各种政策的有效性，我们将收益与成本之间的比率作为比较

标准。然而，由于效用函数是非线性的，每一单位成本的边际收益并非与成本水平无关。因而，我们需要让政策成本保持不变，从而能恰当地比较各项政策的有效性。在成本收益分析中，技术进步不予考虑，因为我们已经假定它不会带来额外的成本。

87

**表 2.14　需求政策的收益和成本**

| 政策 | 政策变量 | 变化 | | 效用变化量 | 政策成本 | 效用变化量/政策成本 |
|---|---|---|---|---|---|---|
| | | 从 | 到 | | | |
| 向潜在购房者提供现金补贴 | $G_1$ | 0 | 1 | 0.214 | 1.000 | 0.214 |
| | | | 2 | 0.417 | 2.000 | 0.208 |
| | | | 3 | 0.609 | 3.000 | 0.203 |
| | | | 4 | 0.793 | 4.000 | 0.198 |
| | | | 5 | 0.968 | 5.000 | 0.194 |
| 住房补助 | 补贴率 $P_h$ | 0% | 2% | 0.039 | 0.181 | 0.218 |
| | | | 4% | 0.080 | 0.370 | 0.215 |
| | | | 6% | 0.121 | 0.566 | 0.213 |
| | | | 8% | 0.163 | 0.771 | 0.211 |
| | | | 10% | 0.205 | 0.986 | 0.208 |
| 降低抵押贷款利率 | r | 5% | 4% | 0.009 | 0.042 | 0.224 |
| | | | 3% | 0.019 | 0.085 | 0.223 |
| | | | 2% | 0.029 | 0.129 | 0.222 |
| | | | 1% | 0.038 | 0.174 | 0.221 |
| 从所得税中扣减抵押贷款利息 | $rt_yL^*$ | — | 扣减的抵押贷款利息数额 | 0.005 | 0.022 | 0.209 |
| 提升品质 | $\delta$ | | | | | |
| 向承租户提供现金补贴 | $G_1,G_2$ | 0 | 0.5 | 0.209 | 0.975 | 0.214 |
| | | | 1 | 0.407 | 1.950 | 0.209 |
| | | | 1.5 | 0.596 | 2.925 | 0.204 |
| | | | 2 | 0.776 | 3.900 | 0.199 |
| | | | 2.5 | 0.948 | 4.875 | 0.194 |
| 租赁补助 | 补贴率 $P_r$ | 0% | 2% | 0.039 | 0.185 | 0.212 |
| | | | 4% | 0.080 | 0.379 | 0.210 |
| | | | 6% | 0.121 | 0.580 | 0.208 |
| | | | 8% | 0.163 | 0.790 | 0.206 |
| | | | 10% | 0.205 | 1.010 | 0.203 |

（左侧分类：自有住房；租赁住房）

资料来源：作者。

在表 2.15 中，我们比较了有相同成本（0.02215）的四种住房政策的有效性。表 2.15 的倒数第二栏反映了引入新政策后绝对效用的变化情况。最后一栏列出了效用变化的百分比。以效用的增幅为基础去比较有效性，如表 2.15 所示，从福利增加角度看，降低抵押贷款利率政策的回报最高。扣减抵押贷款利息在政策有效性方面排名第二。如在 1.5.1.2 节所讨论的，如果补贴金额相同，住房补助的效率比现金补贴政策更低。这个理论预测在数值模拟中得到了证实。因此，住房补助也就成了我们表格中有效性最低的政策。

表 2.15　自有住房需求政策的有效性比较

| 政策 | | 政策变量 | 变化 | | 政策成本 | 效用变化量 | 效用变化比例 |
|---|---|---|---|---|---|---|---|
| | | | 从 | 到 | | | |
| 自有住房 | 向潜在购房者提供现金补贴 | $G_1$ | 0 | 0.02115 | 0.02115 | 0.004646 | 0.07354% |
| | 住房补助 | 补贴率 | 0% | 0.23783% | 0.02115 | 0.004643 | 0.07350% |
| | 降低抵押贷款利率 | r | 5% | 4.46204% | 0.02115 | 0.005004 | 0.07921% |
| | 从所得税中扣减抵押贷款利息 | $rt_y L^*$ | 0 | 0.02115 | 0.02115 | 0.004649 | 0.07360% |

资料来源：作者。

与政府对自有住房市场的干预一样，我们也能对租赁住房市场的各种干预措施进行比较。表 2.16 显示了租赁住房市场两项基本政策——向承租户提供现金补贴和租金补助的有效性。与自有住房的情形有所不同，我们假定政府在两个阶段都提供补贴，政策成本由 β 贴现。我们的模拟表明现金补贴更优于租金补助。这个结果符合我们在上一章宏观经济模型中做出的预测。

表 2.16　面向承租户的需求政策的有效性比较

| 政策 | | 政策变量 | 变化 | | 政策成本 | 效用变化值 | 效用变化比例 |
|---|---|---|---|---|---|---|---|
| | | | 从 | 到 | | | |
| 租赁住房 | 向承租户提供现金补贴 | $G_1$ 和 $G_2$ | 0 | 0.51781 | 1.00973 | 0.216116 | 3.34299% |
| | 租金补助 | 补贴率 | 0% | 10% | 1.00973 | 0.205453 | 3.17805% |

资料来源：作者。

89

## 2.3　结论

　　本章运用上一章介绍的两阶段需求模型对几种可选政策的影响做出了定量估测。首先，我们模拟政策变量，测算了这些变量对典型家庭的需求和效用的影响。然后计算了各种政策的有效性，这以增量的终身效用与政策成本之间的比率来衡量。由于效用函数是非线性的，因而政策有效性也是非线性的。所以，如表 2.16 所示，有效性取决于政策变量变化的幅度。为使讨论更加简单并且直观，我们在相同政策成本的基础上比较了各种政策的有效性。我们的数值模拟显示，就有效性而言，降低抵押贷款利率在自有住房的需求侧政策中是最有效的，而对承租户而言，现金补贴优于租金补助。

　　本章中，我们在没有考虑供给侧的情况下分析了影响家庭需求的住房政策。因而我们要清楚，模拟没有显示出对均衡点住房水平的影响，只显示了对住房需求的影响。由于需求冲击的影响起初会被房价上涨所抵消，而住房存量在消化增量需求方面只会缓慢增加，因而住房需求与总体住房水平之间的差距在短期和中期都会比较明显。然后，由于住房供给曲线在长期稳定的房价条件下是水平的，我们的数值实例很好地反映了稳定价格水平上的住房长期消费均衡状况。

　　我们希望模型的多功能性及其数值分析结果有助于政策制定者理解各种住房政策的经济影响。

**参考文献**

O'Sullivan, A. 1996. *Urban Economics*. 3rd edition, Chicago, IL: Irwin.

第二部分

———❧◊❧———

# 发达经济体的住房政策

# 第三章

# 韩国的住房政策

金京焕　朴美仙

## 3.1　引言

　　韩国的住房政策揭示了政府如何对涌现出的住房问题做出回应。在初期，该国最严重的住房问题是短缺，这是由于经济迅猛增长以及城市化快速推进导致住房需求迅速增加。从 20 世纪 80 年代开始，韩国采取实用主义的方法应对这种挑战，让私营企业在管制框架下积极参与。政府通过国有开发企业大规模地提供开发用地，通过国家住房基金（the National Housing Fund）提供额外融资，对新建住房的建造和分配实施管制，向符合条件的供应方和需求者提供税收激励。该国政府追求户均一套房的目标，优先向潜在的首次购房者供应新建住房。多于一套房的业主的住房投资需求被认为是一种不良的投机行为，是房价快速上涨的祸首，因此受到严格约束。

　　依靠这些政策，韩国在 21 世纪初解决了住房绝对短缺的问题。存量住房的品质，以及整体的住房标准，都得到明显改善。虽然首尔及其周边地区有所例外，但住房在总体上是更能负担得起了。事实上，供需错配的问题也很快就冒出来了，主要涉及首尔与其他大城市的区位分布、住房类型以及住房规模等方面。2002 ~ 2005 年，首尔，尤其是像江南区（Gangnam）这样的热点区域，房价快速上涨，政府随后采取了各种手段抑制需求，使房价保持平稳。

　　然而，在房地产市场趋于稳定之时，全球金融危机又引发了冲击。由于经济下行，并且考虑到老龄化加速以及人口增长放缓，市场对于自有住房的情绪出现了反转。于是，对自有住房的需求趋于减弱，房价涨落也逐渐停滞。随着越来越多的家庭寻求租房而不是购房，稳定租赁市场变成政策要应对的主要挑战了。到 2015 年，住房市场的活跃程度逐渐得以恢复，韩国的租赁市场仍然保持严格管控。

尽管住房条件在过去几十年得到了明显改善，但是提高低收入家庭和弱势群体的住房福利仍然是一个严峻的挑战。特意针对这些群体出台的首要政策措施就是建造 25 万套公共租赁住房，作为 1988 ~ 1992 年 "两百万套住房运动"（the Two-Million Housing Drive，TMHD）的一部分。在 2000 年左右启动了一项更加全面的方案，其中包括一个供应 100 万套公共租赁住房的十年计划。但是，该方案给土地和住房公司（the Land and Housing Corporation）增加了巨大的财务负担，这家公司是负责供应和管理公共租赁住房的国有企业。另外的住房福利政策工具是住房补助项目。现有的住房补助转自最低收入群体获得的总体福利补助中的住房部分，在 2015 年 7 月变成一个单独的项目。

当前，韩国正在经历一些重大变迁，这将影响到住房市场和住房政策环境。比如，经济增长率不断放缓，收入分配越来越集中，总体生育率逐渐下降，人口老龄化在加速。另外，住房政策还需要考虑其与广义的经济和环境可持续性之间的关联。与住房政策有关的政治格局也在变得越来越复杂。

## 3.2　住房条件与住房可负担性的趋势

### 3.2.1　住房数量和品质

过去四十多年，无论是从数量方面还是从品质方面，韩国的住房条件都得到了显著改善（见表 3.1）。住房供给率是韩国住房政策最经常使用的指标，该指标是住房数量与家庭户数之比。自 1990 年以来，随着住房存量的增速大大超过家庭户数的增速，该比率得以快速上升。到 21 世纪初，住房套数与家庭户数基本相当，因而住房供给率在之后就超过了 100%。

然而，该指标的设定在最初有些缺陷，因为分子将登记在一个业主名下的多住户单元作为一套单独住户的单元，而分母又将单人家庭排除在外。这种设定在 2005 年得以调整，因而 2014 年新的住房供给率是 103.5%，比表 3.1 中显示的 118.1% 要低不少。

**表 3.1 住房存量、家庭户数以及住房供给率**

|  | 1970 年 | 1980 年 | 1990 年 | 2000 年 | 2010 年 | 2013 年 | 2014 年 |
|---|---|---|---|---|---|---|---|
| 住房套数（千套）≡A | 4360 | 5319 | 7357 | 11472 | 14677 | 15628 | 15989 |
| 家庭户数（千户）≡B | 5576 | 7470 | 10167 | 11928 | 12995 | 13395 | 13535 |
| 住房供给率(%)≡(A/B)×100 | 78.2 | 71.2 | 72.4 | 96.2 | 112.9 | 116.7 | 118.1 |
| 新的住房供给率(%) |  |  |  |  | 101.9 | 103.0 | 103.5 |

资料来源：韩国国家统计局，http://kostat.go.kr；韩国国土基础设施和交通部（MOLIT），2015。

　　由于实施"两百万套住房运动"（TMHD），新建住房数量规模一直较大，因而住房存量快速增加；在 1997～1998 年亚洲金融危机之前，每年的新建住房数量从 20 万～25 万套上升到超过 50 万套（见图 3.1）。随着经济逐渐复苏，新建住房数量在 2002 年到达高点，之后保持在 40 万～50 万套。受全球金融危机影响，新建住房数量有所回落，但随后又回到常态水平。

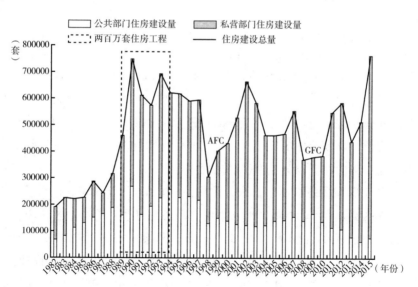

**图 3.1 新建住房数量（1982～2015 年）**

注：AFC 是亚洲金融危机；GFC 是全球金融危机。
资料来源：韩国国土基础设施和交通部（MOLIT），http://molit.go.kr。

衡量新建住房数量的另一个指标是住宅投资占国内生产总值（GDP）的比重。住宅投资包括新开工建筑物（但是不包括土地）和既有住宅改造的价值。1970～2014年，韩国该比重的长期平均值是5.1%，这与美国的5.0%左右是有可比性的。

表3.2列出了1988年以来每五年的住宅投资与GDP的平均比率。该指标在20世纪90年代最高，在亚洲金融危机之后有所回落，随后在2003～2007年房地产市场繁荣时期又上升了，然后在全球金融危机时期再一次下降。这与住宅的新开工行为高度一致。

### 表3.2　住房建设与住宅投资（1988～2014年）

| | 1988～1992年 | 1993～1997年 | 1998～2002年 | 2003～2007年 | 2008～2012年 | 2013～2014年 |
|---|---|---|---|---|---|---|
| 住宅投资占GDP的比重(%) | 6.5 | 6.7 | 4.6 | 5.3 | 3.9 | 4.0 |
| 住房新开工量(套) | 543602 | 625159 | 468126 | 507624 | 455218 | 477684 |
| 人均国民收入(美元) | 7983 | 12059 | 12735 | 23033 | 24696 | 28180 |

注：GDP是指国内生产总值。

资料来源：韩国国土基础设施和交通部（MOLIT），http://stat. molit. go. kr；韩国银行，http://ecos. bok. kr。

Burns和Grebler（1977）提出人均收入和住宅投资占GDP比率之间是一种倒U形关系，但是这种关系在韩国没有出现。这是可以理解的，因为住房市场的活动水平受到政府政策的强烈影响（Kim 2004）。关于资本在住房部门和非住房部门之间的分配，Kim和Suh（1991）发现在20世纪80年代中期之前，韩国的住房部门投资相比非住房部门是不足的。这种投资不足反映了住房部门在资源分配方面缺乏优先性。

随着住房存量规模不断扩张，住房品质在1980年以来也得到了稳步提升。表3.3列出了1980年以来有关住房品种的几项指标。1980～2010年，随着每千户居民的住房套数增加了一倍，人均住房面积也翻倍。同一时期，配有管道自来水、现代厨卫以及热水器等设施的住房占比快速上升。出现快速提升的主要原因在于绝大多数新建住宅都是配有现代设施的公寓。

1980～2010年，公寓占存量住房总量的比例从23%上升至59%，而单户独栋住房的占比从66%下降至27%（见表3.4）。

尽管在过去四十多年里，整体的住房条件得到了明显改善，但是从国际比较看，一些关键指标仍然有进一步提升的空间（见表 3.5）。最重要的两个指标是每千户居民的住房套数和人均住房建筑面积。在这两个指标上，韩国都落后于高收入国家。至于住房的租购选择方面，韩国的自住率（the owner-occupancy rate）远低于法国、日本、英国和美国。

表 3.3　有关住房品质的一些指标（1980～2010 年）

| | 1980 年 | 1990 年 | 2000 年 | 2010 年 |
|---|---|---|---|---|
| 每户家庭的住房间数 | 2.2 | 2.5 | 3.4 | 3.7 |
| 人均住房建筑面积（平方米） | 10.1 | 14.3 | 20.2 | 25.0 |
| 户均住房建筑面积（平方米） | 45.8 | 51.0 | 63.1 | 67.4 |
| 每千户居民的住房套数 | 142 | 170 | 249 | 364 |
| 有管道自来水的住房占比（%） | 56.1 | 74.0 | 85.0 | 97.9 |
| 有现代厕所的住房占比（%） | 18.4 | 51.3 | 86.9 | 97.0 |
| 有浴室的住房占比（%） | 22.1 | 44.1 | 89.1 | 98.4 |
| 有热水器的住房占比（%） | 9.9 | 34.1 | 87.4 | 96.9 |

资料来源：韩国国家统计局，http：//kostat.go.kr。

表 3.4　存量住房构成的变化（1980～2010 年）

单位：%

| | 1980 年 | 1990 年 | 2000 年 | 2010 年 |
|---|---|---|---|---|
| 单户独栋住房 | 87.5 | 66.0 | 37.2 | 27.3 |
| 公寓 | 7.0 | 22.8 | 47.8 | 59.0 |
| 联排住宅 | 3.0 | 6.8 | 7.4 | 3.7 |
| 其他 | 2.5 | 4.4 | 7.5 | 10.0 |

资料来源：韩国国家统计局，http：//kostat.go.kr。

必须指出两点。首先，2010 年韩国的住房自有率（the homeownership rate）是 61%（见图 3.4），这与日本基本相当，与美国、英国和法国的差距并不大。韩国自住率与自有率之间出现较大差距，其中原因在于许多承租户的居住地与自有住房所在地是分开的，这将在后面详述。其次，从各国经验看，不仅不存在最优的自有率，而且自有率与住房标准之间也没有直接关系。

韩国公共租赁住房的规模也比欧洲许多国家要小，但是各国公共租赁住房占存量住房总量的比例都有差异，这取决于住房政策的实施策略。该指标也没有一个被普遍接受的标准。

表 3.5　相关住房指标的国际比较

| | 韩国 | 日本 | 美国 | 英国 | 法国 |
|---|---|---|---|---|---|
| 每千户居民的住房套数 | 364(2010) | 451(2008) | 421(2010) | 441(2010) | 532(2010) |
| 人均住房建筑面积（平方米） | 25.0(2010) | 37.3(2008) | 74.3(2010) | 44.0(2002) | 39.9(2006) |
| 自住率（%） | 54.2(2010) | 61.1(2008) | 65.1(2013) | 64.6(2013) | 64.3(2013) |
| 公共租赁住房占存量住房总量的比例（%） | 5.0(2012) | 6.1(2008) | 0.9(2012) | 17.5(2010) | 19.0(2007) |
| 人均 GDP（美元） | 23838(2013) | 39321(2013) | 52839(2013) | 39049(2013) | 42991(2013) |

注：括号中的数字表示参考年份；GDP 是指国内生产总值。

资料来源：欧洲社会住房联络委员会（CECODHAS, 2011）；Demographia（2015）；Dol and Haffner（2010）；欧洲抵押贷款协会（EMF, 2014）；日本国土交通省，http://www.mlit.go.jp/statistics/details/t-jutaku-2_ tk_ 000002. html。

### 3.2.2　住房价格与负担能力

对韩国住房政策而言，房价过去是、今后仍然是最重要的变量之一。1986 年之后，韩国才有全面的房价数据。起初，房价指数由韩国住房银行（the Korea Housing Bank）编制，2001 年该机构与韩国国民银行（Kookmin Bank）合并，指数编制工作移交给了后者。图 3.2 标出了 1986 年以来房价指数、押租（chonsei）（一种特殊的租赁合同，后面将详述）价格指数以及消费者价格指数的走势。

表 3.6 列出了 1988 年以来每个时期三项指数的年均变动情况。

对价格指数的特征需要做几点解释。首先，在两次房地产市场繁荣时期（比如，1988~1992 年和 2003~2007 年），扣除通胀因素的全国房价涨幅比较温和，而在通过"两百万套住房运动"（TMHD）大规模增加住房供应的时期，以及最近受全球金融危机的影响，房价指数都是负的。其次，除了 2003~2007 年，租赁押金指数的涨幅比房价指数更大。另外一点与房价指数和租赁押金指数的联动性有关。1999~2008 年，两个指数变化率的相关系数，在首尔是 0.83，首都圈（the Capital Region）是 0.86。到 2009~2014 年，分别变化为 -0.65 和 -0.77。这种脱钩模式是房地产市场中的新现象。

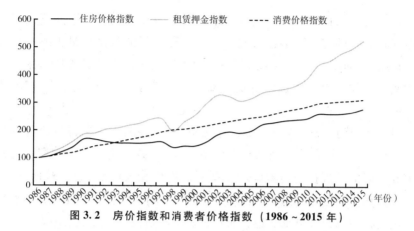

99

图 3.2　房价指数和消费者价格指数（1986～2015 年）

资料来源：韩国国土基础设施和交通部（MOLIT），http：//stat. molit. go. kr；韩国银行，http：//ecos. bok. kr。

表 3.6　住房价格和消费价格的变动（1988～2014 年）

单位：%

|  | 1988～1992 年 | 1993～1997 年 | 1998～2002 年 | 2003～2007 年 | 2008～2012 年 | 2013～2014 年 |
|---|---|---|---|---|---|---|
| 房价指数的变化 | 9.3 | 0.1 | 3.5 | 4.8 | 2.7 | 1.3 |
| 租赁押金指数的变化 | 13.7 | 3.8 | 7.4 | 1.1 | 6.2 | 4.8 |
| 消费者价格指数的变化 | 7.4 | 5.0 | 3.5 | 2.9 | 3.3 | 1.3 |

资料来源：韩国国土基础设施和交通部（MOLIT），http：//stat. molit. go. kr；韩国银行，http：//ecos. bok. kr。

　　有一种观点认为韩国的房价相对收入而言太高了。衡量住房可负担性的两个最重要指标是房价收入比（the house price-income ratio，PIR）和住房负担能力指数（the affordability index）。房价收入比是房价中位数和家庭收入中位数之比。住房负担能力指数是指中位数收入的家庭利用标准抵押贷款购买中等价格住房所应承受的债务负担。按照该定义，数值越小表示负担能力越强。表 3.7 显示近年来住房可负担性有所改善。

100

表 3.7　住房可负担性的关键指标

|  | 2006 年 | 2007 年 | 2008 年 | 2009 年 | 2010 年 | 2011 年 | 2012 年 | 2013 年 | 2014 年 |
|---|---|---|---|---|---|---|---|---|---|
| 房价收入比 | 4.2 |  | 4.3 |  | 4.3 |  | 5.1 |  | 4.7 |
| 租金收入比 | 18.7 |  | 17.5 |  | 19.2 |  | 19.8 |  | 20.3 |
| 住房负担能力指数 | 66.1 | 73.1 | 75.3 | 70.7 | 63.8 | 66.9 | 59.9 | 53.8 | 54.3 |

资料来源：韩国国土基础设施和交通部（MOLIT），http：//stat. molit. go. kr；韩国住房金融公司，http：//hf. go. kr。

用房价收入比进行国际比较并不是那么直截了当的，因为不同国家和城市对该指标的定义可能会有差异，而且可获得的数据质量也不一样。不过，Demographia（2015）找到了一些国家和地区的房价收入比数据，包括澳大利亚、加拿大、中国（含香港地区）、新西兰、新加坡、英国和美国（见表3.8）。

对于韩国的房价收入比，Demographia 是利用韩国国民银行收集的数据计算得出的。韩国的房价收入比平均值是3.7，这与美国几乎相同，是样本国家和地区中可负担能力最强的。首尔的房价收入比是7.7，略低于伦敦，而仁川市和京畿道分别为5.1和5.4（见图3.3）。因而，不能说韩国的住房相比其他大多数城市更难负担，而且首尔也不在世界房价最贵的大城市行列中。①

101

**表3.8  房价收入比：国际比较**

|  | 可承受<br>（3.0及以下） | 中度不可承受<br>（3.1~4.0） | 严重不可承受<br>（4.1~5.0） | 极为不可承受<br>（5.1及以上） | 城市数量 | 比率的中位数 |
|---|---|---|---|---|---|---|
| 澳大利亚 | 0 | 0 | 0 | 5 | 5 | 6.4 |
| 加拿大 | 0 | 2 | 2 | 2 | 6 | 4.3 |
| 中国香港地区 | 0 | 0 | 0 | 1 | 1 | 17.0 |
| 爱尔兰 | 0 | 0 | 1 | 0 | 1 | 4.3 |
| 日本 | 0 | 1 | 1 | 0 | 2 | 4.4 |
| 新西兰 | 0 | 0 | 0 | 1 | 1 | 8.2 |
| 新加坡 | 0 | 0 | 1 | 0 | 1 | 5.0 |
| 英国 | 0 | 1 | 10 | 6 | 17 | 4.7 |
| 美国 | 14 | 23 | 6 | 9 | 52 | 3.6 |
| 合计 | 14 | 27 | 21 | 24 | 86 | 4.2 |
| 韩国 | 0 | 2 | 0 | 3 | 5 | 3.7 |

资料来源：Demographia（2015）。

102  **3.2.3  住房租买选择**

直到现在，一直有一种被普遍接受的观点，认为韩国人对自有住房有强

① 在一个严格管制的市场中，住房的可负担性并不必然等同于住房的可获得性。因为尽管可以负担，但可以获得的住房也许并不符合消费者的需求。租金管制就是一个例证。在韩国，新公寓的面积分布就因为政府管制而出现了扭曲（Kim and Kim 2000）。

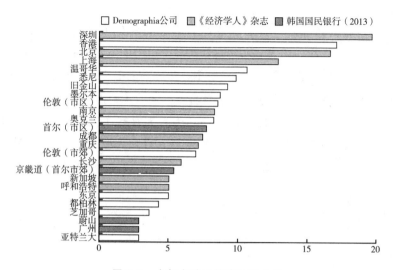

**图 3.3 大都市地区的房价收入比**

资料来源：Demographia（2015：25）。

烈喜好。在这种背景下，住房租赁市场被认为是住房买卖市场的补充，只有那些买不起住房的人才会去租赁。不过，最近几年，越来越多的家庭选择租赁住房——尽管他们买得起房子。

韩国的租赁选择比其他国家更为复杂，因为在押租（Chonsei）合同中，既有将每月租金作为抵押的方式，又有将租赁押金作为抵押的方式。很多年以来，韩国住房市场中占主导地位的租赁合同是押租合同，这是一种以资产为基础的合同。在押租合同中，租客在签订租赁合同时向房东支付大额押金，然后每个月不用再支付租金。房东将押金用于投资获得相当于租金的收入。合同期满，押金全部返还给租客。押租合同的出现，与当时住房短缺、高利率、高房价以及抵押贷款资金不足的时代背景有关。

当住房供应短缺时，房东比租客有更大的议价能力，而大额预付押金能消减租赁违约的风险。高利率给房东提供了将押金进行投资获利的机会。不断上涨的房价是房东获得投资回报的主要来源，这也使押金数额相比住房价格偏小。在很难获得住房抵押贷款的情况下，一些房东还会将押租用作购买其他住房并再出租的融资方式。在这种背景下，押租体现的是租客向房东提供非正式贷款，以换取合同期内在承租住房居住的权利。对于租客而言，押租被看作迈向住房自有的垫脚石，因为积累的押金在以后购房时可以作为启动资金。

　　韩国住房选择的另一特征是住房自有率与自住率之间存在较大差异。根据 2010 年人口和住房普查（the 2010 Population and Housing Census）的数据，54.2％的存量住房是由业主自住，但是有 61.3％的家庭至少拥有一套房（Statistics Korea 2011）。由于只有 7.8％的家庭居住在公共租赁住房中，因而有将近 38％的家庭是居住在其他人拥有的住房中（Son 2014）。

　　图 3.4 反映了自住率和自有率的走势。自住率从 1975 年的 63％降至 1990 年的 50％，然后在 2005 年又上升至 55％。目前的数据是略低于 55％。

103

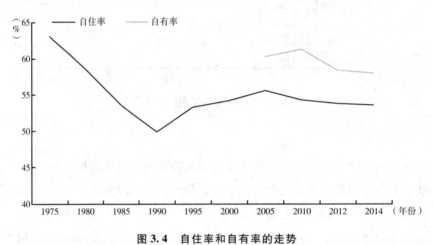

**图 3.4　自住率和自有率的走势**

资料来源：Statistics Korea，http：//kostat. go. kr。

　　自有率与自住率之间的差异可以归因于居住地与产权住房所在地的分离。表 3.9 说明了 2005 年和 2010 年，在他处至少拥有一套住房的承租户占所有住户以及所有承租户的比例。这些数据代表着首尔、仁川和京畿道（首尔附近）区域内比例较高和较低的不同情形。

　　2005～2010 年，在他处拥有住房的承租户占所有住户和所有承租户的比例有所上升。这种趋势在首尔最为明显，"租房住的业主"（renting owners）占所有住户的 10％，占所有承租户的 17％。而且，首尔和仁川的不同区域以及京畿道的不同城市之间的差异也很大。2010 年，在首尔的不同区域中，"租房住的业主"占所有租客的比例从 10％～31％不等，在仁川的幅度是 12％～23％，在京畿道的幅度是 12％～34％。

　　这些"租房住的业主"的行为动机有几个方面，比如距工作地点更近，

交通更加便捷，有品质更高的学校等。这些因素在不同区域的表现都有差 104
异。① Kim，Choi and Ko（2009）发现，居住地与产权住房所在地分离的情
况在高房价地区会更加严重，这是由于公立学校以及其他城市服务。他们还
发现，这种现象在年轻人家庭以及大户型住房中更加明显。"租房住的业
主"可以通过拥有住房而获得只有业主才能享受的税收优惠，并且还有可
能获得资产增值的收益。

表 3.9　产权住房所在地与居住地的分离

单位：%

| | 租房住的业主占所有业主的比重 | | 租房住的业主占所有承租户的比重 | |
| --- | --- | --- | --- | --- |
| | 2005 年 | 2010 年 | 2005 年 | 2010 年 |
| 韩　国 | 4.2 | 5.6 | 10.2 | 15.2 |
| 首　尔 | 5.6 | 10 | 10.5 | 17.4 |
| 高 | 11.3 | 17.3 | 21.1 | 31.2 |
| 低 | 3.3 | 5.7 | 5.9 | 10.1 |
| 仁　川 | 3.9 | 6.7 | 10.6 | 15.7 |
| 高 | 5.9 | 9.0 | 16.5 | 23.7 |
| 低 | 1.8 | 3.2 | 8.1 | 12.7 |
| 京畿道 | 5.4 | 8.9 | 12.3 | 18.3 |
| 高 | 16.2 | 19.7 | 28.7 | 34.6 |
| 低 | 2.7 | 3.3 | 5.7 | 12 |

资料来源：Jang and Hwang（2011）。

居住地与产权住房所在地的分离有几方面含义。首先，并非所有的租客
都应被归为需要政策关注的不够富裕者（the less-well-to-do），因为有一定比
例的租客虽然有能力购买住房却选择租房。其次，这些租客可能会要求提高
他们（在他处）出租的住房押金数额，以便为他们现在居住的租赁房的押
金上涨提供财源，而这会给押租体系带来压力。

### 3.2.4　住房福利 105

住房政策的另外一个重要目标是确保低收入家庭及弱势群体的最低住房
标准。韩国已经设立了最低住房标准，并且一直努力减少居住在最低住房标

---

① 在一定程度上，大多数新建住房都分布在郊区，这些区域都由国有开发企业为住宅提供服
务用地，因而居住地与产权住房所在地分离的情况是效率非常低下的。

准以下的家庭数量。2000 年首次设立的最低住房标准主要针对房间数量和建筑面积，并且根据家庭规模和构成而有所差异。2011 年最低标准有所提高，增加了最低建筑面积，并要求配齐现代厨房、厕所及浴缸/淋浴（见表3.10）。

**表 3.10    2000 年和 2011 年的最低住房标准**

| 家庭成员数量 | 家庭构成 | 房间数量和设施状况 | 建筑面积（平方米） | |
|---|---|---|---|---|
| | | | 2000 年 | 2011 年 |
| 1 人 | 单身 | 一室和厨房 | 12 | 14 |
| 2 人 | 夫妻 | 一室和餐厅、厨房 | 20 | 26 |
| 3 人 | 夫妻加一个小孩 | 两室和餐厅、厨房 | 29 | 36 |
| 4 人 | 夫妻加两个小孩 | 三室和餐厅、厨房 | 37 | 43 |
| 5 人 | 夫妻加三个小孩 | 三室和餐厅、厨房 | 41 | 46 |
| 6 人 | 夫妻加夫妻一方的父母再加上两个小孩 | 四室和餐厅、厨房 | 49 | 53 |

资料来源：韩国国土基础设施和交通部（MOLIT）。

多年来，有关居住在不符合标准的住房中的家庭数量指标已有明显改观。Choi，Kim and Kwon（2012）利用普查数据计算了不符合 2011 年标准的家庭数量。他们发现，此类家庭占所有住户的比重从 1995 年的 46.3% 降至 2000 年的 28.7%，2005 年为 16.1%，2010 年是 11.8%。

### 3.2.5    住房市场现状及政府的应对举措

在可获得全面数据的过去三十年里，韩国的住房市场经历了几个周期。1988~1991 年出现了价格上涨，1997~1998 年遭受了短暂崩盘，2002~2006 年又出现了房价上涨，然后在 2009~2013 年由于全球金融危机而陷入了滞胀的泥潭。从 2014 年开始有所复苏，签发的施工许可证数量、住房新开工量和竣工量、预售住房的订购数量都有所上升，而待售住房数量降低到了 2006 年以来的最低点。存量住房的交易数量在 2015 年达到了自 2006 年政府开始公布交易数据以来的最高点。

房价在温和上涨，但是低于近些年的通货膨胀率，不过 2015 年的追赶速度有所加快。租赁市场的押租业务仍然较为紧张，但是每月的押金数额有所下降。表 3.11 列出了近期房价、押租以及每月押金的走势，反映出低迷的住房市场是如何与紧张的押租市场及疲软的月租市场共存的。

表 3.11 2008 年以来一些关键住房指标

单位：套，%

| | 2008 年 | 2009 年 | 2010 年 | 2011 年 | 2012 年 | 2013 年 | 2014 年 | 2015 年 |
|---|---|---|---|---|---|---|---|---|
| 住房许可证 | 371285 | 381787 | 386542 | 549594 | 586884 | 440116 | 515251 | 765328 |
| 住房交易 | 893790 | 870353 | 799864 | 981238 | 735414 | 851850 | 1005173 | 1193691 |
| 房价指数的变动 | 3.11 | 1.46 | 1.89 | 6.86 | −0.03 | 0.31 | 1.71 | 3.51 |
| 押租指数的变动 | 1.68 | 3.39 | 7.12 | 12.3 | 3.52 | 4.7 | 3.4 | 4.85 |
| 首尔月租指数的变动 | | | | 1.01 | −0.81 | −2.33 | −2.37 | 0.09 |

数据来源：（韩国）Onnara 房地产信息门户网，http://onnara.go.kr。

　　上述有关住房市场现状的描述反映了，在结构经历变迁之时，自住住房市场、押租市场和月租市场之间的紧密关联。由于已经解决住房短缺问题，住房价格也趋于稳定，利率又降到了历史低点，因而在房东和租客之间出现利益冲突之时，押租在经济上已变得不可行了。但是租客现在仍然倾向于选择押租而不是月租，因为前者的使用成本更低。具体而言，将押金转化为每月租金的利率要远高于银行对押租合同的租金提供贷款的利率。但与此同时，房东更倾向于月租而不是押租，因为前者能产生更大的现金流。

　　供需两端的相互作用导致了押租合同中的押金数额提高，减少了可用于押租合同的房源数量。于是，稳定押租合同的押金数额成为一个重要的政策问题，因为押租合同在中产阶级的租赁选择中一直是最受欢迎的。因此，政府通过向购房者提供税收激励和优惠贷款，试图将对押租的需求引导为购买住房。政府也鼓励持有两套或更多住房的投资者向市场供应出租住房，为此取消了一些不利于住房出租的做法，比如对这些业主的资本利得征收较高的税收。另外还增加了公共租赁住房的供应。最近，政府还推出了一揽子激励措施，吸引大型开发企业和金融投资机构来推动规模化私营租赁业务的发展。与此同时，通过实施租金支付方面的税收减免和住房补助等措施，政府努力减轻中低收入家庭日益沉重的负担。

## 3.3 住房政策的演进与评价

### 3.3.1 住房政策的演进及其主要成就

　　20 世纪 60 年代，住房政策是经济发展五年计划的一部分，这种计划开

始于 1962 年。自那以后，住房政策及其执行的制度结构开始形成。建设部
(the Ministry of Construction)（现在的国土基础设施和交通部）负责制定住
房政策，韩国国家住房公司 (the Korean National Housing Corporation) 和韩
国住房银行 (Korean Housing Bank) 分别于 1968 年和 1969 年开始运营。
1967 年颁布了一些重要的法律法规，比如《住房银行法》 (the Housing
Bank Law) 和《遏制房地产投机的紧急措施》(Emergency Measures to Deter
Real Estate Speculation)。可以说，20 世纪 60 年代是奠定住房政策制度基础
的重要时代。①

　　住房政策在当时面临的最大问题是绝对短缺。由于住房供应增长难以赶
上城市人口和收入增加所带来的需求增长，短缺问题在 20 世纪 70 年代就变得
尤为严重。为了促进供应并稳定房价，政府出台了住房建设的十年计划。为
此，设立了更多机构，并且建立了一个有助于国有开发企业建设住房的法律
框架。其中有两个关于住房和土地开发的法律和机构特别重要：《住房建设促
进法》 (the Housing Construction Promotion Law，1972) 和韩国国家住房公司
(the Korean National Housing Corporation，1973)；《土地开发促进法》 (the
Land Development Promotion Law，1980) 和韩国土地开发公司 (the Korea Land
Development Corporation，1979)。由于在土地征收方面拥有法律赋予的主导
权，韩国国家住房公司和韩国土地开发公司随后在土地开发和住房建设方面
发挥了关键作用。2009 年，两家公司合并为一个新的实体，即土地和住房
公司 (the Land and Housing Corporation)。

　　经过一段时期经济上的快速增长后，体面住房的短缺有所积累，导致一
些大城市的房价在 20 世纪 80 年代快速上涨。政府面临的政治压力不断增
加，随后又出现了民主化浪潮。为此，政府做出的回应是宣布"两百万套
住房计划"，预计在 1988～1992 年供应 200 万套新建住房，包括在首尔周边
兴建 5 个新城。为落实该计划，政府通过韩国国家住房公司和韩国土地开发
公司增加了可开发土地的供应，又通过国家住房基金 (the National Housing
Fund) 增加了住房贷款的供应。

　　"两百万套住房计划"是韩国住房政策的一个里程碑，因为它促使每年
的住房建设数量实现了巨大飞跃。它也是政府首次尝试根据不同收入群体的
支付能力分配住房（比如，向最低收入家庭供应永久性的公共租赁住房，

---

① 详见 Cho and Kim (2011)。

向中等偏下收入群体供应出售型的小套型住房以及租赁住房，向中等收入群体供应出售型的大套型住房）（见表 3.12）。与此同时，将新建住房导向目标群体的相关机制也已形成，包括用于订购住房的强制储蓄制度、预期购房者的申请系统以及抑制投机的一些措施。

109

表 3.12　1988～1992 年的"两百万套住房计划"

| 类别 | 收入分级 | 住房类型 | 住房建设数量 | 融资渠道 | 开发机构/供应主体 |
|---|---|---|---|---|---|
| 公共部门 | 城市贫民 | 永久性的租赁住房（20～36 平方米） | 250000 | 政府预算 | 韩国国家住房公司；地方政府 |
| | 潜在的中产阶层 | 长期租赁住房（35～50 平方米） | 350000 | 国家住房基金 | 韩国国家住房公司；地方政府；开发企业 |
| | | 小套型住房（40～60 平方米） | 250000 | | |
| 私营部门 | 中产阶层 | 中等套型住房（60～85 平方米） | 480000 | 无 | 开发企业 |
| | 中产阶层以上的人群 | 中等或大套型住房（85 平方米及以上） | 670000 | 无 | 开发企业 |

资料来源：（韩国）建设和交通部（Ministry of Construction and Transportation 2002）。

如表 3.13 所示，"两百万套住房计划"在 5 年内供应了 200 万套以上的住房。私营住房开发企业超过了预期目标的 30%，而公共性质的开发企业与预定目标稍有差距。需要指出的是，正是因为有收入增长所支撑的有效住房需求才消化了"两百万套住房计划"大规模供应的住房。而且，由于成功地落实了"两百万套住房计划"，房价在 20 世纪 90 年代一直保持平稳。

1997/1998 年亚洲金融危机是住房政策的一个转折点（Kim 2000）。在意识到史无前例的经济危机来临后，未出售的住房开始积压，房价也因为许多开发企业破产而急速下降。政府通过国家住房基金给予金融支持来刺激住房需求，希望以干预措施提振房地产行业。另外，临时性地降低了并购和登记税率。由于 1998～2001 年减少了新建住房供应数量，扩大了抵押贷款规模，首尔及其周边地区的房价在 2002 年之后开始上涨。

不过，政府又动用了一些政策工具以抑制房价上涨（Kim 2004）。通过

110 立法对房地产持有环节开征了一项新的、高度累进的全国税收（综合不动产税）；对重新改造老旧公寓而产生的未实现收入征收一种特别罚金；对拥有两套及以上的业主提高了资本所得税率；扩大了新建公寓价格管制的覆盖范围。另外，为了防止过度借贷，采取或强化了一些宏观审慎监管措施，比如调整有关债务收入比和贷款价值比的上限。

表 3.13 "两百万套住房计划"的目标和成绩

单位：千套

| | 目标 | 成绩 | | | | | 比率 |
|---|---|---|---|---|---|---|---|
| | 1988~1992年（A） | 1988年 | 1989年 | 1990年 | 1991年 | 加总（B） | B/A（%） |
| 总体 | 2000 | 317 | 462 | 750 | 613 | 2143 | 107.2 |
| 公共部门 | 900 | 115 | 161 | 270 | 164 | 700 | 79 |
| （1）永久性租赁住房 | 190 | | 43 | 60 | 50 | 153 | 80.5 |
| （2）面向工人阶级的住房 | 250 | | | 61 | 37 | 98 | 39.2 |
| （3）长期租赁住房 | 150 | 52 | 39 | 65 | 15 | 171 | 114 |
| （4）出售型的小套型住房 | 310 | 63 | 79 | 84 | 63 | 289 | 93.2 |
| 私营部门 | 1100 | 202 | 301 | 480 | 449 | 1432 | 130.2 |

资料来源：Joo（1994：295）。

　　住房政策的另一项重要内容是提高弱势家庭的住房福利。政府在 2003年起草了一张住房福利的路线图，计划在 10 年内供应 100 万套公共租赁住房（见表 3.14）。

表 3.14 住房福利路线图

| 收入分等 | 特征 | 扶持措施 |
|---|---|---|
| 1（最低） | 难以支付市场租金 | 小户型的公共租赁住房；住房补助 |
| 2~4 | 难以购买住房 | 中小套型的公共租赁住房；优惠贷款用于交付押租合同的押金 |
| 5~6 | 得到一些扶持就能购买住房 | 以优惠价格供应中小户型住房；抵押贷款优惠 |
| 7 及以上 | 自己能购买住房 | 税收优惠 |

资料来源：(韩国) 建设和交通部（Ministry of Construction and Transportation 2003）。

住房价格在 2007 年创下新高之后保持了一段时间的平稳，直到全 111
球金融危机之后实际价格开始出现下降。随后住房市场急转直下，而且由于
对未来房价的悲观情绪有所蔓延，住房市场的情况更加恶化。为了应对这种
局面，政府尝试着刺激市场，对前一届政府推行的税收政策和宏观审慎监管
措施或者放松或者废除（Kim 2012）。另外，实施了两个层次的供应策略：
在城市中心，划定了新的"城中城"（town-in-town）开发区域，并取消了对
更新改造项目的监管；在城市边缘，释放了一小部分绿带土地以建造公共住
房，这被称为"甜蜜小家"（bogemjari jutaik）。

2013 年上台执政的政府聚焦于住房市场的常态化以及提高住房福利。
一系列措施得以执行，包括取消或修改税收法律、鼓励新房供应以及促进购
买住房。另外，还向年轻一代推出了一种新的公共住房，被称为"幸福之
家"（haengbok jutaik），并且出台了一部促进私营住房租赁企业机构化发展
的法律。对于低收入群体，政府进一步推出了一个新的住房福利计划。

### 3.3.2　住房政策方案及其受益者

韩国的住房政策方案可以分为 4 种不同类别：供给侧、需求侧、金融以
及宏观审慎监管（见表 3.15）。供给侧最重要的政策案例就是依靠"两百万
套住房计划"应对住房严重短缺的问题，并向最弱势的家庭供应公共租赁
住房。该计划得以落实的主要工具是依托国有开发企业提供开发用地，通过
国家住房基金扩大融资规模。由于大规模地增加新房供应，并提升存量住房
的品质，"两百万套住房计划"也有助于稳定房价。不过，大规模供应的策
略也导致缺乏多样性，而且超出了建设行业的能力范围。

在需求侧的政策中，2015 年 7 月开始实施的新建住房补助方案是最新也
是最重要的。它源自《国民生计保障法》（the National Livelihood Protection
Law）中普通福利补助金的一个组成部分，该补助金的目的是确保每个人都
能达到最低生活标准。与原有方案提供补助金时不考虑租金水平和各地住房
条件有所不同，新的住房补助要根据家庭收入、家庭规模、租购类型、租金 112
水平以及居住区位等因素而有所差异。

国家住房基金的住房金融项目提供能承受得起的抵押贷款，有助于中低
收入家庭购买住房。住房信用担保由韩国住房金融公司（the Korea Housing
Finance Corporation）所运营的住房信用担保基金（the Housing Credit Guaranty
Fund）提供，该公司是一家国有机构，负责利用资本市场发行抵押贷款支持

证券，并向符合条件的老年人发放反向抵押贷款。

最后，为了在住房市场过热时抑制住房贷款的需求，并防范抵押贷款市场可能出现的系统性风险，在 2003 年采取了一些宏观审慎监管措施。政府根据住房市场的情形调整了债务收入比和贷款价值比的上限。这被认为有助于防止房价的大起大落，但也减少了一些家庭购买住房的机会。

自从实施"两百万套住房计划"以来，各种住房政策方案都与不同收入群体的需求相对应。图 3.5 反映了针对不同目标收入群体的住房政策方案的构成。为了提供住房或者减轻租金负担，政府对不同收入群体使用了三种类型的补贴：（1）作为一种常规且直接的方式，（政府）提供公共住房用于租赁和自住；（2）提供住房补助作为需求侧的扶持方式；（3）对押租合同中的押金提供低息贷款。

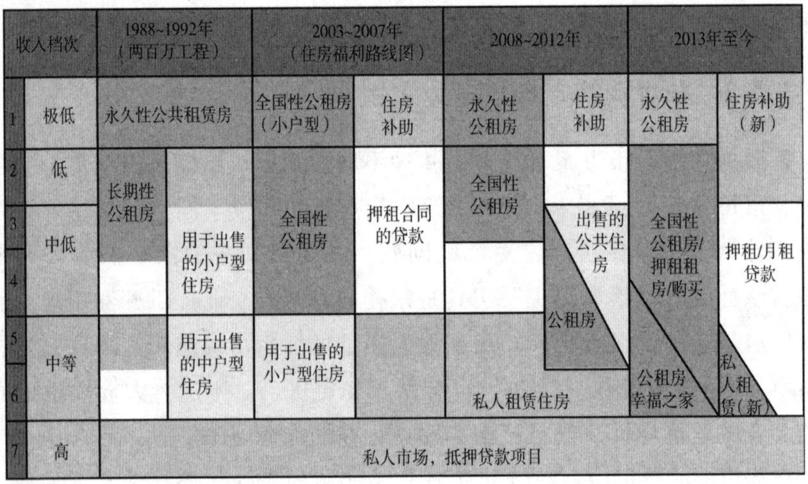

**图 3.5 根据目标收入人群区分的住房方案**

资料来源：作者。

113

**表 3.15 住房政策矩阵**

| | 供给侧政策 | 需求侧政策 | 住房金融政策 | 宏观审慎监管措施 |
|---|---|---|---|---|
| 方案 | 两百万套住房计划 | 住房补助 | 住房金融市场的自由化；建立抵押贷款的二级市场 | 对贷款价值比和债务收入比设定上限 |

续表

| | 供给侧政策 | 需求侧政策 | 住房金融政策 | 宏观审慎监管措施 |
|---|---|---|---|---|
| 时期 | 1989~1992 年 | 2015 年(首次采用是在 1999 年,作为普通福利补助金的一部分) | 1999~2004 年 | 2003 年以来 |
| 政策目标 | 应对住房短缺和房价上涨的问题;向最低收入人群提供公共租赁住房 | 减轻租金负担;确保达到最低住房标准 | 扶持购买住房;利用资本市场拓展住房融资 | 在住房市场过热时抑制住房贷款的需求;防范住房市场可能出现的系统性风险 |
| 目标群体 | 各种收入人群 | 中低收入人群 | 中等收入家庭 | 住房贷款的借款人 |
| 工具和内容 | 通过国有开发企业提供可开发用地;扩大住房融资渠道(国家住房基金) | 根据家庭收入、租金、家庭规模和区位等情况提供每月现金补贴;新的住房补助法;对住房条件进行公共检查,监督租金情况 | 解除对利率的管制;建立抵押贷款的二级市场(韩国住房金融公司);引入反向抵押贷款 | 调整贷款价值比和债务收入比的上限 |
| 优点 | 有助于稳定房价,提高存量住房的数量和质量 | 目前评价为时尚早(针对需求的补贴) | 有助于提高住房自有率 | 有助于防止房价大起大落 |
| 缺点 | 大规模供应导致缺乏多样性,而且超出了建筑企业的能力范围 | 目前评价为时尚早 | 会增加家庭的债务负担 | 会限制一些家庭购买住房的机会 |

资料来源:作者。

在各种政策方案中,最低收入群体作为受益对象至少有资格获得其中一种补贴。这个群体中,大约有 20% 居住在公共租赁住房,33% 得到了押租贷款,50% 以上的人领取了住房补助。这意味着绝大多数最低收入的家庭至少获得了一种补贴,有些还获得了两种。比如,有相当一部分居住在公共租赁住房中的租客同时领取了住房补助。

但是,由于住房补助只针对最低收入群体,所以倒数第二档 10% 的群体中获得住房补助的比例大幅降低;其中只有 53% 的家庭获得补助。倒数第三档和第四档中分别只有 44% 和 35% 的家庭,或者是公共住房居民,或者获得了押租的低息贷款。随着收入递增,获得住房福利的比例不断下降,

114

这符合垂直公平的原则。但是，从最低收入群体到次低收入群体，获得住房补贴的家庭占比急剧下降（见图 3.6）。

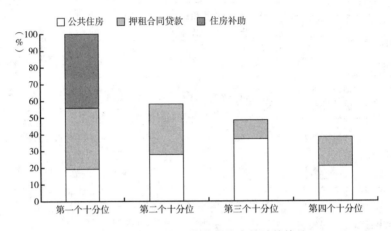

**图 3.6　不同收入群体获得住房补贴的情况**

资料来源：作者根据韩国国土基础设施和交通部（MOLIT）2014 年和 2015 年的数据计算得出。

115

## 3.4　环境变化与政策挑战

当前，住房政策处在一个十字路口，因为住房政策所面临的环境正经历着重大变化。这些经济社会方面的变化涉及人口特征、住房与宏观经济的相互影响、自住与租赁市场之间的关联、租赁合同中不同类型的组合情况以及住房政策的政治经济问题。

### 3.4.1　人口特征

韩国在人口方面面临的主要问题有：快速老龄化、生育率下降、人口增长放缓、家庭规模缩减。总人口的增长预计可以持续到 2030 年，但劳动人口（指 15～64 岁的人口）预计在 2016 年达到顶峰，之后会开始减少。另外，人口老龄化的进程在加速。2013 年，65 岁及以上的人口占比为 12.2%，到 2018 年预计会升至 14%（意味着进入老龄化社会），到 2026 年将会达到 20%（意味着迈入深度老龄化社会）。韩国人口老龄化的速度甚至会超过日本。

而且，韩国的生育率目前只有 1.2，是经济合作与发展组织（Organization

for Economic Co-operation and Development, OECD) 中最低的。家庭规模出现快速缩减（见图3.7）。1980~2010年，一人户或两人户家庭的占比从15%升至48%，而四人户或五人户家庭的占比从70%降至30%。家庭数量的增加预计可以持续到2040年，但是家庭规模不断缩减的趋势预计将会一直持续。

在其他条件不变的情况下，人口增长和家庭形成的减缓、快速老龄化以及家庭规模缩减将对住房需求产生负面影响，进而影响未来的房价。事实上，Takats（2012）预计在人口变化对房价的影响方面韩国将遭受最严峻的挑战。

人口因素并非是影响住房需求的唯一决定因素。收入是另外一个关键因素，因为收入增长既会推动对新建住房的需求，也会提高对存量住房更新改造的需求。年轻一代对产权住房愿望的改变也是一个因素。调查数据显示，承租户中希望成为产权住房拥有者的占比在近些年有所下降。现在还不清楚，这是住房倾向的永久性变化，还是受近些年房价停滞及收入和就业不稳定等因素影响而出现的临时性扰动。显然，对自有住房的需求受到投资需求的驱动，而这又会受到对未来房价的预期的影响。也就是说，如果住房市场转暖，目前观察到的对产权住房愿望的下降可能会被逆转。

116

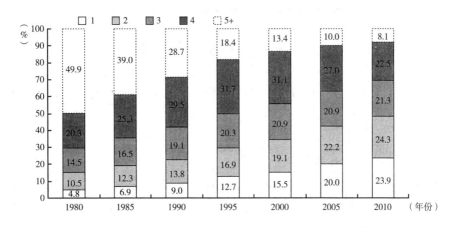

图 3.7 按规模划分的家庭分布的变化情况（1980~2010年）

资料来源：Statistics Korea, http://kostat.go.kr。

人口老龄化还会给住房政策带来其他挑战。向老年人提供适当的住房，既需要修改新建住房的物理设计，又要改造既有住房，使其更加安全。人口老龄化带来的另外一个重要问题是老年人的贫困发生率较高。根据可支配收入的标准，大约有35%的老年人处于绝对贫困状态，其中大部分是独居。65岁及以上年龄的老年人的相对贫困率是49%——是所有人群贫困率（15%）的三倍多（KIHSA 2014）。由于很大比例的老年人处于相对贫困状态，为他们提供能负担得起的租赁住房成为住房政策的重要任务之一。

117　　对于主要依靠住房资产为退休生活融资的老年人而言，如何释放住房财富也是一个重大问题。在老年人持有的资产组合中，住房占据主导地位。根据2010年的普查数据，70%的60~70岁老年人以及75%的70岁及以上老年人都有自己的住房（Statistics Korea 2011）。根据2014年的家庭金融和福利调查（the 2014 survey of household finance and welfare），该年住房资产占所有资产的平均比重为68%（包括36%的自住住房），而在老年人中，该比重为82%。

2007年，政府引入了一项反向抵押贷款制度（在韩国被称为"住房养老金"），由韩国住房金融公司提供担保。最初，潜在用户对该方案的反应较为冷淡。政府随后放宽了对年龄和住房价值的资格要求，使之更具吸引力。到2016年6月底，大约有34500人加入了该方案。

### 3.4.2　住房与宏观经济的关联及家庭的债务负担

住房政策的一个重要维度是住房与宏观经济之间的关联。住房是家庭最大的资产，而且住房水平影响着许多其他行业，比如家具业、家电业以及与房地产相关的服务业。住房价格和住宅投资会影响一个经济体的总需求，而宏观经济的表现反过来也会影响房价和住房市场。

住房主要通过三个渠道影响总需求。第一个渠道是住宅投资。住宅投资的定义是指新建房屋建筑物的市场价值和既有住房改造的市场价值，在GDP中占有一定比重。虽然韩国的住宅投资与GDP之比一直在5%左右波动，但从2005年之后该比重一直在下降，近年来已略低于4%（见表3.16）。住宅投资占固定资本形成总额的比例也呈下降趋势。

第二个渠道是对消费的财富效应。住房价格会影响住房财富的价值，进而影响到个人消费开支。虽然住房财富效应的重要性在韩国可能没有像在美国那么大，但是住房财富效应仍然相当大，并且比股票的财富效应要更大。

118　　第三个渠道是抵押效应。房价变化会影响住房的抵押价值，进而对抵押贷款信用的获得产生影响。第二种和第三种渠道的影响范围要取决于住房金融体系的发展情况。

在韩国，住房金融滞后于经济发展。在亚洲金融危机爆发之前，韩国的住房金融市场由一家政府住房基金——国家住房基金和韩国住房银行（如国有住房银行）所主导。能获得的抵押贷款非常受限，贷款与价值之比大约为30%，另外利率能得到补贴。直到21世纪初，以市场为基础的住房金融体系才在金融自由化之后得以形成。从衡量住房金融市场规模的指标来看，抵押贷款余额占GDP的比重为31%。如果包括韩国住房金融公司发放的住房贷款，该比重会升至36%。

表3.16　2000年以来家庭债务和抵押贷款余额

| | 2000 年 | 2004 年 | 2008 年 | 2010 年 | 2012 年 | 2014 年 |
|---|---|---|---|---|---|---|
| A. 消费者信贷 | 266.9 | 474.7 | 688.2 | 843.2 | 963.8 | 1089.0 |
| 家庭债务 | 241.1 | 449.4 | 648.3 | 793.8 | 905.9 | 1029.3 |
| 存款银行 | 157.6 | 355.5 | 515.3 | 593.5 | 660.0 | 745.8 |
| 住房贷款 | | | 254.7 | 289.6 | 318.2 | |
| 抵押贷款 | | 169.2 | 239.7 | 284.5 | 318.2 | 365.6 |
| 吸收存款的非银行金融机构 | 50.4 | 79.2 | 126.7 | 162.1 | 192.6 | |
| 住房贷款 | | | 56.4 | 73.2 | 86.0 | |
| 抵押贷款 | | | 56.0 | 73.1 | 85.9 | 95.0 |
| 信用卡贷款 | 25.8 | 25.3 | 39.9 | 49.4 | 58.5 | 59.6 |
| B. 抵押贷款债务余额 | | 169.2 | 295.7 | 357.6 | 404.1 | 460.6 |
| C. 名义 GDP | 635.2 | 876 | 1104.5 | 1265.3 | 1377.5 | 1485.1 |
| A/C（%） | 42.0 | 54.2 | 62.3 | 66.6 | 70.0 | 73.3 |
| B/A（%） | | 35.6 | 43.0 | 42.4 | 41.9 | 42.3 |
| B/C（%） | | 19.3 | 26.8 | 28.3 | 29.3 | 31.0 |

资料来源：韩国银行，http://ecos.bok.kr。

有一种担心认为（韩国的）家庭负债过重。事实上，从家庭债务余额与人均收入之比的指标看，韩国在OECD国家中偏高。但是，目前韩国抵押贷款市场的规模，在经过经济总量的调整（即抵押贷款余额与GDP之比）后，与其他处于相似发展水平（即按购买力平价计算的人均GDP）的国家

119

大致相当（Kim and Cho 2014）。

　　另外，所谓的抵押贷款包括房屋净值贷款（home-equity loan）和购房贷款。事实上，大约50%的抵押贷款是购房贷款，而另一半用于周转资金和生活开支。问题是，抵押贷款市场主要是可调利率的贷款，到期时需要一次性支付全部贷款数额。政府认识到当前市场结构的潜在弱点，已经采取措施鼓励将可调利率抵押贷款转换为分期偿还的固定利率抵押贷款。最近，政府还通过国家住房基金引入了新的贷款产品，比如类似英国的增值共享抵押贷款和股权贷款（Miles 2013）。

　　由于规模庞大且仍在不断增长的家庭债务被认为是宏观经济的一个潜在风险，宏观审慎监管措施在近些年起到了重要作用。这些监管措施旨在控制因房价突然变化而可能引发的系统性风险。贷款与价值之比和债务与收入之比被设为关键的政策工具。当前，贷款与价值之比的上限是70%，而现有贷款中确实的平均比例约为50%。目前已有一些实证证据表明宏观审慎监管措施的有效性（Igan and Kang 2011），但是对于其全面影响仍需开展更多研究（Jacome and Mitra 2015）。

### 3.4.3　住房租赁市场中的结构变迁

　　由于在3.2.5节已经解释了住房租赁市场中发生的结构变化现象，本节提供的一些数据主要是表明其变化幅度。表3.17显示，2011～2015年押租在所有租赁合同中的占比已从67%降至56%，而月租合同的占比从33%升至44%。在当前的市场环境中，押租所占比重将会继续下降。

表 3.17　按租约类型划分的租赁成交情况

| | 2011 年 | 2012 年 | 2013 年 | 2014 年 | 2015 年 |
|---|---|---|---|---|---|
| 总的租赁合同数（千套） | 1321 | 1324 | 1373 | 1467 | 1472 |
| 押租（%） | 67 | 66 | 60.6 | 59 | 55.8 |
| 月租（%） | 33 | 34 | 39.4 | 41 | 44.2 |

资料来源：韩国国土基础设施和交通部（MOLIT），http：//rt. molit. go. kr。

　　更详细的数据分析显示，租赁合同以及押租合同中押金数额的构成都因区域和细分市场的不同而有所差异。比如，押租合同的占比在首尔及首都圈更高，而月租合同的占比在韩国东南部更高（Park 2015）。

### 3.4.4 住房政策的政治经济

住房政策是一个敏感问题，在其制定和执行过程中会受到各种利益相关方的相互影响。韩国住房政策的政治经济动力正在发生重大变化。立法机关对政府的行政部门有压倒性的优势。因而，住房政策变得越来越政治化，政府宣布的一些政策不能如期实现，就因为相关法律总是议而不决。

涉及住房政策的关键部门之间的关系也在改变。韩国企划财政部（the Ministry of Finance and Strategy）、韩国银行（即韩国中央银行）以及金融监管委员会（Financial Supervisory Committee）正扮演越来越重要的角色，而国土基础设施和交通部的作用在逐渐减弱，这是因为相比土地利用控制和开发管制，税收和财政成为越来越重要的政策工具。政府部门之间以及中央政府和地方政府之间的协调在住房政策执行中也变得更加重要了。

住房政策还是一个重要的代际问题。婴儿潮一代中相当高比例的人已在过往一些年积累了住房财富，因而他们担心房价下跌，进而侵蚀他们的购买力。另外，年轻一代对自有住房可望而不可即的事实感到沮丧。他们希望看到房价进一步下跌，使住房变得更加能负担。

另一个问题与住房财富的代际转移有关。二三十岁的人主要依靠他们的父母和亲戚筹集资金用于购房，或者动用他们的存款交付押租的押金。2012年的一份《住房状况调查》（Housing Conditions Survey）显示，二十多岁的人和三十多岁的人中分别有48%和22%在购房时得到了他们父母的资金支持，并且资金支持的比重分别达到了购房总支出的77%和59%。该调查还显示，这两个群体中分别有42%和21%的人在交付押租的租金时得到了父母的资金支持，支持比重分别为押金总额的75%和54%（Kim 2015）。这有两方面重要含义：一方面，财富转移会在年轻一代中拉大财富分配的差距；另一方面，这也给父母带来了严重的经济负担，因为他们已经资助了子女的教育，而对其自身的退休生活并没有做好准备。

## 3.5 结论

起初，韩国面临的最根本的住房问题是绝对短缺。但是，由于相比制造业或基础设施，住房被认为在推动经济发展方面不具有优先性，因而政府没有向住房领域配置较多资源；新建住房投资不足是20世纪60年代至80年代中期住房严重不足的主要原因（Kim and Suh 1991）。直到20世纪80年代末，政府才启动一项大规模供应的方案，以满足中产阶层对高品质住房日益增长的需求，并且配置了一定数额的预算资源，以缓解低收入家庭的住房问题。

当时住房政策的思路是促进市场体系建设，辅以国有企业垄断可开发用地、政府管制及提供激励，以增加存量住房规模，并将增量住房按照政府设定的规则配置给目标群体。这种思路在数量和质量方面成功地改善了整体住房条件，并促进了中产阶层通过住房形成财富积累。

住房政策的一项关键内容是抑制投机。这方面工作的第一个事例就是在1968年通过了一项有关特别税的立法，以遏制房地产投机，该税种后来被纳入资本利得税中。基本原则是鼓励每个家庭拥有一套房；对于拥有两套及以上住房的家庭，不管其住房的价值如何，政府通常视为投机行为，因而要进行约束并征收重税。比如，资本利得税法律中有一条款规定，对拥有两套住房的业主适用较高的税率（40%），对于拥有三套及以上住房的业主适用更高的税率（60%）。该条款对由非组织市场（the unorganized market）主导的住房租赁行业有重大影响，因为市场中主要由拥有两套及以上住房的业主提供房源，随后该条款在2014年12月被废除。废除惩罚性的资本利得税，意味着这些业主被视为合法的租赁住房供应主体。

韩国的住房政策与城市规划相结合，因为新增住房供应只有通过大规模土地开发加上适当的基础设施才能得以实现。这方面最好的事例就是作为"两百万套住房计划"的一部分，在首尔的郊区开发建设了5个新城镇，以及进入21世纪以后在离首尔更远的区域开发建设了第二代新城镇。基于这些建设，拥有配套基础设施的新增住房得以大规模供应，而且交通网络将这些新城镇与首尔及其周边城市连接。

住房政策的另外一个特征是国有机构在住房供应中扮演重要角色。主要的国有机构是韩国国家住房公司和韩国土地开发公司，两者于2009年合并为现在的土地和住房公司。截至2013年9月，这两家国有企业的土地开发量占住宅用地开发总量的81%，建成住房面积占住房总量的14%（Son 2014）。其基本原则是土地开发的收益应该由国有企业获得，以资助基础设施建设，并向低收入家庭提供可负担的住房。所有大型的土地开发项目都由这些国有企业实施，它们被赋予通过国家征用权（eminent domain）购买非城市土地的权力。这一机制有助于及时供应可开发的住宅用地，并快速建造住房。

但是，由国有企业主导的土地开发模式使私营开发企业难以参与重大建设工程，也就不能从住房供应的多样性中获得可能存在的效率增益。整个开发建设过程——甄选土地开发项目的区位和规模、确定在开发和服务用地上建造房屋的数量和构成、将住房配置给可能的购买者——都由政府的各种计划和措施所管制着。私营企业的作用充其量就是国有开发企业的承包商，以获得一些稳定的收益。

虽然在过去三十多年里，在增加住房数量及提升住房品质方面取得了显著成就，但是韩国的住房政策正面临着批评以及一些新的挑战。不少专家认为（韩国的）住房政策太过复杂、僵化及政治化。许多有关可开发用地和住房供应的管制措施形成的叠加效应，使供应缺乏弹性（Renaud 1989；Kim, Malpezzi, Kim 2008）。许多普通百姓感觉房价仍然太高，购买住房是难以承受的，租赁住房既不合适又价格高昂。而随着大多数租赁合同从押租方式变化为月租方式，承租户发现他们的可支配收入在不断减少。对这个问题感受最深的是年轻人和老年人，因为他们一般没有足够的收入。因此增加可负担住房的供应，尤其是面向一些没有顾及的群体，对韩国而言仍然是一项关键任务。经济社会中一些基础因素的变化，比如低生育率、人口老龄化、经济增长放缓等，也对韩国的住房政策提出了新的挑战。

123

**参考文献**

Bank of Korea. http://ecos.bok.or.kr

Burns, L. S., and L. Grebler. 1977. *The Housing of Nations.* New York: Halsted.

Choi, E., Y. Kim, and S. Kwon. 2012. Spatio-Temporal Changes of Households Failing to Meet the 2011 New Minimum Housing Standard (1965–2010). *Journal of the Korea Real Estate Analysts Association* 18(4): 171–195 [in Korean].

Cho, M., and K. H. Kim. 2011. *Housing Sector Reform: Contrasting Real Sector vs. Financial Sector.* Seoul: Korea Development Institute.

Cho, M., K. H. Kim, and B. Renaud. 2012. Real Estate Volatility and Economic Stability: An East Asian Perspective. KDI Research Monograph 2012-1. Seoul: Korea Development Institute.

Demographia. 2015. *11th International Housing Affordability Survey*. New York: New York University.

Dol, K., and M. Haffner, eds. 2010. *Housing Statistics in the European Union*. Delft: Delft University of Technology.

The European Liaison Committee for Social Housing (CECODHAS). 2011. *Housing Europe Review 2012: The Nuts and Bolts of European Social Housing Systems*. Brussels.

European Mortgage Federation (EMF). 2014. *Hypostat 2014: A Review of Europe's Mortgage and Housing Markets*. Brussels.

Igan, D., and H. D. Kang. 2011. Do Loan-to-Value and Debt-to-Income Limits Work? Evidence from Korea. International Monetary Fund (IMF) Working Papers 11/297. Washington, DC: IMF.

Jácome, L. I., and S. Mitra. 2015. LTV and DTI Limits—Going Granular. IMF Working Papers 15/154. Washington, DC: IMF.

Jang, S. S., and E. J. Hwang. 2011. *Housing Status of Renting Homeowners*. Korea Housing Institute Report 2011–02. Seoul: Korea Housing Institute [in Korean].

Joo, J. W. 1994. The Evaluation of the Five-Year Two Million Housing Unit Construction Plan (1988–1992). *The Journal of Korea Planners Association* 72(2): 287–301.

Kim, C. H., and K. H. Kim. 2000. Political Economy of Government Policies on Real Estate in Korea. *Urban Studies* 37(7): 1157–1169.

Kim, J. H., M. J. Choi, and J. Ko. 2009. Mismatch between Homeownership and Residence in Korea. *Housing Finance International* September: 27–33.

Kim, K. H. 2000. Could a Price Bubble Have Caused the Korean Economic Crisis? In *Asia's Financial Crisis and the Role of Real Estate*, edited by K. Mera and B. Renaud. Armonk, NY: M. E. Sharpe.

——. 2004. Housing and the Korean Economy. *Journal of Housing Economics* 13: 321–341.

——. 2012. The Global Financial Crisis and the Korean Housing Sector: How Is This Time Different from the Asian Financial Crisis? In *Global Housing Markets: Crises, Institutions and Policies*, edited by A. Bardhan, R. Edelstein, and C. Kroll. Hoboken, NJ: John Wiley and Sons.

——. 2015. Housing as an Intergenerational Issue. Keynote presentation at the Asia-Pacific Network for Housing Research Conference. Gwangju, Republic of Korea. 10 April.

Kim, K. H., and M. Cho. 2010. Structural Changes, Housing Price

Kim, K. H., and M. Cho. 2010. Structural Changes, Housing Price Dynamics, and Housing Affordability in Korea. *Housing Studies* 25(6): 839–856.

———. 2014. Mortgage Markets International. In *Public Real Estate Markets and Investment,* edited by P. Chinloy, and K. Baker. Oxford: Oxford University Press.

Kim, K. H., S. Malpezzi, and C. H. Kim. 2008. *Property Rights, Regulations and Housing Market Performance.* Seoul: Center for Free Enterprise.

Kim, K. H., and S. H. Suh. 1991. An Analysis of Optimality of Housing Investment in Korea. *International Economic Journal* 5(1): 91–103.

———. 1993. Speculation and Price Bubble in the Korean and Japanese Real Estate Markets. *Journal of Real Estate Finance and Economics* 6(1): 73–88.

Kookmin Bank. http://kbstar.com

Korea Housing Finance Corporation. http://hf.go.kr/

Korea Institute for Health and Social Affairs (KIHSA). 2014. *Poverty Statistical Yearbook 2013.* Seoul.

Korean Statistical Information Service. http://kosis.kr

Miles, D. 2013. Housing, Leverage and Stability in the Wider Economy. Speech given at the Federal Reserve Bank of Dallas Housing, Stability and the Macroeconomy: International Perspectives Conference. Dallas. 14–15 November.

Ministry of Construction and Transportation, Government of the Republic of Korea. 2002. *Housing White Paper: Past and Present of Housing Stability.* Seoul [in Korean].

———. 2003. *Housing Welfare Assistance Plan for Low-income Households.* Seoul [in Korean].

Ministry of Land, Infrastructure, and Transport (MOLIT), Government of the Republic of Korea. http://rt.molit.go.kr

———. Statistics. http://stat.molit.go.kr/

———. 2014. *National Housing Fund Guidebook.* Seoul [in Korean].

———. 2015. *Korea Housing Policy Guidebook.* Seoul [in Korean].

Ministry of Land, Infrastructure, Transport and Tourism, Government of Japan. http://www.mlit.go.jp/statistics/details/t-jutaku-2_tk_000002.html

Onnara Real Estate Information Portal. http://onnara.go.kr

Park, M. 2015. Changing Landscape of Private Rental Market in Korea.

KRIHS Special Report Vol.25. Anyang: Korea Research Institute for Human Settlements.

Renaud, B. 1989. Compounding Financial Repression with Rigid Urban Regulations: Lessons of the Korean Housing Market. *Review of Urban and Regional Development Studies* 1(1): 3–22.

Son, J. Y. 2014. Korea's Development Finance at the Crossroads. In *The Global Financial Crisis and Housing—A New Policy Paradigm*, edited by S. Wachter, M. Cho, and M. J. Tcha. Cheltenham, UK: Edward Elgar.

Statistics Korea. http://kostat.go.kr

——. 2011. *2010 Population and Housing Census*. Seoul.

Takats, E. 2012. Aging and House Prices. *Journal of Urban Economics* 21: 131–141.

# 第四章

———❦✦❧———

# 日本的住房政策

小林正宽

## 4.1　引言

　　日本在第二次世界大战结束后的住房政策聚焦于定量供给，以应对 420 万套住房短缺的问题。20 世纪后半叶，针对较为广泛的目标群体，日本的住房政策主要由三部分核心内容组成：公共租赁住房、日本住房公团（现在是"都市更新机构"）以及住宅金融公库（现在是"日本住宅金融支援机构"）。

　　住房存量的恢复非常成功，因为到 20 世纪 90 年代中期住房总量就已超过了家庭总户数，但是 20 世纪 90 年代初房地产泡沫的破灭对实体经济带来了较大的负面冲击，并且使日本人民一直缺乏信心，另外通货紧缩和人口方面的负面因素（人口减少及老龄化社会）也使这种局面有所恶化。

　　进入 21 世纪，改善居住品质成为日本住房政策的重要内容，但与此同时，还需要平衡新建住房与盘活存量之间的关系。

　　本文将阐释日本住房市场的现状，并讨论和评价 20 世纪的一些住房政策，继而分析住房市场在 21 世纪面临的挑战及实行的相关政策，从中得出一些可为其他国家借鉴的启示，最后做一些总结。

## 4.2　住房市场现状

　　2013 年，日本的住房自有率是 61.7%（见图 4.1）。在过去半个世纪里，该比率一直保持在 60% 左右，波动较小。日本的住房自有率与美国（2014 年是 64%）、英国（2013 年是 64.6%）、法国（2013 年是 64.3%）大致相当，但高于德国（2013 年是 52.6%）。①

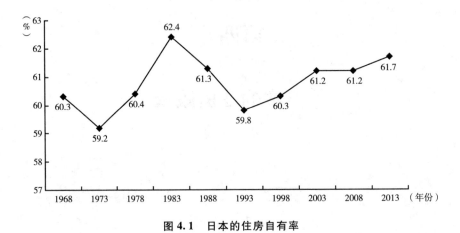

**图 4.1 日本的住房自有率**

资料来源：日本政府总务省统计局。

在第二次世界大战之前，自有住房不是日本的主要方式。尽管在全国层面对此缺乏官方统计数据，但可以知道，许多人是租赁住房，尤其是在大城市。土地价值与国家净资产（the national net worth）② 的比率，在战前是 30%~40%，而在战后上升至 50%~70%，这足以说明战后的强劲需求以及随之而来的地价快速上涨（见图 4.2）。

到 2013 年 10 月，日本共有 6063 万套住房，其中 820 万套住房空置；因而，空置率是 13.5%。根据美国住房调查（the American Housing Survey）的数据③，美国 2013 年的住房空置率是 12.8%，但是相比日本，美国的数据包括更多的第二套住房。在日本，人口越少的地区，空置率越高（见图4.3）。

---

① 德国的住房自有率在 2008~2012 年有所上升，而美国和英国的住房自有率在经历了 2008~2009 年的全球金融危机之后有所下降。这其中一个原因是人口结构的变迁，也就是说，德国的老年人口占比有所增加，而老年人口的住房自有率一般更高。当然，德国住房自有率的提高充其量也只是微小或缓慢的。

② 国家净资产是对国内各部门净资产的加总，包括家庭、金融机构、非金融企业、政府部门。

③ 美国商务部人口调查局：《美国住房调查 2013 年》，全国总括表，所有住房单位，季节性与空置特征，表 C-00-AH。

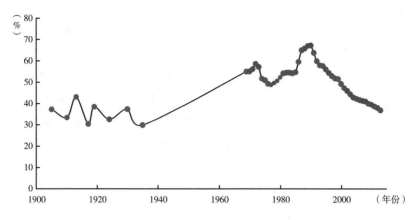

**图 4.2 土地价值与国家净资产之比**

注：第二次世界大战之前的数值没有包括日本本土以外的区域。

资料来源：日本政府经济企划厅《二战前国家财富净值调查》；日本政府内阁府
1998 年国民账户（68SNA，基准年是 1990 年）（1969～1993），2013 年国民账户
（93SNA，基准年是 2005 年）（1994～2013）。

　　有一些讨论提出，日本的住房是否建得太多了。1968～2008 年的 40 年
间，日本的住房开工数量已经超过 100 万套（见图 4.4）。

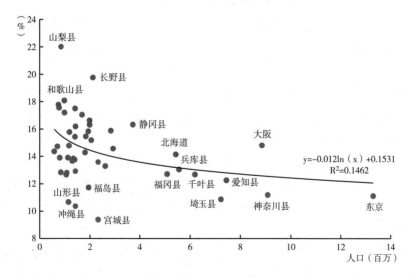

**图 4.3 2013 年日本各都道府县的住房空置率**

资料来源：日本政府总务省。

2009 年，由于全球金融危机，日本的住房开工量降至 79 万套，并且自那以后，就没有再回到 100 万套的水平。2013 年的开工量是 98 万套，这是由于消费税率计划在 2014 年 4 月从 5% 升至 8%，很多项目抢先开工。

2014 年 4 月消费税率的提高对国内需求有负面影响，包括住房建设，因而住房开工量在 2014 年又回落至 89 万套。对于将消费税率从 8% 再升至 10% 的第二步骤，日本政府推迟了 18 个月。为了使经济复苏能够持续，日本政府推出了经济刺激计划，这将在后面一节讨论。

130

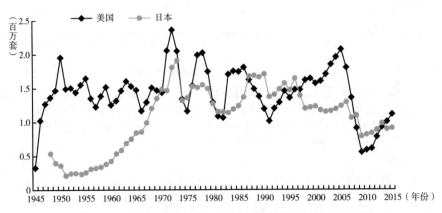

**图 4.4　日本和美国在第二次世界大战以后的住房开工量**

注：美国 1959 年之前的住房开工量来自联邦储备经济研究档案系统（FRASER）。最初的来源是美国统计局《美国历史统计：殖民地时期到 1970 年》。

资料来源：美联储圣路易斯分行；（日本）国土交通省；美国商务部。

从 20 世纪 90 年代中期到 21 世纪，（日本）私人住宅投资占国内生产总值（GDP）的比例也在下降（见图 4.5）。在上一个世纪，该比例总是在 5% 以上，而现在低于 3%。

虽然日本的人口总量只有美国的 40%（2013 年日本和美国的人口总量分别是 1.27 亿和 3.16 亿），但住房开工量曾是有可比性的。然而，日本和美国的私人住宅投资占 GDP 的比例几乎相同。这反映出每单位投资的差异性。

2013 年，日本新建的单户独立住宅的平均面积是 125 平方米，而美国是 247 平方米。日本多户住宅的比例要比美国高，这种住宅的面积一般比单户独立住宅要小。自有住宅的套数占全部存量住房的 60% 左右，但是在建筑面积方面要占到 80%（见图 4.6）。日本单户独立住宅的面积与欧洲大陆相比大体相等，但是租赁住房的面积要小得多。

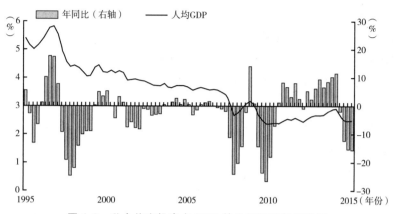

**图 4.5　私人住宅投资占 GDP 的比例及其年度变化**

资料来源：日本政府内阁府。

　　直到最近，日本才有全国的房价指数。东京证券交易所（the Tokyo Stock Exchange）运用重复交易方法研发了一个房价指数，该方法类似于美国的标准 & 普尔/凯斯-席勒房价指数（the Standard & Poor's/Case-Shiller Home Price Index）。2015 年，房价指数的计算工作移交给了日本不动产研究所（the Japan Real Estate Institute）。但是，该指数只收集了东京都地区的公寓数据，而且只能回溯至 1993 年。

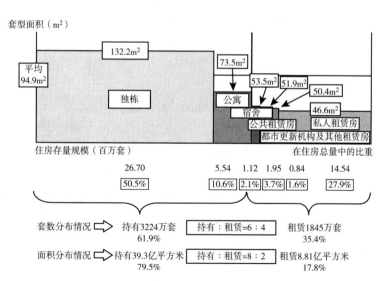

**图 4.6　日本按照租购选择区分的住房配置及平均面积（2013 年）**

资料来源：（日本）国土交通省。

考虑到房价的波动主要由地价变动所引起，因此使用土地价格指数作为房价指数的代理指标，在日本具有一定的合理性。

20 世纪 80 年代末，日本的土地价格飞涨。现在回想起来，这就是房地产泡沫。1991 年，6 个主要城市的住宅用地价格升至历史高点，然后开始暴跌，导致在 1992～2005 年的 13 年间连续下跌（见图 4.7）。

与此同时，名义 GDP 的增长也陷入停滞，日本在持续的通缩状态中遭遇了著名的"失去的几十年"（lost decades）。通货紧缩对住房市场的影响将在下一节讨论。

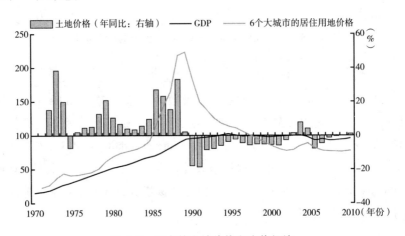

**图 4.7　日本的土地价格和实体经济**

资料来源：日本不动产研究所；日本政府内阁府。

## 4.3　挑战与风险

日本住房市场面临的最严重挑战来自人口发展的不利趋势。不仅日本的人口总量已经开始减少，而且劳动年龄人口与受抚养人口的比例在急剧下降（见图 4.8）。尽管日本已有 800 万套空置住房，但对于是否应该继续维持当前的新建规模，仍然存在一些争论。

反向抚养比（年龄在 15 岁～64 岁的人口数量除以受抚养人口）与日本的住房数据成正相关。历史上有两次反向抚养比的高点时期，一次是在 20 世纪 60 年代末，另一次是在 20 世纪 90 年代初，正好都是住房开工量的高峰期（见图 4.9）。

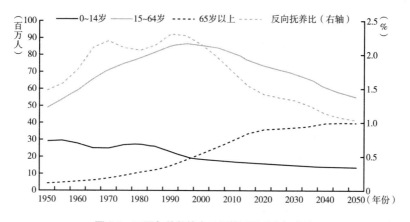

图4.8　不同年龄段的人口规模以及反向抚养比

注：2015 年以后是估计值。

资料来源：联合国经济和社会事务部人口司《世界人口展望：2015 年修订版》，
2015。

　　这两个反向抚养比的高点时期也正好是婴儿潮时期，在日本被称为
"团块一代"（Dankai generations）。随着婴儿潮一代的孩子长大到了工作
年龄，则被称为"团块青少年"（Dankai junior），这一时期在日本就被称
为"人口红利期"（population bonus）。第一次人口红利时期正好赶上大
量人口从农村地区迁移至城市，催生了对城市住房的需求。人口红利期
恰好也是实际地价（扣除消费者物价指数）的高峰时期（见图 4.10）。

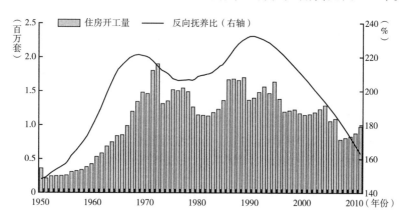

图4.9　住房开工量与反向抚养比

资料来源：（日本）总务省；国土交通省。

　　人口预测是一种最可靠的社会预测，许多日本人都认为难以改变当前的人口变动趋势。如果这种境况得以延续，日本经济将很难摆脱通货紧缩困扰，因为国内需求将不断缩减。[①]

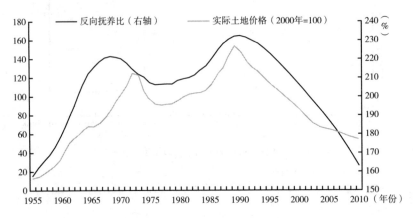

**图 4.10　实际地价与反向抚养比**

资料来源：日本不动产研究所；总务省。

　　与相对较大规模的新建项目相比，日本既有住宅的交易量要比美国更小（见图 4.11）。在有关既有住宅交易量的几种统计数据中，最大的数值来自日本不动产代理人协会（the Association of Real Estate Agents of Japan）的估测值。该协会估计 2012 年既有住宅的成交量是 47.3 万套，只相当于日本新建住房销售量的一半。[②]

　　既有住房的低周转率是住房物业价值逐年急剧下降的原因之一。既有住房的折旧是不可避免的，但日本的折旧率要比其他发达经济体高得多。1995 ～

──────────

① 为了改变这种悲观论调，日本政府和日本银行在 2013 年 1 月发布了《政府和日本银行关于克服通缩及实现经济可持续增长的联合声明》，随后日本银行在 2013 年 4 月启动了质化与量化宽松政策。在日本银行推行强大的货币宽松政策后，通货膨胀率在 2014 年由负转正。由异乎寻常的货币宽松、柔性的财政政策、增长战略（在其他国家一般被理解为结构化改革）所组成的"三箭头"，旨在将日本经济带回可持续增长的轨道上。日本正在经历重大的社会实验，这将为欧洲国家提供不少启示，因为这些国家遭遇的问题与日本相似，正面临着人口发展的不利趋势，也正处于通缩边缘。

② 根据日本国土交通省（the Ministry of Land, Infrastructure, Transport and Tourism, MLIT）的《2013 年住房市场趋势调查》，绝大多数购买或建造新房的人回答说，他们没有选择既有住宅，只是因为他们对新房更满意；而绝大多数购买既有住宅的人回答说，他们选择既有住宅是因为这些房子更便宜。在日本，对新房的喜好非常强烈，其中部分原因在于新房与既有住宅的品质有差异，而且既有住宅可能存在的结构缺陷很难被检测出来。

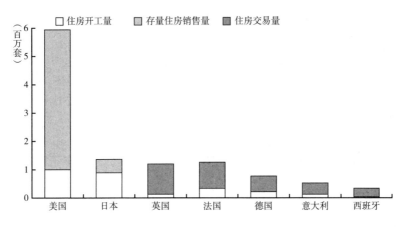

图 4.11　根据交易量计算的住房市场规模

注：日本存量住房销售量的数据是 2012 年的，由日本不动产代理人协会（FRK）估算。德国的"住房开工量"是由"住房竣工量"数据替代。美国和日本的其他数据都是 2014 年的，欧洲都是 2013 年的。"住房交易量"包括新建和存量两类住房。

资料来源：日本不动产流通经营协会；欧洲抵押贷款协会；（美国）全国房地产经纪人协会；（日本）国土交通省；美国商务部。

2014 年，名义住宅投资的累积额是 382 万亿日元。1994 年，存量住宅建筑物[1]的市场价值是 312 万亿日元。如果自动相加，2013 年存量住宅建筑物的市场价值应该接近 694 万亿日元，但实际值只有 357 万亿日元（见图 4.12）。

如何提高存量住房的价值并且促进这些住房开展交易，是日本住房市场面临的主要挑战之一。日本国土交通省（MLIT）正推动若干政策措施以应对这种挑战（后面详述）。

日本住房市场面临的另一项重要挑战在于自然灾害频繁发生。现在距 2011 年 3 月 11 日遭受日本东部大地震（the Great East Japan Earthquake）袭击已经 5 年了，还应该记得，日本西部在 1995 年 1 月 17 日也遭遇过阪神大地震（the Great Hanshin-Awaji Earthquake）。提高住宅建筑物的抗震性能仍然是一项重要挑战，这将在住房政策部分再做讨论。

一些人认为日本的房价仍然太高。[2] 从全国住房价值（包括闲置土地的

———————

[1]　不包括土地价值。

[2]　需要指出的是，20 世纪 80 年代末日本决策者面临的主要问题是遏止房价飙涨并提高城市区域的住房可负担性。房价过快上涨被证明是一场泡沫，自然会破灭。从那以后，有关房价的住房政策优先性出现了 180 度的大转变。

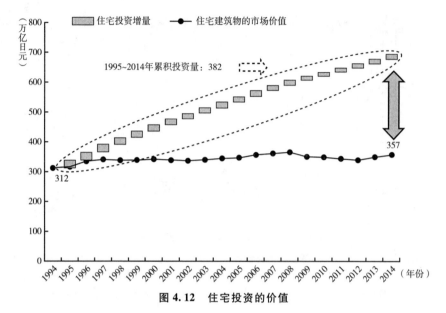

**图 4.12　住宅投资的价值**

资料来源：日本政府内阁府。

139　价值，因为日本没有类似美国 Z1[①] 的统计数据）的总和与 GDP 名义值的比率来看，日本要高于美国（见图 4.13）。

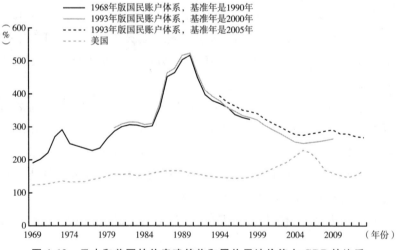

**图 4.13　日本和美国的住房建筑物和居住用地价值占 GDP 的比重**

资料来源：日本政府内阁府；美联储；美国商务部。

---

[①]　美联储：美国的财务账务 – Z1，B.101 家庭和非营利组织的资产负债表（1）。

　　然而，（日本）平均房价是家庭收入的 4～6 倍，债务与收入（偿债）比率在 20% 左右，部分原因在于利率低（见表 4.1）。

表 4.1　日本主要住房统计

| 住房市场趋势调查（2013 年） | | | | | |
|---|---|---|---|---|---|
| | 预售 | | 住房销售 | | 存量住房 | |
| | 不带土地 | 带土地 | 独栋 | 公寓 | 独栋 | 公寓 |
| 家庭收入（百万日元） | 6.16 | 6.16 | 6.75 | 6.89 | 5.80 | 6.13 |
| 房价（百万日元） | 28.82 | 40.17 | 36.27 | 35.83 | 23.11 | 22.53 |
| 贷款额（百万日元） | 17.80 | 26.50 | 24.91 | 23.69 | 13.45 | 11.63 |
| 首付（百万日元） | 11.02 | 13.67 | 11.37 | 12.13 | 9.66 | 10.90 |
| 房价收入比 | 4.7 | 6.5 | 5.4 | 5.2 | 4.0 | 3.7 |
| 贷款价值比（%） | 62 | 66 | 69 | 66 | 58 | 52 |

| JHF 有关 F35 贷款人的基本情况（2013 年） | | | | | |
|---|---|---|---|---|---|
| | 预售 | | 住房销售 | | 存量住房 | |
| | 不带土地 | 带土地 | 独栋 | 公寓 | 独栋 | 公寓 |
| 家庭收入（百万日元） | 5.85 | 5.91 | 5.77 | 7.48 | 5.22 | 5.99 |
| 房价（百万日元） | 30.15 | 36.37 | 33.20 | 38.62 | 22.53 | 25.62 |
| 贷款额（百万日元） | 23.75 | 31.74 | 27.76 | 30.11 | 19.16 | 21.07 |
| 首付（百万日元） | 6.40 | 4.63 | 5.43 | 8.50 | 3.37 | 4.55 |
| 房价收入比 | 5.2 | 6.2 | 5.7 | 5.2 | 4.3 | 4.3 |
| 贷款价值比（%） | 79 | 87 | 84 | 78 | 85 | 82 |

　　注：F35 = Flat 35[①]；JHF = 日本住宅金融支援机构。
　　资料来源：日本国土交通省；日本住宅金融支援机构。

　　有趣的是，1994～2014 年，家庭部门拥有的土地价值减少了 480 万亿日元，但该部门的净金融资产余额增加了 530 万亿日元（见图 4.14）。

　　有时候人们会提到，日本未偿还的抵押贷款占 GDP 的比重要比其他发达经济体更低。自 21 世纪初以来，该比重在日本一直保持在 40% 左右。在 21 世纪初，美国该比重也低于 50%。但随后在房地产泡沫不断膨胀的时期，美国的未偿还抵押贷款占 GDP 之比上升至 70%（见图 4.15）。

--------

　　① F35 房贷是由日本住宅金融支援机构提供的长达 35 年的固定利率住房贷款。——译者注

141

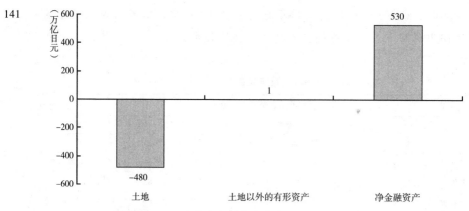

**图 4.14　日本家庭部门的资产变化（1994～2014 年）**

资料来源：日本政府内阁府。

　　美国该比重的上升在一定程度上是因为房产价值的上涨，而日本没有出现这种情况。另外，许多日本人认为提前偿还房贷是比较冒险的，因为日本的利率极低，而且减少贷款（即提前偿还部分房贷，而不是全部还完）是日本提前还贷的主要方式。[1]

142

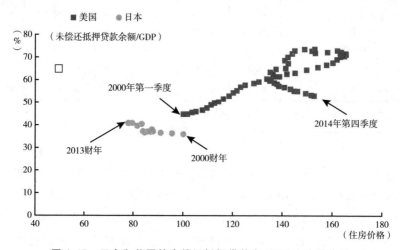

**图 4.15　日本和美国的未偿还抵押贷款占 GDP 之比及房价**

资料来源：日本银行；日本政府内阁府；（美国）联邦住房金融管理局；美联储；美国商务部。

---

[1] 虽然日本有房贷利息抵扣所得税政策（后面会讨论），但是由于日本处于负利率的环境中，因而保持未偿还房贷以获得税收优惠的动机并没有美国那么强烈。

　　虽然房价在下降，而且空置量较大，但是日本的住房建设一直维持在较高的水平，部分原因在于既有住房的寿命短，需要被新的住房投资所取代，另外一部分原因在于购房者对更高品质新建住房的需求比较旺盛（这在一定程度上可能会被相关经济刺激措施所放大）。

　　但是，需要指出的是，虽然日本的人均新房开工量比美国要高，但是与其他欧洲国家相比并不高（见图 4.16）。

　　虽然爱尔兰、西班牙和希腊的住房市场在 2005 年左右崩盘，但这些国家的住房建设量都比日本更大。不过，从房价角度看，法国市场比较稳定，但它的建设量也比较大。另外，英国的住房供应量较小，而这种对供应的限制也被认为是英国房价较高的原因之一。但是，德国的住房供应量也比较 143 小，却没有出现英国这样的房价上涨现象。

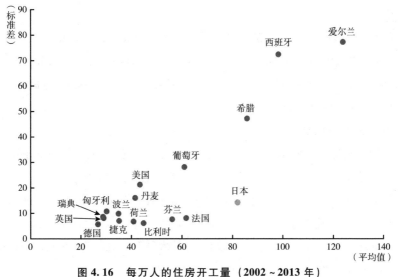

**图 4.16　每万人的住房开工量（2002～2013 年）**

　　注：德国的数据从 2003 年开始，日本、美国和法国的数据结束于 2014 年；对于德国、匈牙利、荷兰、爱尔兰和葡萄牙，用住房竣工量代替住房开工量。

　　资料来源：欧洲抵押贷款协会 2014 年数据库；欧洲统计局；（日本）总务省；（日本）国土交通省；（法国）国家统计及经济研究局；美国商务部。

# 4.4　日本的住房政策

## 4.4.1　1945～2000 年

　　在 1945 年第二次世界大战结束时，日本的住房短缺数量大约为 420 万套。为

了弥补这个缺口，日本政府优先的住房政策就是增加住房供应数量，并且设立
了几个相关政府机构。首先，建设省（the Ministry of Construction）于 1948 年 7
月 10 日成立。随后，20 世纪 50 年代先后推行了增加住房供应的所谓"住房政
策三大支柱"（three pillars for housing policy）。根据实施时间，其先后顺序是：

（1）1950 年 6 月 5 日成立住宅金融公库（the Government Housing Loan
Corporation，GHLC），通过向抵押贷款市场提供流动性，从金融方面资助住
房建设，这个市场之前几乎不存在。

（2）1951 年颁行了《公共住房法》（1951 年第 193 号法案），授权地方
政府面向低收入人群建造公共租赁住房。

（3）1955 年成立的日本住房公团（the Japan Housing Corporation，JHC），
旨在促进集体建设住房，并主要向几个大城市的中等收入人群大规模地供应
住宅用地。

随后，日本政府在 1966 年颁布了《住房建设计划法》（the Housing Construction
Plan Law），并且在每个"住房建设五年计划"（Housing Construction Five-Year
Program）中规定住房供应目标。到 1968 年，存量住房的数量超过了家庭户数。

### 4.4.1.1 住宅金融公库

**住宅金融公库概览**

日本政府在 1950 年成立住宅金融公库是为了提供低息且期限固定的抵
押贷款。成立之时，住宅金融公库获得了政府注入的资本金。①

但是，为了大规模供应住房，依靠来自政府注资的机制被证明是无效
的。在这方面，住宅金融公库和住房公团都一样。这两家机构都从大藏省
（the Ministry of Finance）的"财政投融资体制"（the Fiscal Investment and
Loan Program，FILP）② 获得贷款（见图 4.17）。

如图 4.17 所示，住宅金融公库是财政投融资体制中最主要的借贷机构，

---

① 住宅金融公库在成立时获得了日本政府一个特别账户的资本注入，该账户资金来自美国的
对外援助——（美国）政府对占领区的救济及经济复兴拨款。住宅金融公库从该账户中获
得 100 亿日元，并从日本政府的一般账户中获得 50 亿日元。日本政府对住宅金融公库的资
本注入一直持续到 1967 年。2007 年，住宅金融公库的资本金维持在 972 亿日元，之后，其
名变更为"日本住宅金融支援机构"。

② 日本较为独特的财政投融资体制是指为了实现促进经济社会发展并提升国民福利水平等政
策目标，将长期的邮政储蓄、国民养老金和某些人寿保险金等靠国家信用归集起来的资金
与财政预算资金进行统筹，有偿借贷给公共团体及符合政府住房政策的私营房地产开发企
业和组织的一种融资安排。——译者注

因而，这也能解释住宅金融公库在 20 世纪是如何获得资助的。在住房政策的三大支柱中，住宅金融公库对增加住房供应规模做出的贡献最大（见图 4.18）。[①]

1950~2007 年，住宅金融公库资助了 1941 万套住房。同时期，日本全部的住房开工量是 6410 万套住房。所以，住宅金融公库对战后住房建设的贡献率接近 30%。

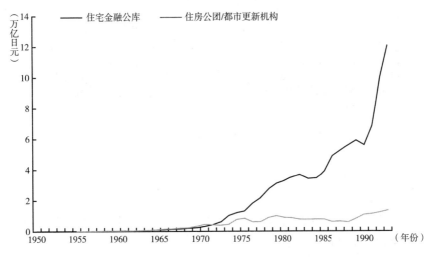

**图 4.17 住宅金融公库、住房公团/都市更新机构**
**从财政投融资体制获得的贷款总额**

资料来源：（日本）建设省：《建设省五十年历史》。

为了提高自有率，（日本政府）对住宅金融公库向借款人收取的利率设定了上限。根据住宅金融公库的规定，向中等收入借款人收取的利率上限是 5.5%。贷款利率与融资成本之间的负利差，都会由日本政府从一般账户中提供补贴（见图 4.19）。

高收入人群也可以申请住宅金融公库的贷款，但是利率没有优惠。不过，对于房价有上限规定，因而豪宅不能申请住宅金融公库的贷款。除了与其他建筑工程一样都需要遵守《建筑标准法》（the Building Standard Law）

---

① Kanemoto（1997）提出，住宅金融公库贷款的一个缺陷是对提高居住条件没有多大贡献，因为只有小户型（最大是 125 平方米）住房才能获得贷款。但是，住宅金融公库资助的住房平均面积并没有小于私营机构出资兴建的住房。

146

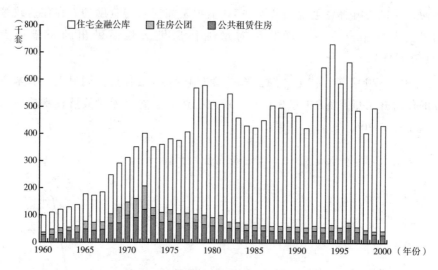

图 4.18　按资助来源区分的住房开工数量

资料来源：（日本）国土交通省。

（有少数例外）外，住宅金融公库还对所资助的住房设定了特殊的结构标准。尽管住宅金融公库被要求提高日本的住房品质，但在资源配置方面，还是更加聚焦于中低收入借款人。

147

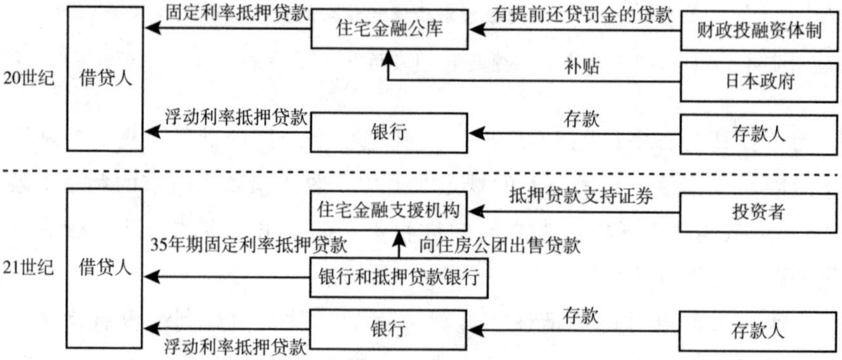

图 4.19　日本抵押贷款市场的改革

资料来源：日本住宅金融支援机构。

但是，住宅金融公库要与私营银行在一级贷款市场（the primary lending market）中展开竞争。对于依靠存款的银行来说，在 20 世纪很难提供固定利率的抵押贷款。20世纪90年代初房地产市场的泡沫破裂后，银行普遍遭受了不良贷款的困扰，因此纷纷努力寻求商业机会以恢复盈利。另外，政府要求住宅金融公库扩大其贷款计划以刺激经济增长。

20世纪90年代日本经济处于挣扎期，利率不断下调，部分原因在于日本银行的货币政策，另有部分原因在于通货膨胀率的下降。在此期间，政府的财政状况不断恶化，公共债务与国内生产总值的比率大幅上升。

利率下降触发了住宅金融公库未偿付抵押贷款资产的提前偿还行为。在1995财年，提前偿还总额增加到了9.9万亿日元（见图4.20）。

148

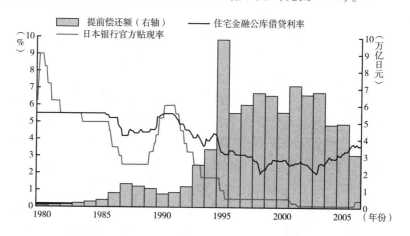

**图4.20 利率与住宅金融公库贷款的提前偿还**

资料来源：日本银行；日本住宅金融支援机构。

借款人若提前偿还住宅金融公库的贷款，则不用支付罚金，但是如果住宅金融公库提前偿还财政投融资体制的资金，则必须支付罚金。为此，在20世纪90年代，（日本政府）向住宅金融公库提供的补贴高达4000亿日元（见图4.21）。这种沉重的财政负担让政府难以承受，因而决定逐步缩减住宅金融公库的规模，并由另一家政府机构取而代之，即日本住宅金融支援机构（JHF）。

**住宅金融公库相关住房政策的优劣**

住宅金融公库贷款的最大优点在于能在相当短的时间内恢复住房存量，并且能同时提高住房品质。二战结束不久，住房缺口非常大，因而日本建造了许多收容所供居民栖身。住宅金融公库为其贷款设立了特殊的结构标准，这在提高住房品质的同时还有助于保证抵押品的价值。

在战后一段时期，私营银行不愿意从事抵押贷款业务，而住宅金融公库

149

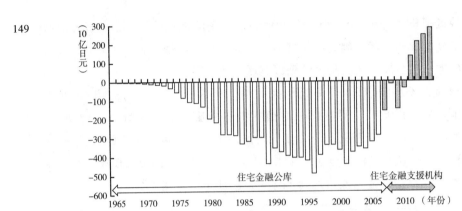

**图4.21 向住宅金融公库提供的补贴额**

资料来源：日本住宅金融支援机构。

为日本抵押贷款的记录、承销、止赎及其他经营行为设立了事实上的标准。财政投融资体制（向住宅金融公库）提供了大量流动性，它从邮政储蓄（the Postal Savings）和全国的国民养老金（the National Pension）中归集资金，因此调动了未被使用的金融资源。否则，这些资源可能会以现金方式存在。

1950~2007年，住宅金融公库资助了1940万套住房。这些资助的成本是从国家预算的一般账户中获得的补贴，在20世纪90年代末为4000亿日元。住宅金融公库的缺陷在于它与私营银行在一级贷款市场中形成竞争关系。因此随着私营银行不断扩张其业务，住宅金融公库没有对发生于20世纪90年代末的大规模提前还贷行为做好准备。

在经营环境发生变化后，住宅金融公库的角色也需调整。因此，日本政府在2001年12月决定缩减住宅金融公库规模。2007年4月，住宅金融公库被日本住宅金融支援机构取代。

150 **4.4.1.2 公共租赁住房**

**公共租赁住房概览**

颁行《公共住房法》（1951年第193号）是为了推动面向低收入人群建造公共租赁住房的工作。[①] 根据该法律，日本政府要向地方政府建造和运营公共租赁住房的工作增加财政支持力度。不像住宅金融公库/日本住宅金融支援机构或者日本住房公团/都市更新机构，该政策的执行机构不是一个全

---

① 该法案被认为与宪法第25条的表述有关，即"一切国民都享有维持最低限度的健康的和有文化的生活权利"。

国性的部门，而是各个地方政府。日本政府向地方政府提供的财政援助包括建造公共租赁住房补贴，以及弥补运营差额补贴，其中还有向非常低收入的承租户提供租金补助。

由于该方案具有很强的补贴性质，受益人仅限于低收入承租户，而且要根据一定的公式确定选择标准。到 2013 年，全国有 196 万套公共租赁住房。

**公共租赁住房的目标收入群体**

公共租赁住房的平均租金低于私人租赁住房（见图 4.22）。申请公共租赁住房需要符合收入限制条件。而且获得公共租赁住房租金补贴的仅限于收入分档中的后 40% 的人群。

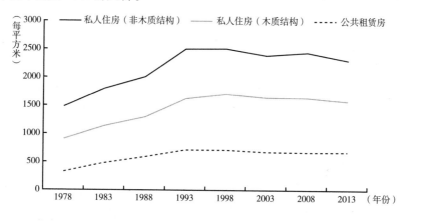

**图 4.22 平均租金**

资料来源：（日本）国土交通省。

如果公共租赁住房居民的收入在增加后高过上述门槛，会被要求腾退，但真正的强制退出是很难操作的。

**公共租赁住房的优缺点**

20 世纪 50 年代和 60 年代，日本大规模地建造了公共租赁住房（Ito 1994）。1973 年，公共租赁住房规模接近 200 万套。这有助于满足低收入人群的居住需求，因为这些人群很难通过常规的市场机制获得能负担得起的住房。

但是，由于其价格优势，城市中出现了很长的轮候名单。Kanemoto（1997：636）提到，"1989 年，东京都每套住房的申请者数量平均为 35.5

人"。低收入人群中靠运气获得公共资源的人和运气不佳没能得到资源的人之间存在不公平的问题。

另一个缺陷是即便在收入已高过相应门槛后，入住者也不愿意交还钥匙、腾退住房。对地方政府而言，让这些不符合条件的入住者退出是一项艰巨的任务。（后来采取了一项新的政策，即大幅提高不符合条件入住者的租金。）

公共租赁住房的投资集中于战后时期。由此可见，从目前住房市场的居住条件来看，"许多建于那个时期的住房现在都被认为太小了"（Ito 1994：224）。于是，翻修这些公共租赁住房被提上议事日程，但要顺利落实翻修工作，财政约束以及老居民不愿意配合仍然是较大挑战。

### 4.4.1.3　日本住房公团

**日本住房公团概览**

战后日本住房政策的第三根支柱，但并不是最不重要的支柱，就是日本住房公团。它创立于 1955 年，主要是为了满足从农村迁移至城市的人群的需求。通过与其他政府机构合并，日本住房公团经历了多次组织变革。到 20 世纪末期，它被重组进入"都市开发公团"（the Urban Development Corporation，UDC）（见图 4.23）。

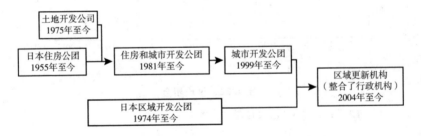

**图 4.23　从日本住房公团到都市更新机构的变迁史**

资料来源：都市更新机构。

2004 年，都市开发公团承接了日本区域开发公团（the Japan Regional Development Corporation）的运营业务，重组为都市更新机构（the Urban Renaissance Agency，UR），该机构目前仍然存在。

**都市更新机构和住宅金融公库/日本住房金融支援机构的目标收入人群**

都市更新机构和住宅金融公库都向中低收入人群提供资助。通过都市更新机构 2013 年和住宅金融公库 1983 年的资助对象的收入分布情况来看，二者都有很大比例来自低收入人群，只有很少比例来自高收入群体。不过，相

152

对而言，日本住宅金融支援机构（JHF）资助对象的高收入人群占比更低，而且收入后 20% 的人群占比也更低（见图 4.24）。

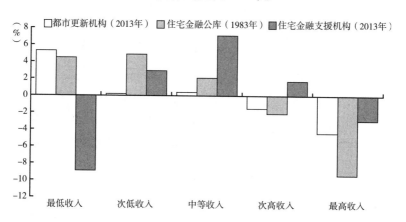

**图 4.24　按收入五等分的目标群体（与基准的差异）**

资料来源：日本住宅金融支援机构；都市更新机构。

　　住宅金融公库通常会获得政府补贴，而日本住宅金融支援机构没有。后者向那些有支付能力的人群提供资助，因而更加聚焦中等收入人群。

　　日本住宅金融支援机构既供应出租住房，也供应出售住房，包括公寓。该机构的特殊性在于其主要聚焦城市区域的住房问题。2013 年，都市更新机构管理着 85.55 万套住房，其中 47.83 万套住房位于东京都市圈（the Tokyo Metropolitan Area）。① 这占到都市更新机构全部住房总量的 55.9%，显示出高度的地域集中性（见图 4.25）。

**日本住房公团的优缺点**

　　日本住房公团开创了一种在日本被称为"新城开发"（new town development）的大规模居住区开发模式。它分别在东京都市圈和大阪都市圈兴建了"多摩新城"（Tama New Town）和"千里新城"（Senri New Town），二者都被认为是由私营部门实施的城市开发模式典范。通过这些项目，在城市中形成了多户住宅的生活方式，包括在住宅内设置浴室。类似"3DK"（意指带有独立餐厅和厨房的三卧室住房）这样的词语在 20 世纪 60 年代悄然流行。

　　但是，"随着私营开发商不断积累商业经营知识并在财务上变得更为强大"（Kanemoto 1997：637），日本住房公团的优势逐步削弱。

———————————

① 包括东京、神奈川县、千叶县、埼玉县。

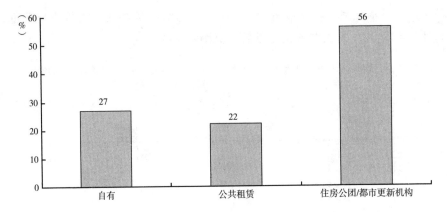

图 4.25　东京都市圈的占比

资料来源：（日本）总务省。

日本政府在 2001 年《内阁决议》（the Cabinet Resolution）中决定重组都市开发公团，同时还决定废除住宅金融公库。根据该决定，将削减都市开发公团的运营业务，其中包括新城开发以及一般性的租赁住房新建业务。

　　新设立的都市更新机构被要求对城市更新做出贡献，并希望能为私营部门及其他部门创造商业机会。该机构与日本住宅金融支援机构一起，正在为 2011 年 3 月 11 日遭受地震袭击的东北地区（the Tohoku region）的灾后重建增强支援力度。

#### 4.4.1.4　与住房市场相关的税收政策

**房产税和印花税**

房产税（property tax）是一种地方税种，按照土地和地上建筑物的评估价值征收 1.4%，另外还要根据评估价值向该处住房征收 0.3% 的城市规划税（city planning tax）。评估价值由地方部门决定，通常会低于市场价（Ito 1994）。[①] 2012 财年的房产税收入为 8.489 万亿日元（按 2012 年 3 月的汇率计算，大约为 1030 亿美元）。

过去，小户型住宅能获得房产税的优惠，即如果地上仍有建筑物，土地

---

① 根据内阁府（the Cabinet Office）统计，日本的土地价值是 1121 万亿日元（《2013 年国民账户》）。但是根据监督指导地方政府的总务省（the Ministry of Internal Affairs and Communications）的材料，2013 财年全日本的土地价值估计为 647 万亿日元，应税价值是 245 万亿日元。

的房产税率会降至评估价值的六分之一。这被认为是造成日本住房高空置率的原因之一。因为即便该处住房已无人居住并且最好是被拆除，但由于能享受到房产税的优惠，业主也不愿意放弃它。（2015 年修改了该规定，后面会述及。）印花税是在房产登记和转让环节收取。

### 针对按揭贷款的所得税扣减

日本在 1986 财年开始实行针对按揭贷款的所得税扣减政策。这与美国税制改革同年进行，但是扣减的机制有所差异。在日本，按揭贷款余额的 1% 可以从所得税中扣除。这与美国扣减按揭贷款利息的做法不同。在美国，从应税所得收入中扣除按揭贷款利息的支付，因此存在累退效应；由于所得税率是累进的，因而如果边际税率越高，能少缴纳的税额就越大。但在日本，由于从所得税中能扣除的是一个固定数额，因而边际税率不影响税收优惠幅度，这样相比，美国更缺少累退性。

另外还有很多与住房相关的税目，包括合同的印花税以及不动产取得税等。同样，对于住房相关活动也有许多免税规定。由于太过复杂，在此不再详述。

### 所得税扣减政策的目标收入人群

2015 年，有资格享受所得税扣减政策的收入上限是 3000 万日元。另一方面，根据大藏省（the Ministry of Finance）的规定，一个由丈夫、妻子和两个上学儿童组成的工薪家庭，最低应税收入是 261.6 万日元；如果家庭所得低于该标准，则无须缴纳所得税。这个水平略高于第 20 百分位的收入，这意味着收入最低的 20% 的人群无法享受所得税扣减政策，因为他们不用缴纳所得税。

## 4.4.2　日本 21 世纪的住房政策

### 4.4.2.1　从住宅金融公库到日本住宅金融支援机构

住宅金融公库最主要的失败之处在于没有很好地预料到提前偿还按揭贷款的影响。住宅金融公库的贷款有优惠性，对借款人有吸引力，因而管理层相信大规模的提前还贷现象不会发生。

日本住房按揭贷款的证券化起步于 1999 年，但是当政府决定缩减住宅金融公库的经营业务时，私营公司发行证券的市场规模还非常小，难以取代住宅金融公库的借贷。房地产行业强烈要求日本保留 35 年期、可提前还贷的固定利率按揭贷款市场。基于这种背景，政府决定创设日本住宅金融支援

156

机构。

日本住宅金融支援机构不在一级借贷市场发放按揭贷款。相反，它购买由私营银行和抵押贷款银行发放的固定利率按揭贷款，然后将这些贷款打包装进抵押贷款支持证券（mortgage-backed securities，MBS）。日本住宅金融支援机构不再在一级市场与私营银行竞争，而是通过二级市场的操作，资助各种银行发放固定利率的按揭贷款。它也不再靠财政补贴，但在 2014 财年净收入创下了 2820 亿日元的新高（见图 4.26）。

157

日本住宅金融支援机构发行一种 35 年期、固定利率且可提前偿还的抵押贷款支持证券（MBS）。如果借款人提前偿还按揭贷款，抵押贷款支持证券（MBS）的余额也按比例相应减少。这种穿透特性的目的是将提前还贷的风险转移给 MBS 的投资者，而这些投资者比公共机构对市场环境有着更深的了解。日本住宅金融支援机构保证按时向 MBS 投资者偿付本金和利息。日本住宅金融支援机构对借款人的信用风险做担保。

|  | 住宅金融公库 | 日本住房金融支援机构 |
|---|---|---|
| 成立年份 | 1950 年 | 2007 年 |
| 所有权 | 100% 由日本政府所有 | |
| 使 命 | 向中低收入家庭的按揭贷款提供流动性;提升居住品质 | |
| 主要产品 | 固定利率按揭贷款 | |
| 主要业务 | 在一级市场发放按揭贷款(与私营银行竞争) | 二级市场操作(支持私营部门) |
| 主要资金来源 | 从政府借入(大藏省的财政投融资体制) | 抵押贷款支持证券(MBS) |
| 补 贴 | 有 | 没有(只有本金) |

**图 4.26 住宅金融公库与日本住宅金融支援机构的区别**

注：日本住宅金融支援机构仍然会向一些特殊个案发放按揭贷款，比如灾害救助。在这些个案中，该机构仍然需要从大藏省的财政投融资体制获得资助，并从一般拨款中获得补贴。

资料来源：日本住宅金融支援机构。

日本住宅金融支援机构的 MBS 在结构上与欧洲债券有一些相似之处。该机构将抵押资产保留在其资产负债表中，并承诺将这些资产作为 MBS 的抵押。如果日本住宅金融支援机构面临破产或其他类似重大不利情形，抵押资产将立即与其资产负债表分离，并转移给一家信托机构①，保管人将会把相关资产的现金收益分配给受益者（见图 4.27）。日本住宅金融支援机构之

---

① 该信托机构是独立于 MBS 发行者的法人，在证券化交易中承担"破产隔离"的功能。

所以保留抵押资产，是因为它需要尽量减少损失，其中包括无限制地修改陷入困境的借款人的贷款合同。

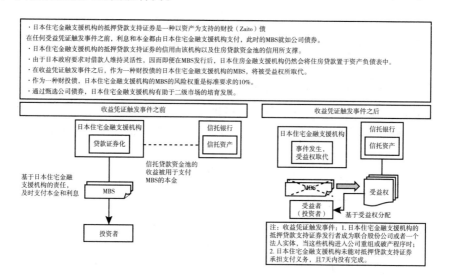

**图4.27　日本住宅金融支援机构的抵押贷款支持证券的结构**

资料来源：日本住宅金融支援机构。

这种结构已经被证明是有效的，它不像通常的证券化结构将资产从发起者转移到特殊目的机构（special purpose vehicle）以达到破产隔离的目的。通过将资产保留在其资产负债表中，并且为借款人的信用风险提供担保，日本住宅金融支援机构要对抵押资产的品质保持警惕，因而也就不像美国私人机构债券，尤其是次级贷款，经常被批评为激励机制不健全或者存在严重的道德风险。同时，日本住宅金融支援机构不会受到提前还贷风险的影响。在这方面，该机构的MBS综合了美国机构MBS和欧洲债券的特点。

这些精心设计的结构激起了投资者的信心，因而日本住宅金融支援机构的MBS已经赢得了日本资本市场标杆的声誉。根据日本银行公布的数据，到2015年6月，日本住宅金融支援机构的贷款余额是11.2万亿日元，而私人机构证券的余额只有7.8万亿日元。

截至2015年8月，日本35年期固定利率按揭贷款的利率是1.58%。根据日本住宅金融支援机构在二级市场的操作，由私营贷款机构发放的按揭贷款产品被称为"Flat 35"（在长达35年的贷款期限内利率是固定的，也就是

"平的"）。

### 4.4.2.2　住房基本法

日本住宅金融支援机构取代住宅金融公库，凸显了日本政策环境的变化；第二次世界大战结束后的住房政策，起初旨在大规模增加住房供应的目标在 20 世纪就已实现，随后住房政策的焦点转向了居住品质。前已述及，日本的人口结构也发生了巨大变化，这迫使住房政策做出回应。

在这种背景下，《住房基本法》（the Basic Act for Housing）于 2006 年 6 月 8 日颁布。政策变化的精髓由数量转向品质，并且废除了五年计划。该法规定了下列内容作为住房政策的基本原则：

（1）提供安全、安心且高品质的住房和居住环境；

（2）建立一个理想的住房市场环境；

（3）为难以获得住房的人群建立一个住房安全网络。

日本的住房政策非常全面，我们无意对所有这些政策统统做出阐释。详细内容可以参见日本建筑中心（Building Center of Japan 2014）的研究。在此，我们着重讨论与老年人口、住房节能、促进存量住房交易以及东日本大地震灾后重建工作相关的政策内容。

**帮扶老年人**

日本正经历一个前所未有的老龄化时期。老年人通常比劳动年龄人口的活动能力更差，因而这些人群居住的住房必须在无障碍等方面具备一些特别的构造。为应对这些挑战，2001 年颁布了《稳定供应老年人住房保障法》（the Act on Securement of Stable Supply of Elderly Persons' Housing）（2001 年第 26 号法案），随后在 2011 年做了修订，并且将若干针对老年人的方案整合进了向老年人提供支援服务的住房登记系统（the registration system for Housing with Support Services for the Elderly）。

提供相关设施的企业单位或个人可以获得一些优惠，包括补贴建筑成本、所得税应税加速折旧、房产税减免等。出于这种目的，日本住宅金融支援机构也会向建造或购买此类住宅的人提供按揭贷款。

**提高住房的节能性能**

如果以单位 GDP 的能耗来衡量，日本是最节能的经济体之一。然而，二氧化碳排放的减少主要是在工业部门，在住房部门仍需做出更大努力。在 2011 年 3 月 11 日东日本大地震引发的福岛核电站事故后，许多核反应堆被关闭了，如何进一步提高节能性能也就变得更为重要了。

日本在提高节能性能方面采取了许多政策措施，其中包括税收优惠。广为使用的工具之一是"生态点"（Eco-points），即当人们购买或修缮某处住房使之满足特定标准后，就可以获得一张最高相当于 30 万日元的券。

日本住宅金融支援机构的借款人如果购买符合该机构设定的节能标准的住房，也能获得利率优惠。优惠幅度取决于财政支持力度，比如在 2015 年 8 月，优惠幅度是最初 5 年的贷款利率为 0.6%（0.6% 是经济刺激计划背景下的例外情形，通常是 0.3%）。2015 年 8 月，日本住宅金融支援机构的贷款，在起初 5 年也会低至 0.98%，而剩下 30 年为 1.58%。

**促进存量住房交易**

如前所述，日本的存量住房交易量（占新建住房开工量的比例）相比其他发达经济体要更小。原因之一是日本的住房寿命更短，因而新建工程更多。日本被拆除房屋的平均寿命估计在 30 年以下。不过，这并不意味着新建住房的耐久性也这样。这些住房的寿命期会更长，也许能到 100 年左右。

日本住房拆除率较高的一个原因是租赁型住房的比重比美国高。1951 ~ 2014 年，日本开工建造了 6990 万套住房，其中 41% 是租赁型住房。在日本，租赁型住房的寿命要比自住型住房更短（见图 4.28）。租赁型住房通常是由富裕的老年人出资建造，其重要背景是通过借贷按揭贷款可以减少缴纳遗产税。将近 70% 的租赁型住房是由此类人群建造的，而剩下的 30% 由公团或其他机构建造。

161

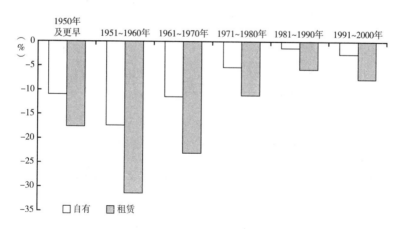

**图 4.28 按建成年代划分的拆除房屋比例（2008 ~ 2013 年的变化情况）**

资料来源：日本政府内阁府。

　　另外，购房者对新房有强烈的偏好，这在一定程度上与文化有关。而且随着技术不断进步，新房通常拥有更好的设施。要衡量存量住房的质量并不容易，因而潜在的购房者会认为透明度不够。由于日本对存量住房没有强制检测的要求，所以一直没有评判存量住房质量的标准。

　　东京都市圈存量公寓的价格有所上涨，但与新建公寓相比，仍然被低估了（见图4.29）。

　　为提振购买者的信心，日本国土交通省（MLIT）实施了一些提高存量住房品质进而促进交易的措施。但日本同时需要加快拆除未使用的空置住房的进度，这听起来可能会有些矛盾。2013年10月，日本有820万套空置住房。其中一些住房空置是由于其被作为第二居所。但是，还有很多住房空置是因为业主已经去世而继承人置之不理。其中一些房屋损毁非常严重，出现了坍塌或被捣毁的情况，对邻近社区带来了负面影响。

162

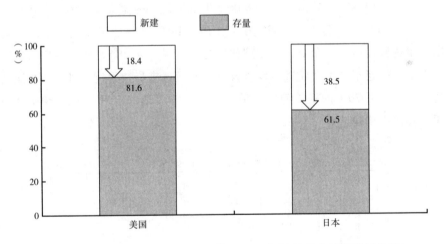

**图 4.29　存量住房与新房的价格比较（2004年至2015年6月的平均数）**

　　注：美国的数据是指每套独栋住房的价格，而日本的数据是指东京都市圈每平方米公寓住房的价格。

　　资料来源：美国商务部；（美国）全国房地产经纪人协会；日本不动产研究所；（日本）不动产经济研究所有限公司。

　　在20世纪，居住类房屋的房产税减少了不少。这样做既是通过向家庭建房提供激励以促进土地的高效利用，又是一种帮扶，毕竟住房是家庭生活的基本和必要资产。但是，情况发生了变化。不再适合居住的老旧住房没有被拆除，只是因为如果地上建筑物被拆除，房产税率就会提高。为了清理这些破旧的存量住房，2014 年颁布了新的法律，要加快拆除这些空置房屋。

一些激进的倡议者坚持认为日本应该限制新建住房的数量，以促进存量住房交易。但是，从节能或抗震性能角度看，存量住房的质量与新建住房难以比拟，估计有超过 1100 万套的住房无法达到抗震标准。尽管已经采取了一些政策手段，希望通过改造来提高这些地上建筑物的质量，但这也无法覆盖所有的 1100 万套住房，因而其中一部分在一定程度上只能通过新建来取代。

考虑到日本已经取消了住房建设的五年计划的历史背景，住房政策更加以市场为导向，因而要控制住房供给就相当困难了，而且计划经济体制在日本房地产行业也不受欢迎，可能对其他政策的执行带来负面影响。

日本可能会从促进新房建设转向促进存量住房交易，但这种转变只会循序渐进地推进，既要适当关注宏观经济的影响，又要注重保护居住于其中的居民的正常生活。

**东日本大地震的恢复重建工作**

2011 年 3 月 11 日发生的东日本大地震是一场史无前例的自然灾害，里氏 9.0 级在日本历史上是最高的震级。根据日本总务省消防厅（the Fire and Disaster Management Agency）公布的数据，截至 2015 年 3 月 1 日，共有 19225 人遇难，2614 人失踪。同时，127830 套住房被完全摧毁，另有超过 100 万套住房部分损毁。据日本复兴厅（the Reconstruction Agency）公布的情况，截至 2015 年 2 月 12 日，共计疏散了 228863 人。灾后恢复重建成为日本最重要的政策议题。

在住房方面，日本国土交通省立即采取行动加快建设应急临时房屋。截至 2015 年 3 月 1 日，共完成 53194 套临时住房建设。许多房子被高达 130 英尺的超级海啸冲垮。为了避免类似灾害发生，许多沿海的住房都需要被重新安排到更高的地方。

日本住宅金融支援机构与现有的借款人针对重新安排未偿付按揭贷款的问题展开了磋商，并向打算购买或建造住房的人提供了新的特别优惠按揭贷款（见图 4.30）。为了降低利率，日本住宅金融支援机构额外获得了来自政府的补贴和来自财政投融资体制的资助。

164

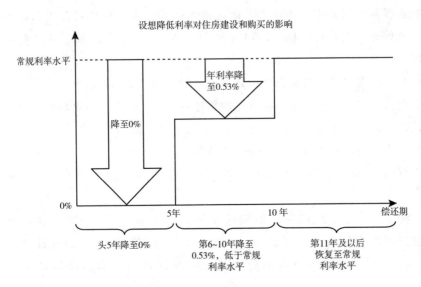

图 4.30　援助受灾人群

资料来源：日本住宅金融支援机构。

## 4.5　未来的挑战

### 4.5.1　日本的经济挑战

由于日本央行的特别货币政策，日本经济正在从长达 15 年的通货紧缩中逐步恢复（见图 4.31），但是目标通货膨胀率（2%）能否持续仍然是一大挑战。它取决于工资能否增长，以促进需求并增强普通工人的购买力。日本政府正在要求一些行业领导者主动解决这个问题，也有一些蓝筹公司（blue-chip company）做出了回应。但要扩散到众多中小企业还需要一些时间。

通货紧缩是日本经济陷入恶性循环的原因之一，所以如果能成功克服，经济将会重新回到持续增长的轨道上。其中一个挑战在于，人们一直认为，由于人口规模在不断减少，日本经济很难摆脱通货紧缩。这种悲观论调在日本学术界特别流行，这些研究者坚持认为当前房价回升只不过是日本银行在量化加质化货币宽松政策（quantitative and qualitative monetary easing policy）下大量供应货币而催生的泡沫而已。

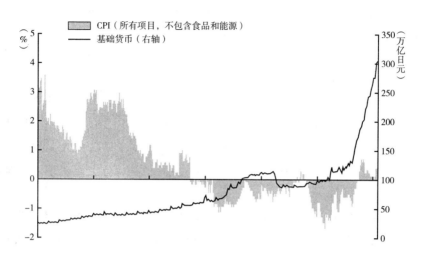

图 4.31　消费者价格指数与基础货币

资料来源：日本银行；总务省。

　　房价下降会损害金融机构的资产负债表，减少经济活动贷款，或者在最坏的情况下造成信用短缺。随着人口老龄化程度不断加深，反向抵押贷款的重要性将会凸显，能补充国民养老金体系。反向抵押贷款可以让一部分老年业主受益，这些老年人拥有住房产权，但没有足够的现金流。反向抵押贷款能让这些业主享受更殷实的生活。但是，如果房价继续下跌，金融机构将很难拓展反向抵押贷款业务。

　　如果私营机构无法拓展反向抵押贷款业务，政府就有必要协助推进，就像美国联邦住房管理局（the Federal Housing Administration）在"住房产权转换抵押贷款方案"（the Home Equity Conversion Mortgage program）中的作为一样。如果日本采取类似措施，则会出现一些财政成本。作为民主社会，类似措施的受益情况需要接受财政纪律的规范。

### 4.5.2　日本按揭贷款市场的挑战

　　截至 2016 年 2 月，在日本住宅金融支援机构资助的 Flat 35 贷款框架中，35 年期固定利率按揭贷款的利率低至 1.48%。即便排除通胀率的差异，也比美国 30 年期固定利率按揭贷款的利率要低很多（见图 4.32）。但是，固定利率按揭贷款在日本不像在美国那么流行，美国绝大多数借款人都会选择固定利率按揭贷款。

要预测未来的利率走向是不容易的，尤其是如果日本央行取消当前的货币宽松政策。货币政策正常化对美国联邦储备银行来说也是一项挑战，但是根据许多市场观察人士的看法，日本央行最大的可能性是学习美联储，后者已于 2015 年 12 月取消了货币宽松政策。

美国发生次级抵押贷款危机的原因之一是混合型浮动利率抵押贷款（hybrid adjustable rates mortgage，ARMs）的供款震荡（the payment shock），尤其是 2/28 混合型浮动利率抵押贷款①；随后许多次级借款人出现拖欠和违约。② 在吸取这些教训后，美国的借款人变得更加保守，也更愿意选择固定利率的抵押贷款。③

在日本，极低的利率已经持续了十多年，因而很多人都相信日本的利率在不远的将来不会上升。日本的银行在按揭贷款的担保方面比美国要更加谨慎。在计算债务与收入的比率之时，日本的许多银行使用的利率要比浮动利

167

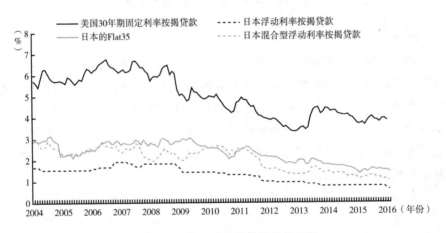

图 4.32　日本和美国的按揭贷款利率

资料来源：日本住宅金融支援机构；美联储。

---

① 这些抵押贷款产品，起初 2 年的利率是固定的（通常会低至一个"诱惑利率"以吸引不成熟的借款人），随后根据市场利率进行调整。

② 在美联储开始提高联邦资助率的目标区间后，次级抵押贷款的规模在 2004 年迅猛增加。2006 年，在重新设定 2/28 混合型浮动利率抵押贷款利率时，市场利率已经远远高于这些抵押贷款产品发行时的水平。

③ （美国）消费者金融保护局（the Consumer Finance Protection Bureau）是美国新成立的一个监管机构，要求贷款人针对浮动利率抵押贷款的风险向借款人提供更详细的信息，这也有助于更多人选择固定利率抵押贷款，因为贷款人不愿意为了遵守这些要求而浪费时间和金钱。

率抵押贷款的名义低利率要高很多。但是，如果日本经济摆脱了通货紧缩以及如果其货币政策实施正常化之后，很难预料利率上升的幅度。

### 4.5.3　日本抵押贷款支持证券（MBS）市场的挑战

自 2006 财年以来，日本住宅金融支援机构每年发行的 MBS 规模约为 2 万亿日元，但是自从 2006 财年达到顶峰之后，私营部门发行的 MBS 规模有了明显下降（见图 4.33）。但这并非因为日本住宅金融支援机构挤占了私营部门的空间，而是因为管制和市场环境已经变得对私营部门更加不利了，就像美国的情况一样。

按照"巴塞尔Ⅱ协议"（the Basel Ⅱ Accord）实施资本要求的规则后，作为证券化的内部信用加强结构中最次级的种类，在采取标准化方法时，权益部分要求银行需要拥有相等数额的资本。这使许多日本银行对证券化交易兴趣锐减，因为它们很难再通过证券化来增加利润。日本的绝大多数银行都以存款方式留用充足的流动性，不会面临流动性受到制约的情形，因而也就没有激励将其资产进行证券化的措施，除非能从中发现好处。以往的一个好处就是在证券化中能识别利润，而现在这已经不再适用了。

另一个影响私营证券的负面因素就是次贷危机之后，证券化背上了坏名声：证券化作为一种传导机制，将美国不良担保的次级抵押贷款引发的信用风险扩散到了全球金融市场。许多 3A 级私营证券被降级，价格暴跌。

168

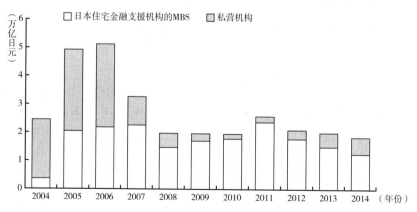

**图 4.33　抵押贷款支持证券的发行规模**

资料来源：日本证券交易商协会。

危机之后，全世界的监管者都对证券化提出了更加严苛的标准。其中一项措施就是强行推行风险自留规则（a risk retention rule），要求证券发行者必须保留标的资产一定比例的信用风险，这在美国的《多德-弗兰克法案》（the Dodd-Frank Act）中就有相关规定。监管详情尚不清楚，但是那些害怕被指控违反陈述与保证条款（representations and warranties）的人将会奔向其他机构（比如房利美、房地美和吉利美），因为它们提供了安全的"港湾"。

169 　　购买私营证券而造成亏损的投资者也不愿意再度购买它们，因为他们要更加不厌其烦地向其所有者解释为什么投资于此类工具。

　　振兴私营证券市场仍然面临很大的挑战。为帮助私营贷款人将其抵押资产进行证券化，日本住宅金融支援机构正推行一种所谓的"担保方案"（guarantee program），即为抵押贷款提供保险，就像美国联邦住房管理局通过吉利美为 MBS 提供担保一样。

### 4.5.4　资产担保债券（covered-bond）立法

2008 年，日本一家私营银行曾试图发行结构化的资产担保债券，但是在金融市场动荡时期难以实现。自那以后，人们为倡议在日本对资产担保债券立法付出了许多努力。

　　在私营的证券化过程中，相关资产的信用风险被转嫁给投资者，于是发行者经常因道德风险而受到指责。与之相反，资产担保债券在发行时就明确了贷款人的直接责任，因而贷款人保留了相关资产的信用风险。在这方面，由于对贷款人的激励有更好的安排，因而相比发行 MBS，在发行资产担保债券时会更加谨慎。

2014 年 7 月，日本金融厅（the Financial Service Agency）拒绝了一个行业群体提出对资产担保债券进行立法的请求，其理由是没有对此立法的紧迫要求，而且日本的金融体系足够健全，即便没有此类债券，也能募集到资金。

## 4.6　日本的经验教训

　　日本经历最重要的教训就是，政策制定者应该对房地产泡沫的监测和防范保持高度警惕。日本的案例已充分证明，金融泡沫迟早会破灭，其后果是对经济造成严重破坏，而这种情形在美国又再次出现。不过，应对泡沫破灭所做出的政策反应与监测泡沫一样重要。在雷曼兄弟公司申请破产倒闭后，美联储果断及时做出反应，向资本市场注入流动性，避免了美国经济陷入长期通缩。美国的许多经济指标，包括 GDP、工业生产、就业数量以及股票价格等，都已经恢复到了雷曼兄弟公司危机之前的水平。这要归功于美联储非凡的货币调节工作，而这与日本 20 世纪 90 年代初的情形正好相反。在房价下跌时，社会舆论强烈支持日本银行采取行动惩罚泡沫，尽管它已经破灭。

170

一旦进入通缩，就很难摆脱，这就像 Bullard（2010）所说的"非预期的稳态"。许多发达国家和一些新兴经济体都面临与日本相似的人口挑战。如果房地产泡沫与人口红利期重合，那么泡沫破灭之后可能紧随而来的就是工作年龄人口占比的下降。在这种情形下，一些提高住房可负担性的政策措施可能会通过强化通缩的恶性循环带来意料之外的结果。

到日本的游客不断增多的原因之一，是政府为吸引外国人做出了许多努力，包括放宽一些国家的签证入境要求。另一个主要原因是日元相对外国货币不断贬值，尤其是过去 3 年对美元的汇率不断下降。日元疲软使日本的房地产对外国投资者而言更加便宜了，从而推高了一些大城市的房价，尤其是东京。

对新兴市场而言，一个教训是政府融资机构（government financial institutions，GFIs）在抵押贷款市场发展的初期可能有效，但是很难持续。

一些亚洲的政府金融机构在抵押贷款的一级市场运营，另有一些在二级市场操作。在有些亚洲国家，通过补贴能得到固定利率抵押贷款，但在通常情况下，亚洲绝大多数抵押贷款产品是浮动利率型的（ARMs），日本除外。如果一个国家抵押贷款的一级市场和二级市场都有政府金融机构，前者会压倒后者，譬如泰国、菲律宾和印度尼西亚（见图 4.34）。

在日本，作为一级市场政府金融机构的住宅金融公库就于 2007 年被二级市场政府金融机构的日本住宅金融支援机构所取代。日本抵押贷款市场这种提高效率的转型较为成功，因为日本住宅金融支援机构不再依赖政府补贴，而住宅金融公库过去要从政府得到相当于 GDP 的 0.1% 的补贴。

但是，日本的经验可能不能直接适用于亚洲其他国家的政府金融机构。

菲律宾的抵押贷款市场结构与泰国相似。两国在一级市场都有强势的政府金融机构，但是二级市场的政府金融机构都得努力争取市场份额，而且相比一级市场的政府金融机构更加缺乏竞争力。现在，这些一级市场的政府金融机构都有很好的市场声誉、金融地位和政治支持，因而都不愿意被缩减，类似于日本政府决定缩减住宅金融公库并用日本住宅金融支援机构取代它的情况。

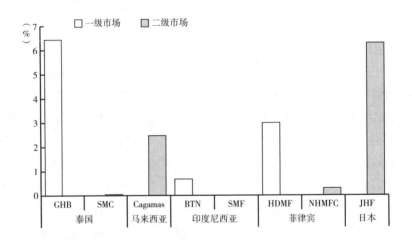

**图 4.34　亚洲国家的政府金融机构规模与 GDP**

注：BTN 是（印度尼西亚）国家储蓄银行；GHB 是（泰国）政府住房银行；HDMF 是（菲律宾）住房发展共同基金；JHF 是日本住宅金融支援机构；NHMFC 是（菲律宾）全国住房抵押贷款金融公司；SMC 是（泰国）第二按揭公司；SMF 是（印度尼西亚）房贷融资公司。

资料来源：日本住宅金融支援机构（Japan Housing Finance Agency 2014：9）。

抵押贷款资产的证券化仍然只是补充性的资金来源，不仅对商业银行如此，对除日本和马来西亚以外的亚洲许多政府金融机构也是如此。资产担保债券很引人注目，一些国家也提出要对此类债券立法。在这个方面，新加坡和韩国是亚洲的先行者。

　　二级市场的政府金融机构要拓展业务，很重要的事情是为其产品开拓出特有的分销渠道，而且其产品必须有别于竞争对手。推动资本市场发展以吸纳抵押贷款支持证券（MBS），是总体战略的一个组成部分，意在通过竞争性利率拓展固定利率抵押贷款业务。实施该项战略的选择若干，包括扩大政府对融资机构（GFIs）发行的抵押贷款支持证券的担保，与此同时，在监管方面给予优惠，也可以要求央行接受一些抵押贷款支持证券，这些抵押贷款支持证券是回购协议交易或直接购买的抵押品。

## 4.7 结论

第二次世界大战以后，日本的住房政策聚焦于面向广大群体增加供应数量以及公共租赁住房。日本住房公团（现在的都市更新机构）和住宅金融公库（现在的日本住宅金融支援机构）就是实现相关目标的机构。住房规模的恢复较为成功，但是 20 世纪 90 年代初，房地产泡沫破灭对经济造成了很大的负面影响，并且使日本人民一直缺乏信心，这种情形还被通缩和人口的不利因素（人口总量下降及老龄化）所恶化。

提升居住品质是日本住房政策的重要组成部分。与此同时，还需要关注新建住房以及存量住房的更新改造。

许多发达经济体，尤其是欧洲的经济体，都将在不远的将来面临类似的人口挑战。而且，尽管欧洲央行在 2014 年对存款实行了负利率，但 2016 年一些欧洲国家还是处在通缩的边缘。日本在这一方面的经历提供了一定的启示，尤其是在货币政策方面。

日本在抵押贷款市场方面也经历了巨大转型。从一级市场转向二级市场是有效的，无论是商业模式方面，还是筹资机制方面。除了美国，日本是发展抵押贷款支持证券（MBS）市场最成功的国家之一。日本的经历对亚洲新兴经济体有不少启示，这些经济体在抵押贷款的一级市场都有政府融资机构（GFIs）。

日本仍然处于社会实验之中，需要密切监测市场趋势的变化，并通过信息交流帮助有关各方。

173  **参考文献**

Building Center of Japan. 2014. *A Quick Look at Housing in Japan.* https://www.bcj.or.jp/form/mail.cgi?id=quicklook02

Bullard, J. 2010. Seven Faces of "The Peril". *Federal Reserve Bank of St. Louis Review* 92 (5): 339–352.

Ito, T. 1994. Public Policy and Housing in Japan. In Y. Noguchi and J. Poterba, eds. *Housing Markets in the U.S. and Japan.* Chicago, US: University of Chicago Press. 215–238.

Japan Housing Finance Agency. 2014. *Housing Finance Markets in Southeast Asian Countries.* Tokyo: Japan Housing Finance Agency.

Kanemoto, Y. 1997. The Housing Question in Japan. *Regional Science and Urban Economics* 27: 613–641.

# 第五章

# 新加坡的住房政策

潘淑莹　马蒂亚斯·赫布尔

## 5.1　引言

　　2015 年，新加坡的总人口是 554 万人，其中 338 万人是公民，53 万人是永久居民，163 万人是外国人。国土面积为 719 平方公里，其中 1/5 是围垦地。土地资源稀缺和人口密度高（每平方公里 7600 多人）为国家在土地所有制以及住房供应中占据主导地位提供了依据，因而（新加坡政府）对住房行业实施了深度干预。自 20 世纪 90 年代初以来，居民的住房自有率已经超过 90%。在就业的居民家庭中，2014 年家庭工资收入的中位数是每月 8292 新加坡元[①]，或者说每年 99504 新加坡元。[②] 较普通的房型是由政府住房机构——新加坡建屋发展局（the Housing & Development Board，HDB）在 99 年租约基础上出售的四居室公寓（大约 90 平方米）。2015 年，中位数房价与家庭年收入的比率估计在 5.0（Demographia 2016）。

　　表 5.1 反映了新加坡人口总量的增长以及国籍组成的变化情况。外国人占新加坡总人口的比重有显著增加，从 1990 年的 10% 上升至 2000 年的 19%，在 2015 年达到 29%。永久居民（不是公民）占 10%，公民的比重是 61%。由于新加坡的住房市场是根据家庭的国籍情况而高度分割的，因而，这些人口组成结构变化的统计数据与住房政策息息相关。

---

① 统计数据来自新加坡政府机构网站和新加坡统计局（2015）。
② 2016 年 7 月 18 日的汇率是 1.35 新加坡元 = 1 美元。

175

表 5.1　新加坡的人口、国土面积和人口密度（1970～2015 年）

| 年份 | 国土面积（平方公里） | 人口密度（每平方公里） | 总人口 | 新加坡居民 | 外国人的比例（%） |
|---|---|---|---|---|---|
| 1970 | 586 | 3540 | 2074507 | 2013563 | 3 |
| 1980 | 618 | 3906 | 2413945 | 2282125 | 5 |
| 1990 | 633 | 4814 | 3047132 | 2735868 | 10 |
| 2000 | 683 | 5897 | 4027887 | 3273363 | 19 |
| 2010 | 712 | 7130 | 5076732 | 3771721 | 26 |
| 2015 | 719 | 7698 | 5535002 | 3902690 | 29 |

资料来源：新加坡政府，新加坡统计局。

　　在自治政府于 1959 年举行首次大选以及 1965 年独立以来的几十年里，新加坡一直由人民行动党（the People's Action Party, PAP）执政。成功的公共住房政策是"人民行动党……在新加坡人民中建立其合法性的……基石"（Chua 1997，序言）。在这个较为独特的住房体系中，2015 年有 75% 的存量住房被归类为"组屋"（public housing），主要由建屋发展局建造；82% 的居民居住在建屋发展局的房屋中，其中 79% 的人居住在出售的公寓中。在中央公积金（Central Provident Fund, CPF）于 1968 年被允许用于支付组屋的首付款和按揭贷款后，对住房所有权的需求主要由住房金融体系所驱动。

　　20 世纪 60 年代创建的建屋发展局 – 中央公积金框架（the HDB-CPF framework）已经让新加坡的城市形态发生了巨大变化，而且该框架在 50 年里基本保持不变。1960～2013 年，住宅投资占国内生产总值（GDP）的平均比重为 7%，住宅投资占全部投资的平均比重为 23%（见图 5.1）。与其

176

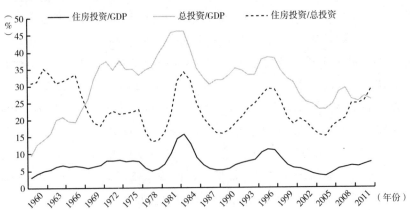

图 5.1　新加坡的住房投资比重（1960～2013 年）

资料来源：新加坡政府，统计局网站。

他国家相比，这些比重偏高，这也反映出政策重心和资源向住房行业倾斜。

只有居民才能租赁和直接购买（每户家庭一套）由建屋发展局建设的组屋，目前租赁组屋的家庭月收入上限是 1500 新元，直接购买的上限是12000 新元。作为一种面向居民家庭的公私合作住房项目，执行共管公寓计划（the Executive Condominium Scheme）的家庭月收入上限是 14000 新元。建屋发展局组屋的再次出售可以面向居民和新加坡永久居民（Singapore permanent residents，SPRs）。但是，建屋发展局在调整住房补助时，会考虑公民身份、婚姻状况、与父母居住地的距离以及购房家庭的收入等因素。私人住房部门的交易主要来自高收入的新加坡居民、新加坡永久居民、外籍人士以及外国投资者。表 5.2 说明按照居住类型和家庭平均每月收入划分的家庭分布情况。在 2014 年的 120 万户居民家庭中，80% 居住在建屋发展局建造的房屋中。

**表 5.2　按照居住类型和家庭收入划分的新加坡居住家庭分布情况（2014 年）**

| 居住类型 | 居民家庭（%） | 家庭住户平均每月收入（新元） |
| --- | --- | --- |
| 加总 | 1200000 = 100 | |
| 建屋发展局组屋小计 | 80.4 | |
| 一居室和二居室 | 5.3 | 2313 |
| 三居室 | 18.3 | 5805 |
| 四居室 | 32.2 | 8293 |
| 五居室和行政公寓 | 24.4 | 11606 |
| 私人住房类型 | | |
| 共管公寓及其他公寓 | 13.5 | 19843 |
| 有地住宅 | 5.8 | 27363 |

注：根据 2015 年房地产交易数据，建屋发展局各类住房的平均面积估计值：一居室为 33 平方米；二居室为 45 平方米；三居室为 73 平方米；四居室为 96 平方米；五居室为 115 平方米。私人住房在面积和设施方面差异更大。

资料来源：新加坡政府，新加坡统计局（2015）。

随着时间的推移，为应对不同的挑战，新加坡的住房政策一直在不断发展。Phang（2015c：12）认为："在 20 世纪 60 年代，自治政府的政治动荡、与马来西亚的合并以及意想不到的独立，都不利于吸引长期投资。在住房方面，政府面对的情况是，大量外来移民以及人口快速增加，住房严重短缺，而私营部门无论是资源还是能力都不足以提供合适的解决办法。"之前英国殖民政府在城镇规划及供应租赁房和公寓等方面采取的一些措施，都被证明是完全不合适的。由新加坡改良信托局（the Singapore Improvement Trust）[1]建造的公共住房在 1959 年只容纳了总人口的 8.8%，其余大量人口都居住在战前实施租金管制的拥挤不堪的公寓里，缺乏饮用水和现代卫生设施。还有一些人的居住条件则堪比现在的贫民窟。由于缺乏足够的住房，新当选的政府将大规模地供应住房置于优先位置。政府基于三大支柱发展其住房政策：1960 年成立建屋发展局，1966 年颁行《土地征收法》（the Land Acquisition Act），1968 年将中央公积金扩展为一家住房金融机构。

178

到 20 世纪 70 年代，由建屋发展局–中央公积金组成的住房框架代表了一个高度融合的土地供应和金融体系，高效地将资源引导至住房行业。由于建屋发展局–中央公积金体系较好发挥了作用，住房短缺问题在 20 世纪 80 年代就得到了解决。到了 20 世纪 90 年代，面临的挑战是对老旧住房进行更新改造以及为组屋交易建立一个市场，让居民能获得更大面积的组屋或私人住房以改善居住条件。另外，还对需求侧采取了住房补助方式的补贴措施。住房政策在最近（2000 年以来）面临的挑战包括抑制投资投机性的住房需求，收入分配差距有所拉大，以及人口老龄化。面对这些挑战，新加坡政府采取了一些精心设计的宏观审慎政策，向中低收入群体提供住房补助，以及帮助老年人家庭对其住房产权进行货币化处置。[2]

## 5.2　1966 年《土地征收法》

新加坡以前是英国的一个殖民地，1959 年作为自治政府（self-governing state）首次举行大选，1963 年加入马来西亚联邦（the Federation of Malaysia），1965 年成为一个独立的共和国。在独立前，新加坡处于住房严重短缺的境况，到处都是拥挤不堪的贫民窟和棚户区。正是在这段政治不稳定和住房危机时期，通过了一些有关城市和住房行业转型的立法和修正案。由于认识到

---

[1]　有关新加坡改良信托局以及 20 世纪 60 年代和 70 年代涉及住房发展的其他公共机构的描述，请见 Phang（1992：第三章）。

[2]　相关历史记载以及住房政策的变迁，参见 Phang（1992，2007，2015c）。

公共住房政策取得成功的前提条件是获得廉价的土地，因而政府在 20 世纪 60 年代初对修改国家征收土地的法律问题倾注了较多心血。1966 年《土地征收法》是新加坡住房政策和经济发展的关键措施，对收入再分配也施加了重大影响（Phang 1996，2015a）。

1964 年，立法会讨论了《土地征收法案》（the Land Acquisition Bill）。当时新加坡还是马来西亚联邦的一部分。时任总理李光耀（Lee Kuan Yew）解释说，确定政府为获得土地而提供补偿的思路就是不能让经济方面的意外之财被土地拥有者所攫取（新加坡议会报告，1964 年 6 月 10 日）：

> 首先，任何私有的土地所有者都不应该从公共支出的发展中受益； 179 其次，公益征收的价格不能高于在政府不考虑该区域整体发展情况下的土地价值。①

但是在土地征收方面，李光耀总理所阐发的观点与《马来西亚宪法》（the Malaysian Constitution）第 13 条的规定不相一致，该条款赋予了公民在强制征收情形下获得适当补偿的权利。在 1965 年 8 月实现独立后，新加坡国会（the Singapore Parliament）全盘接受了《马来西亚宪法》所有关于基本权利的内容，但第 13 条例外。

1966 年颁布的《土地征收法》赋予了国家获得土地的广泛权力：

（a）出于任何公共目的；

（b）由任何人、公司或法定团体出于在政府看来是公共福利、公共事业或公共利益方面的工作或任务；或者

（c）出于任何居住、商业或产业目的。

土地拥有者不能反对这种决策，而且有关赔偿的申诉只能提交给一个申诉委员会（Appeals Board），而不能诉诸法院。起初，几乎所有合法的土地所有者都对赔偿金提出上诉，然后在 1973 年提出了一个法定日期（a statutory date）的概念。李光耀总理说（K. Y. Lee 2000, 118 - 119）：

> 后来，我进一步修改了法律，让政府有权出于公共目的按照 1973 年 11 月 30 日的固定价格获得土地。我看不出有任何理由能解释为什么

---

① 可参见（新加坡）宜居城市研发中心（Centre for Liveable Cities 2014：12 - 18）。

私人的土地所有者应该从经济发展中带来的土地增值和用公共资金支付的基础设施中获利。

1975～1990 年，GDP 的年均增速是 8%。私人住房价格指数的实际年均增速是 10%。土地价格本来应该会比房价增长幅度更大。然而，许多私人土地所有者无法实现这么高的回报率，因为政府获得土地不是根据市场价格，而是依据 1973 年较低的固定价格或者那个时期大部分时间的市场价格给予补偿。1973～1987 年，补偿的上限是 1973 年的价格水平，对于市场估价或者土地所有者的购置价格不提供任何补助。个别例外要根据具体情况一事一议。

新加坡后来在获取土地方面采取了更加市场化的补偿方式。随后对《土地征收法》的几次修改先后将补偿估价的法定日期变更为 1986 年 1 月 1 日、1992 年 1 月 1 日和 1995 年 1 月 1 日。2007 年，国会废除了使用历史法定日期的做法，从此以后补偿就完全依据市场价值。

国有土地占全部国土面积的比例，从 1960 年的 44% 上升至 1985 年的 76%，在 2005 年大约为 90%。① 增加的国有土地中有很大一部分是来自土地围垦。土地征收是新加坡住房政策的重要措施。但是，这也意味着原有的土地所有者必须被剥夺。在其他大多数国家，这种扫地出门的措施都会遭遇居民的强烈抵抗。这在 20 世纪 60 年代的新加坡也出现过，当时的重新安置工作受到了居民的敌视和怀疑（Centre for Liveable Cities 2014，21）。为克服这些阻力，政府的政策是为受土地征收计划影响的所有企业和个人提供适当的替代性住所。当时的规划者估计，每拆除贫民窟中的一座建筑物，都需要七套新房来安置受影响的家庭（Choe 1975）。这就意味着新加坡的组屋建设、土地征收、清理贫民窟并重新安置、城市更新都是紧密关联的。Chua（1997，132）阐释了普遍获得住房的承诺是如何"让人民行动党政府在坚实的道德制高点上去征收土地以建设组屋"。

有关土地征收和重新安置方面的详细研究可参见新加坡宜居城市研发中心（Centre for Liveable Cities 2014）。该研究强调了相比其他国家遭遇阻力和抗争，新加坡更能在土地征收和重新安置方面较为成功的一些原因。这些原因如下：

（1）宪法和法律的强制规定以及《土地征收法》中规定的明确程序为公务人员执行相关任务奠定了合法性和法治基础。

---

① Phang（1992：24）和新加坡土地管理局网站，http://sla.gov.sa（于 2005 年 10 月 25 日登录）。

（2）保存有关细节和详细程序的记录，并且以市场价值计算对擅自占住者资产的赔偿数额。

（3）政府优先向受影响的人群提供替代住所、营业场所以及设施，以换取他们手中的土地或物业——虽然擅自占住者在受影响的土地上没有合法权益，但他们也因居住环境（原本居住在类似棚屋、蔬菜棚以及畜栏的环境中）改善而相当于得到了补偿，并且能优先获得新建组屋的分配，如果是农民的话，还能优先获得土地。

（4）在 1963 年将拆迁安置部（the Resettlement Department）并入建屋发展局之后，由于该局综合履行住房、安置和房地产业规划等几方面的职能，确保了前景规划和协调工作的有效性，使安置工作平稳有序推进。

1968 年的补充法规《国家土地规则》（the State Land Rule）规定，国有土地所有权的期限不得超过 99 年。通过《土地征收法》，政府清理了低密度的住房、贫民窟、城中村、寮屋区以及拼凑的地块。国有土地被出租给政府机构用于开发建设高层“公共”住房，然后基于 99 年租约将住房出售给符合条件的家庭，同时建设一些营业场所、教育机构以及其他城市公共设施。自法律颁布以来，已有一半国家征收的土地分配给公共和私营机构用于住房开发（Phang 1996）。

新加坡的土地政策可以被视为在城市中开展的土地改革。它涉及在独立后的头 20 年时间里将大量土地资源从私人土地所有者手中转移给国家。在 20 世纪 60 年代，新加坡的大片土地掌握在少数富有的土地所有者手中，这就解释了为什么（新加坡）国会认为从这个群体手中获得土地是正义的（Centre for Liveable Cities 2014：7）。[①] Chua（1997，134）写道：“政府的行动获得了压倒多数的无产者选民的支持，使其能承受这个少数群体的抵制。”关键资源的获取和再分配主要面向产业用房、金融区、商业设施、大规模组屋项目以及公共基础设施的开发建设。因而，1966 年《土地征收法》支撑了新加坡经济的成功发展（Phang 1996）。

在新加坡，国家土地出租给私营企业开发一般是以“政府售地”（Government Land Sales）方式。[②] 新加坡大量城市重建工作是通过这种土地出售方式得以实现的，在行政管理方面主要由“城市重建局” （Urban

---

① 城市外的大片农地由富有的个人和英国私有企业掌握。

② 参见城市重建局网站，http：//www. ura. gov. sg/uol/。

Redevelopment Authority）负责，另外建屋发展局也参与其中。在这种方式中，政府或者将土地整合，或者填海围垦土地，嵌入基础设施，提供规划和城市设计的导则，然后将土地出售给私营（包括外国的）开发机构（Phang 2005）。商业、酒店和私人住宅开发的土地一般是99年租约，而工业用地的租期通常是60年及以下。其他类型用地的租期要取决于用途。出售方法通常是公开拍卖。

卖地收入不构成政府日常收入的一部分，而是转入政府储备。新加坡的公共财富估计是其GDP的2.5倍以上。这些储备是两家主权财富基金，即淡马锡控股（Temasek Holdings）和政府投资公司（the Government Investment Corporation），以及新加坡金融管理局（the Monetary Authority of Singapore）的净资产。这些机构的投资收益是政府每年的运营收入。

## 5.3 建屋发展局——中央公积金的住房框架

建屋发展局是新加坡住房体系的关键支柱。对于建屋发展局取得的成就，包括它在新加坡住房行业中的主导地位，其他著作已经做了详细描述。[①] 本节有关内容取自这些相关文献，旨在对该住房框架的主要内容做一个简要概述。

建屋发展局于1960年2月1日开始运营。它取代了新加坡改良信托局，并且作为一个法定机构而得以设立，其职责是"向所有有需求的人提供配有现代设施的体面居所"（Teh 1975：6）。1960～1970年，设定的目标是建造11万套住房。1961年5月25日河水山（the Bukit Ho Swee）贫民窟发生大火，导致1.6万人无家可归。政府强行征收了被烧毁的地块，将其作为建造1.2万套低成本公寓的区域，并且承诺在9个月内完成第一批公寓住房建设。1962年2月完成了首批5个街区的住房建设，到1964年底，火灾中住房被毁的1.6万人全部都在原地得到了重新安置（Latif 2009：81-84）。[②]

在运营的最初时期，建屋发展局遵循英国公共住房的模式，只提供租赁

183

---

[①] 比较有名的政府出版物包括Yeh（1975）、Wong和Yeh（1985）、Fernandez（2011）、Centre for Liveable Cities和HDB（2013）。学术著作包括Chua（1977）、Phang（1992，2007，2013a，2015c）、Kim and Phang（2013）。

[②] 火灾带来的一个结果是通过了一个修正案，允许以不高于空地价格的1/3获得被火灾损毁的土地，除非政府另有规定。1/3这个数字是确保土地所有者不会因为不负责任却获得土地增值的收益。

住房。根据1964年的"居者有其屋"计划（Home Ownership for the People scheme），它才开始以99年租约为基础提供出售型住房。①　建屋发展局一方面在定价方面使月收入不超过800新元的家庭能负担得起，另一方面向这些家庭提供贷款，使他们每月支付的按揭贷款少于租金支出。

符合条件的家庭在购房时能及时获得价格补贴和住房补助。政府对建屋发展局提供下列支持：第一，每年从预算中提供补助，弥补其因开发、维护和改造住房而出现的亏损；第二，用于抵押贷款和长期开发目的的资金支持；第三，为建屋发展局住房开发和城镇总体规划配给土地。

建屋发展局推动了新加坡住房供给侧的转型。表5.3列出了1970～2015年人口和住房总量的增长率。1970～2000年，住房数量每10年就会增加50%，超过了人口增速。特别是，建屋发展局以高层公寓替代私人住房，而那时的私人住房主要是低密度的店屋（shop house）。同时，寮屋区和城中村都被政府征收并拆除，以给高层公寓建设让路。住房自有率在10年内翻了一倍，从1970年的29%增长至1980年的59%，到1990年又增至88%。2000～2010年，住房建设速度有所放缓，低于26%的人口增速（见表5.3）。

**表5.3　1970～2015年的住房存量、住房供给和自有率**

184

| 年份 | 人口（千人） | 住房存量 | 建屋发展局的住房数量 | 私人住房数量 | 每套住房的平均人数 | 建屋发展局住房数量占住房总量的比重(%) | 居民住房自有率（%） |
|---|---|---|---|---|---|---|---|
| 1970 | 2075 | 305833 | 120138 | 185695 | 6.8 | 39 | 29.4 |
| 1980 | 2414 | 467142 | 337198 | 129944 | 5.2 | 72 | 58.8 |
| 1990 | 3047 | 690561 | 574443 | 116118 | 4.4 | 83 | 87.5 |
| 2000 | 4017 | 1039677 | 846649 | 193028 | 3.9 | 81 | 92 |
| 2010 | 5076 | 1156732 | 898532 | 258200 | 4.4 | 78 | 87.2 |
| 2015 | 5535 | 1296304 | 968856 | 327448 | 4.3 | 75 | 90.3 |
| 变动情况(%) | | | | | | | |
| 1970～1980 | 16 | 53 | 181 | -30 | -24 | 84 | 100 |
| 1980～1990 | 26 | 48 | 70 | -11 | -15 | 15 | 49 |
| 1990～2000 | 32 | 51 | 47 | 66 | -12 | -2 | 5 |
| 2000～2010 | 26 | 11 | 6 | 34 | 14 | -5 | -5 |
| 2010～2015 | 9 | 12 | 8 | 27 | -3 | -4 | 4 |

资料来源：新加坡政府出版物和网站。

---

①　参见建屋发展局网站，http://hdb.gov.sg。

185 　　1968 年主要的政策创新是政府将中央公积金改造为一种住房融资工具。该年通过的一部新法律允许从中央公积金提取资金用于购买建屋发展局出售的住房。雇主和雇员都要根据每个雇员每月工资的一定比例向中央公积金的个人账户和可转移账户（portable account）缴费。中央公积金在 1955 年成立时，缴费率是月薪的 10%（雇员和雇主各 5%）。1968 年通过新的法律后，缴费率稳步提高，在 1984 年为月薪的 25%。2016 年，雇员的缴费率是月薪的 20%，雇主是 17%，月薪上限是 6000 新元。[①]

　　图 5.2 反映了通过中央公积金调动国内储蓄用于住房融资的体系。1968～1981 年，中央公积金的储蓄只能用于购买公共部门建造的住房（比如作为首付款或缴交印花税）。在 20 世纪 80 年代初，这种限制被逐渐放开，允许提取公积金用于其他非住房方面的支出，比如医疗开支。中央公积金普通账户的存款利率最低为 2.5%。[②]

　　建屋发展局从政府得到贷款，作为对外抵押贷款以及支付公积金储蓄利息支出的融资来源。建屋发展局利用政府贷款向购买公寓（包括新建和转售）的人提供按揭贷款和贷款担保。一般情况下，按揭贷款能占到房屋价格的 80%，最长还款期限为 25 年。每户家庭最多可申请两次建屋发展局的贷款。这种贷款的利率钉住中央公积金普通账户的储蓄利率，前者比后者高 1 个百分点。（后者根据商业银行的储蓄利率确定，最低为 2.5%。）

　　表 5.4 列出了 2014 年中央公积金的净资产、缴费额及提取额占新加坡GDP 的比重。中央公积金净资产占 GDP 的比重为 71%，会员缴费额占 GDP 的比重是 7%，提取数额占 GDP 的 4%。在总提取额中，主要是用于住房方面的支出，占比约为 55%。

　　由建屋发展局和中央公积金组成的完整框架促进了住房贷款额的增长，并且随着住房自有率不断上升，抵押贷款行业也得到了长足发展。住房抵押贷款额占 GDP 之比在 1970 年仅为 4%；到 1980 年上升至 10%，到 2000 年攀升至 62%。2014 年，居民家庭的住房抵押贷款额占 GDP 的比例为 55.5%。

---

① 详见中央公积金网站，https：//mycpf. cpf. gov. sg/employers/employerguides/employer-guides/paying-cpf-contributions/cpf-contribution-and-allocation-rates。

② 从 2008 年 1 月 1 日起，如果个人的公积金总余额首次达到 60000 新元，能额外获得 1 个百分点的利息收入。参见 https：//mycpf. cpf. gov. sg/Members/AboutUs/aboutus-info/cpf-interest-rates，内有中央公积金网站有关各类账户利率的详细说明。利率的历史数据可参见 https：//mycpf. cpf. gov. sg/Assets/common/Documents/InterestRate. pdf。

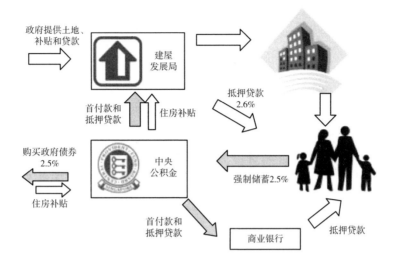

**图 5.2　通过中央公积金归集国内储蓄用于住房事务**

资料来源：修改自 Phang（2007，2013a）。

1970～2000 年，建屋发展局的贷款余额占全部住房贷款额的比重超过了
50%（Phang 2001）。2002 年，政府修改了政策，规定如果借款人拖欠抵押
贷款，对被抵押房产具有首位索赔权的是银行，而不是中央公积金（Phang
2003）。这就为商业银行从 2003 年开始进入建屋发展局的抵押贷款市场铺平
了道路。由于近些年的利率较低，一些商业银行能够以低于建屋发展局抵押
贷款 2.6% 的利息水平提供贷款。自那以后，金融机构的住房抵押贷款余额
不断增加，占总余额的比重现在已超过 80%（参见表 5.4）。

表 5.4　2014 年中央公积金的资产、缴费及按用途划分的提取情况

| | 百万新元 | 占 GDP 的比重（%） |
|---|---|---|
| GDP | 390089 | – |
| 居民家庭从金融机构获得的抵押贷款余额 | 179578 | 46 |
| 居民家庭从建屋发展局获得的抵押贷款余额 | 37178 | 9.5 |
| 中央公积金的净资产 | 277778 | 71.2 |
| 中央公积金的缴费额 | 27917 | 7.2 |
| 中央公积金的提取总额（净退款） | 17298 | 4.4 |

| 提取用途 | 百万新元 | 占中央公积金提取总额的比重（%） |
|---|---|---|
| 建屋发展局的住房 | 6892 | 39.8 |
| 私人住房 | 2706 | 15.6 |
| 年满 55 岁 * | 4266 | 24.7 |
| 保健储蓄和医疗保险 | 2162 | 12.5 |
| 购买终身年金 | 2069 | 12 |

\* 包括永久离开新加坡和西马来西亚，或者去世或永久失能的人。

资料来源：新加坡统计局和中央公积金财务报告，2014。

## 5.4　市场的角色

作为一个由国家高度掌控和管制的行业，政府组屋的市场化分阶段推进。在 20 世纪 60 年代和 70 年代，由于轮候人数较多，建屋发展局在分配组屋时优先照顾需重新安置的家庭，其他家庭则按照先到先得原则分配。租赁和购买组屋的轮候名单是分开的，而且申请者可以选择其中意的区域和期望的房型。1971 ~ 1985 年，每年轮候的家庭数量平均为 70000 户（Phang 1992：166）。在当时那个住房短缺的时代，政策关注的重点是不能让政府组屋成为投机工具，也就是不能允许价格补贴在二级市场变现。因此，对于政府组屋的转售有许多管制措施，这也限制了家庭的流动性。

188　　有关转售的限制措施如下：

·1971 年之前禁止市场交易：建屋发展局要求希望出售组屋的家庭以原始购买价加上折旧后的装修成本将其归还该局。

·最少居住时间：1971 年，建屋发展局允许居住满 3 年的家庭将组屋以市场价出售给符合条件的购买者。1973 年，最少居住时间延长至 5 年，并在之后一直未变。

·禁止期：1971 年，如果被允许出售组屋，该家庭在一年内被禁止再次购买组屋。1975 年，禁止期延长至 2.5 年。禁止期内，不允许家庭在建屋发展局的各类住房内流动迁移，因而对任何想出售其住房的家庭都是一个极大的震慑。该规定在 1979 年被废除，由此为组屋的内部交易提供了较大便利。

·对转售征税：1979 年，对于禁止期内的组屋交易，要向出售者按照交易价格的 5% 征税，以达到"减少暴利"的目的。1982 年推出了一种基于房屋类型的分级转售税收制度。20 世纪 80 年代对放宽征税的相关规则进行微调。目前的转售征税制度确保购买第二套组屋的家庭所得补贴少于首次购买时的数额。

1989 年之前，只有公民、没有任何其他住宅物业的人、最少由两人组成且其收入低于建屋发展局设定的标准的家庭，才有资格购买新建或转售的组屋。即便家庭收入不断增加，但其流动性还是要受到相关规定的限制。Phang（1992）发现，31% 的有多名就业人口的家庭在居住超过 5 年后，不再符合购买组屋的条件。由此造成的后果就是相比居住在私人公寓的人，那些居住于组屋的人的平均通勤时间更长，驾车时间平均要长 2.2 分钟，公交通勤时间平均要长 5.6 分钟。

由于住房短缺问题已告缓解，居民希望能提高居住条件或者改变居住地点，因而需要修改转售和购房资格方面的相关规定，以使这些家庭能在组屋内部流动，或者能在组屋与私人住房之间流动。在 20 世纪 80 年代末和 90 年代初通过解除管制使组屋转售市场加快发展。这也可以被认为与当时全世界范围内私有化和放松管制的步伐相一致。

下列有关转售组屋购买者的限制规定在 1981 年有所放松：

· 购买者的收入上限：取消了转售组屋购买者的收入上限的规定。

· 购买者的国籍情况：允许永久居民购买转售组屋用于自住。

· 私人住房的拥有情况：允许拥有私人住房的人购买转售组屋用于自住。拥有组屋的人，如果之前没有其他居住物业，也可以投资私人企业建造的住房。

从 1991 年开始，允许年满 35 岁的单身公民购买转售组屋用于自住。这是建屋发展局首次认识到单身公民需要拥有独立的家。[①] 1993 年，采取了一些措施解除了对转售组屋融资的管制。在此之前，建屋发展局是转售组屋唯一的融资渠道。

转售组屋的交易数量从 1979 年的低于 800 套升至 1987 年的 13000 套，1999 年达到 60000 套。2004 年和 2009 年，转售组屋的交易量分别为 31000 套和 37000 套；2014 年降至 17000 套（10 年中最低点）——这是推行许多

---

① 1998 年开始，中央公积金的住房补助也延伸至年满 35 岁的单身公民。从 2013 年开始，年满 35 岁符合条件的单身公民可以直接从建屋发展局购买两居室的新建组屋。同时，他们也可以申请"附加和特别的住房补助"（Additional and Special Housing Grants）。参见建屋发展局网站，http://www.hdb.gov.sg/cs/infoweb/residential/buying-a-flat/new/singlesingapore-citizen-scheme。

"冷却"房地产市场的干预措施的结果。① 这些政策措施对房价的影响将在下一节详述。

190

## 5.5 供给侧的干预措施 vs 需求侧的干预措施

与（供给侧）转向更加依赖市场的方向相一致，政府在1994年允许中央公积金的住房补助用于购买转售的组屋。这种需求侧的政策是从以往供给侧的干预措施转变而来的。这些补贴提供给符合条件的首次申请家庭，并存入其在中央公积金的账户。但是，这种补助带来的风险是他们可以在房价中将其资本化。由于转售市场同时放松了管制，因而这种风险有所加剧，尤其是在取消收入上限和公民身份限制的情形下。事实上，组屋转售价格的确开始上涨了。图5.3反映了1991年以来私人住房和转售组屋价格指数的上涨情况。在1993年对住房金融放松管制后，转售组屋的价格在该年出现了快速上涨的局面（71%）。在1994年引入中央公积金的住房补助后，转售组屋的价格进一步上涨。这种价格上涨是可以预料到的，因为既然高收入的公民和永久居民都可以购买转售组屋，公共住房和私人住房的转售市场便不再泾渭分明。

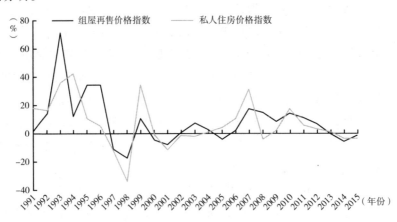

**图 5.3　住房价格指数的变动（1991～2015 年）**

资料来源：城市重建局和建屋发展局网站。

---

① 转售交易数据来自于《建屋发展局年报》和建屋发展局网站。参见建屋发展局网站，http://www.hdb.gov.sg/fi10/fi10321p.nsf/w/BuyResaleFlatNumberofResaleApplications? OpenDocument。

对此，政府做出的反应是建屋发展局增加新建住房的供应，引入新的执行共管公寓计划，以及增加面向私人住房开发的土地出售数量。但是，房价继续飞涨，而且转售组屋的价格上涨速度在 1993 年、1995 年和 1996 年都高于私人住房（见图 5.3）。为了使房价下降，政府在 1996 年 5 月 15 日采取了一系列遏制投机的措施。这些措施包括对出售 3 年内购买的任何房产征收资本利得税，对每笔房产交易和楼花交易都要征收印花税，住房贷款额不能超过房产价值的 80%，限制外国人获得非新加坡元的住房贷款。建屋发展局也调整了一些监管措施，比如限制组屋购买者第二次从建屋发展局获得贷款，而这在以前并无限制。

这些措施发挥作用恰逢 1997 年亚洲金融危机，因而房价急剧下降。转售组屋价格的下降幅度在 1998 年小于私人住房。为了避免下降太快，政府停止了土地出售，并且逐步减少了中央公积金的住房补助。结果，私人住房和组屋都遭遇了库存增加的问题。如 Phang（2007）所述，在 2002 年初，建屋发展局暂停了组屋登记（排队）系统（Registration for Flats System），确保在有足够需求的情况下才能建设新的组屋。随着其他重大调整措施陆续被推行，建屋发展局的建设项目大幅缩减；2000 ~ 2010 年，组屋数量只增加了 6%（见表 5.3）。

在 2008 年全球金融危机期间，组屋价格很有弹性并且持续上涨，而私人住房价格有所回落。在全球金融危机之后，供应有限、人口快速增长、低利率的环境，以及发达经济体中央银行宽松的货币政策带来的全球流动性充足，导致新加坡的房产价格快速上涨。新加坡房产价格在过去几十年里的上涨趋势，已经使住房（组屋和私人住房）被认为是比其他资产类型更具吸引力的投资类资产。政府的官方声明强化了这种观念，该声明提出组屋是一种承诺要"升级"的资产，而且"如果需要，其价值在退休后可以被解除限制"（Ministry of National Development 2011b）。这种方法提出了代际公平问题，即依靠房价上涨为退休融资，从长期来看是否具有可持续性（Phang 2012）。

房价持续上涨的趋势，住房泡沫的经济和政治风险，以及住房越来越难以承受，都促使政府出手干预。自 2006 年以来，新加坡政府已先后多次出台了"降温"措施，以遏制住房的投资需求。与此同时，为了提高住房的可负担性，鉴于住房补助能使建屋发展局根据家庭收入情况更好地实施价格歧视策略，因而住房补助成为该局实施定价政策的重要内容。由于符合条件获得建屋发展局新补贴住房以及中央公积金住房补助（40000 新元）对象已扩大至 80% 的新加坡公民家庭，因而补助需要更好地与家庭收入情况挂钩。

2006 年推出了"中央公积金额外住房补助"（the Additional CPF Housing Grant，AHG），2007 年和 2009 年又先后增加了补助数额，让收入更低的家庭获得更多的补助，可用于购买新建组屋或转售组屋。额外住房补助的数额取决于家庭每月总收入的平均数，低于 5000 新元的家庭具备申请该补助的资格。补助数额从 5000 新元（面向收入在 4501～5000 新元的家庭）到 40000 新元（面向收入低于 1500 新元的家庭）。

2011 年推出了"特别住房补助"（the Special Housing Grant），帮助家庭在配套设施尚不健全的区域直接从建屋发展局购买四居室或更小房型的组屋。这种补助在 2012 年有所提高，2013 年有大幅提高，2015 年又进一步提高。[①] 特别住房补助的数额取决于家庭每月总收入的平均数，低于 8500 新元的家庭具备申请该补助的资格。补助数额从 5000 新元（面向收入在 8000～8500新元的家庭）到 40000 新元（面向收入低于 5000 新元的家庭）不等。

2013 年推行了一种"升级住房补助"（Step-Up Housing Grant）（15000 新元），帮助在配套设施尚不健全的区域购买获得补贴的两居室组屋家庭，升级为购买三居室组屋。这几项住房补助的净效应在于让建屋发展局能根据每个家庭的支付能力对其住房进行定价，从而确保几乎所有就业公民都能够拥有自己的住房。

（新加坡）独立以后，家庭的支付能力一直是政府"能够实现提高全国居住条件的承诺"的一个非常明显的象征（Chua 1997：139）。在 2005 年以前，一套新建四居室组屋的价格与中位数家庭收入之比一般在 4.0，甚至更低（Phang 2009，2010）。转售组屋的价格一般比新建组屋要高，因为它们是由市场决定的，而且没有建房的等待期。图 5.4 反映了四居室转售组屋的中位数价格与就业居民家庭年收入的中位数之比。该比例在 2008 年之前一般低于 4.5，2010～2012 年超过了 5.0。随着转售组屋价格不断上升，新建组屋的价格也出现了上涨，涨幅超过了收入增幅。虽然中位数收入的家庭能够较为轻松地承受位于新城的一套新建五居室组屋，即在 2006 年大约为年收入的 4 倍，但是随着价格不断上涨，2011 年已接近年

---

① 2015 年 8 月，政府将补助上限从 20000 新元提高至 40000 新元。有资格申请该补助的家庭收入上限也从 6500 新元提高至 8500 新元。

收入的6倍（Phang 2012）。引入新的住房补助虽然能提高可支付性，但是在建屋发展局新房供应量极少的情况下，也会使房价上涨。

此外，根据报道，建屋发展局的新建预购（build-to-order）组屋已被超额认购（例如，在2011年2月的批次中，认购数量是建设数量的5倍左右），因而可支付性的目标可能难以实现。对房价上涨的不满以及难以获得组屋是6%的人在2011年5月的选举中从支持人民行动党转向反对该党的原因之一，该党的得票率（从2006年大选时的66%）降至60%，这是独立以来最低的得票率。反对党"工人党"（Workers' Party）在国会中赢得了6个席位，包括1个集选区（a group representation constituency）中的5个席位，这是反对党首次赢下1个集选区。作为对这些发展情况做出的反应，政府于2011年8月提高了家庭购买组屋的收入上限，从每月8000新元提至每月10000新元（Ministry of National Development 2011a）。购买执行共管公寓的收入门槛也有所提高，从每月10000新元升至12000新元。2015年8月，政府进一步将购买新建组屋的每月收入上限从10000新元提高至12000新元，新建执行共管公寓的每月收入上限从12000新元升至14000新元（H. L. Lee 2015）。这些调整使更多的新加坡年轻家庭能在购买住房时获得补贴——根据新加坡统计局（the Department of Statistics）的数据，2014年所有就业家庭的中位数（月均）收入是8292新元。

作为从市场中收缩的一个表征，自2013年以来新建组屋的定价已"脱离"市场价格。在2013年，国家发展部部长（the Minister for National Development）宣布，他致力于将预购组屋价格从相当于申请家庭年收入中位数的5.5倍降至4倍。2014年，在获得补助以后，一套预购的三居室组屋相当于申请家庭年收入中位数的4.57倍（见表5.5）。四居室和五居室的价格分别相当于申请家庭年收入中位数的5.26倍和5.36倍（《海峡时报》2014年11月17日）

2006～2013年，新加坡政府采取了许多措施使住房市场降温。这些措施①包括：

·禁止开发企业允许购房者延迟缴纳印花税及推迟支付利息；
·禁止发放只支付利息的住房贷款；

---

① 关于这些措施的详细情况，参见 Lee el al.（2013）以及 http：//www. srx. com. sg/cooling-measures。

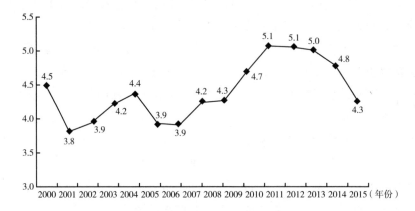

**图 5.4　四居室转售组屋价格与家庭收入中位数之比**

资料来源：根据新加坡政府网站的数据计算得出。

· （征收）卖家印花税；

· 限制贷款与价值之比；

· （征收）额外的买家印花税；

· 限制付款期限；

· 新获得新加坡永久居民身份的人，需要经过 3 年等待期才有资格购买转售组屋；

· 限制每月房贷偿还比例；

· 限制总的偿债比例。

**表 5.5　2014 年组屋价格的可负担性**

| 组屋<br>类型 | 平均预购<br>价格（新元） | 获得补贴后平均<br>预购价格（新元） | 申请家庭年收入<br>中位数（新元） | 房价（补贴后）<br>与收入之比 |
|---|---|---|---|---|
| 两居室 | 110000 | 55000 | 19200 | 2.86 |
| 三居室 | 187000 | 137000 | 30000 | 4.57 |
| 四居室 | 295000 | 265000 | 50400 | 5.26 |
| 五居室 | 386000 | 386000 | 72000 | 5.36 |

资料来源：《海峡时报》2014 年 11 月 17 日。

　　由于在 2006 年之后采取了一系列市场干预措施，因而很难区分某一特定降温措施对房价产生的影响，也很难了解住房补助资本化的程度

(Lee el al. 2013)。这些市场降温措施可以被看作稳定房价的宏观审慎政策，能减少住房投资者的收益，并预防房地产泡沫的膨胀。

新加坡的住房税收和补贴框架都是高度累进性的。基本理念是对富有的业主和投资者征税，然后将税收收入用于补贴低收入家庭购买住房。表 5.6 提供了购房时点的税收和补贴框架累进性的简化结构。为了取得公平且有针对性的效果，根据多重标准设计了有效的住房补贴。比如，2015 年设立了"近居购房津贴"（the Proximity Housing Grant），提高了购买靠近父母或子女的转售组屋的补贴额度。

为了进一步适应住房需求，政府在 2011 年以后一直在增加组屋的供应数量。随着组屋和私人住房供应的增加，住房短缺量开始下降。但是，政府旨在确保住房仍然是一种有吸引力的投资对象，其中一个原因在于许多公民的财产都被锁定在住房上，房价突然下降将对这些财产带来非常大的负面影响。

表 5.6　购买住房时税收和补贴的累进性

单位：%

| 身份/收入/住房类型 | 额外的买方印花税（＋）、价格补贴（－） |
|---|---|
| 外国人 | 15 |
| 新加坡永久居民投资者 | 10 |
| 新加坡公民中的投资者 | 7 |
| 新加坡永久居民中的业主 | 5 |
| 新加坡公民中的高收入业主 | 0 |
| 执行共管公寓 | －10 |
| 五居室组屋 | －12 |
| 四居室组屋 | －20 |
| 三居室组屋 | －35 |
| 两居室组屋 | －50 |

注：根据转售市场价格与新建组屋价格之间的差额估测价格补贴额度。
资料来源：作者。

## 5.6　促进种族融合：民族融合政策

新加坡的公民和永久居民具有不同的种族和宗教背景。建屋发展局的目标一直是要促进不同收入和种族的群体在组屋中融合，以避免出现低收入或特定族裔的贫民窟。这一政策是 20 世纪 60 年代发生的一些事件的后果。当时华人和马来人之间发生了一系列的种族暴力冲突，造成一定的伤亡。事件发生之后，种族和睦（racial harmony）一直是政府的施政目标之一（Ooi，Siddique and Soh 1993）。从 20 世纪 70 年代开始，建屋发展局在分配新建组屋时，就采取让各个新城镇都能实现"种族良好搭配"（good distribution of races）的方式。但是，在 1988 年之后，通过转售市场出现种族重组的趋势，并且作为一个社会问题，后果日趋凸显。随着时间的推移，该社会问题可能导致再度出现新的种族聚集地。

197　　　1989 年，政府推行了《种族融合政策》（the Ethnic Integration Policy），对组屋街区和街坊全部设定了种族限制。① 华人、马来人、印度人和其他族裔的人在街坊中的最高比例分别为 84%、22%、10%。② 街区配额可以在每个街坊的上限基础上再次上浮 3%。对于新建组屋，如果特定种族的配额已经达到特定街区或街坊的上限，该种族的人将不能从建屋发展局购买组屋（Centre for Liveable Cities and HDB 2013：第五章）。在转售市场中，如果某一种族在特定街区或街坊已达到上限，那些希望出售该街区或街坊组屋的人将不能将其售卖给同一种族的家庭。政府已经强调过，"如果我们要建设一个更具凝聚力、融合得更好的社会，必须坚持我们的多种族政策。新加坡的种族和谐、长期稳定以及生命力是立国之本"（Ooi，Siddique and Soh 1993：14）。

　　在新加坡，建屋发展局在住房方面的融合政策取得了良好效果，对不同种族的社会融合做出了贡献。在 2015 年 5 月的一次访谈中，副总理尚达曼（Tharman Shanmugaratnam）将该政策描述为"新加坡最具侵入性（the most intrusive）的政策"，却"被证明是最重要的（政策）"。③

　　但是，不能出售给同一种族的限制措施已经产生了一些扭曲市场的影响。在一项细致的研究中，Wong（2013）将电话黄页中 50 多万个姓名与种

———————

①　Dodge（2006）在其关于托马斯·谢林的著作中用了专门一章分析新加坡的种族融合政策。谢林在有关邻里"逆转"（tipping）现象的模型中提出，"逆转"会很快导致不同种族群体的完全隔离。这种理论观点在新加坡政府颇具影响力，促使其采取政策控制组屋中的人群流动。

②　2010 年 3 月，根据人口结构变化情况，印度人和其他族裔的人在街坊中的最高比例提高至 12%。

③　"An Investigative Interview：Singapore 50 Years after Independence," 45th St. Gallen Symposium, May 2015. 参见 https：//www. youtube. com/watch？ v = hpwPciW74b8。

族进行匹配，以计算每个街区中的种族比例。然后，她用 2005 年 4 月至 2006 年 8 月的 35744 笔交易数据，观察受约束街区与不受约束街区的交易价格和挂牌时间差异。Wong（2013）发现，华人受约束的组屋交易价格比不受约束的可比街区的价格平均要高 5%。相反，马来人和印度人受约束的组屋交易价格要低 3%。[①] 她还估计，受约束的华人出售者挂牌时间要长 1 个月，而受约束的马来人和印度人挂牌时间要长 1.4 个月。

2010 年 3 月，面对生活于组屋中的新加坡永久居民数量不断增加的情况，建屋发展局对非马来人的新加坡永久居民家庭购买组屋引入了一种新的配额，以进一步促进融合，并防止在组屋中出现新加坡永久居民的贫民窟。新加坡永久居民的配额在街坊和街区分别设定为 5% 和 8%。由于马来人的新加坡永久居民被认为与新加坡公民具有相近的文化和历史，因而他们不受新加坡永久居民配额的约束。[②]

## 5.7　土地租赁制度和屋契回购计划

### 5.7.1　土地租赁制度

由于 90% 的土地是国家所有，因而所有组屋和大部分高层私人公寓都是根据 99 年土地租约出售的。为数很少的永久地契物业（freehold properties）相比租用地契物业（leasehold properties）会有一个溢价，因为随着土地租约到期，租用地契物业的价值预计会下降到零。新加坡土地管理局（the Singapore Land Authority）提供了一张"地契表"（Leasehold Table），说明了剩余租用时期的价值占永久地契地价的百分比情况。[③]

---

① 利用出售单元的一个均价（234000 新元），Wong（2013）估计这些差额相当于华人每月收入中位数（2335 新元）的 5 倍，相当于马来人每月收入中位数（1790 新元）和印度人每月收入中位数（2167 新元）的 3 倍。

② 一个非马来人的新加坡永久居民家庭要购买转售组屋，必须同时满足种族比例和新加坡永久居民配额的要求。种族比例和新加坡永久居民配额在每月的第一天会更新，购买者和出售者可以在网上查询。参见建屋发展局网站，http：//www. hdb. gov. sg/fi10/fi10296p. nsf/PressReleases/C515273FA068DD58482576DD00169155？OpenDocument。

③ 地契表与开发收费表（the Table of Development Charge）一起用于计算相关情况下应该收取的溢价额，这些情况主要涉及变更土地用途或增强租用土地使用强度。参见 http：//www. sla. gov. sg/Portals/0/Services/Land% 20Lease% 20Conditions/DP% 20policy% 20wef% 2031% 20Jul% 202000. pdf。

Capozza and Sick（1991）提出，相比永久地契拥有者，其租用地契的业主会更早进行重新开发，并且土地使用强度会更低。这是因为在租约期满时，已开发土地的价值会更低（甚至为零）。这可能意味着基于租用结构的住房和土地市场会带来一些意想不到的后果。但是，这些低开发强度的影响在新加坡不会出现，因为在政府售地计划（the Government Land Sales Programme）中，地契由政府出售，政府可以界定土地用途、开发强度（容积率）以及项目完工时间。详尽的规划管制基本上限定了开发的选择权，减少了与土地实际开发的最优时间选择相关的不确定性，从而加快了投资（Cunningham 2007）。

租用地契的另一方面影响是相比永久地契，其对物业的维护投资会下199降。这个假设类似于组屋与私有房产之间的争论：由于租约期满后，资本投资会被抹掉，家庭就没有动力去改善——甚至连维持都很难——组屋的品质。这种负向激励可能是租用地契上的住房相比永久地契上的住房损毁更快的原因。

在新加坡，由于经济快速增长以及人口迅猛增加，在通常99年租约期满前的几十年，许多建筑物在经济上就先于在物理上被废弃了。另外，典型的住房过滤机制（housing-filtering process）在新加坡没有发挥作用，因为私人住房不能过滤给中等收入群体，这个群体的市场被建屋发展局占据。至于私有房产，整体出售的方式为重新开发提供了便利（Phang 2005）。

在1991年之前，新加坡在土地用途方面有两种规划：总体规划（the Master Plan）是法定的，每5年修订一次；概念规划（the Concept Plan）要获得（国会）核准，但不向公众公布（Dale 1999：85）。20世纪90年代是一个在土地利用规划方面做出重要政策决定的时期。政府在规划事务上采取了更加开放的思路。在对概念规划开展一次重大审查后，于1991年向公众公布了修订后的规划。

1991年概念规划中的宏伟战略被转化为一个前瞻性的总体规划，该规划每5年要审查一次。[①] 55个规划区域的发展引导规划包括各个区域的规划远景，并列出了土地用途、容积率、建筑高度、配套设施供应等控制参数。每项发展引导规划中的分区和容积率规定，可以根据特定规划区域的

① 总体规划参见 https：//www.ura.gov.sg/uol/master-plan.aspx？pl＝View-Master-Plan。

实体开发目标偏离现有的土地用途，"释放"出私人持有的地块的重新开发潜力。

如果要利用因上述规划中相关规定变化而增加的开发潜力，开发企业必须根据开发收费表（该表于 1965 年采用①）支付溢价差额。开发收费表由国家发展部与首席估价师（the chief valuer）每 6 个月（在 9 月 1 日和 3 月 1 日）会商一次后予以更新。目前规定的平均土地价格是根据预估土地价格的 70% 得出，而这个预估价由 118 片地理区域的 8 个土地使用群体做出。至于租用土地，开发企业可以申请补足租期内的差价。②

200

但是，在 1999 年之前，许多类似地块都表现为居民的分契式所有权（residential strata title），这就要求所有分契式所有权的业主必须一致同意出售。如果少数（有些情况下就仅仅是一个）业主拒绝参与出售行为，该出售只能宣告终止，并且遭受挫折的业主随后可以向政府提出上诉。因而在 1999 年，为了促进集体出售，修订了《土地所有权（分契式所有权）法》［the Land Titles（Strata）Act］。国会认为多数人的关切是合法的，而持不同意见的少数业主的行为被认为"阻碍了最大限度地发挥整体出售区域的发展潜力，阻止了老旧房屋重新恢复活力"。③

1999 年，国会通过了《土地所有权（分契式所有权）法》的修正案，将整体出售要求 100% 业主同意调整为多数同意。新修改的条款只适用于超过 10 套住房的分契式所有权住宅区。如果一个住宅区的房龄小于 10 年，（整体出售）必须得到 90% 的业主同意；如果一个住宅区的房龄在 10 年及以上，集体出售至少要得到 80% 的业主同意（两个数字都是基于产权份额）。分层地契委员会（the Strata Titles Board）负责审批集体出售方面的申请。1999 年的《土地所有权（分层地契委员会）规章》［the Land Titles（Strata Titles Boards）Regulations］规定了向该委员会提出申请的程

---

① 开发收费表，参见 https：//www. ura. gov. sg/uol/DC/apply-check-pay/apply-permission/DC-rates-archive. aspx。

② 参见新加坡土地管理局有关"差额溢价"文件的网页，http：//www. sla. gov. sg/Portals/0/Services/Land% 20Lease% 20Conditions/DP% 20policy% 20wef% 2031% 20Jul% 202000. pdf。根据 Dale Johnson（2001）的解释，补足租期内的差价能更好地达到帕累托最优。所补足的溢价数额由首席估价师根据具体情况评估得出。

③ 参见 1999 年 4 月 19 日报送给国会的 Report of the Select Committee on the Land Titles（Strata）（Amendment）Bill。参见 Christudason（2010）有关该法律及其影响私有住房供应的详细论述。

序、该委员会的工作程序以及其他事项，比如向该委员会和高等法院（the High Court）提出申诉。Christudason（2010）的一项研究表明，1999~2008年，总共有312起集体出售，13755套老旧私人住房被35888套新住房所取代。

对建屋发展局而言，组屋房龄的空间梯度自20世纪80年代末以来已经变得较为明显了。随着城市从中央商务区逐步向外扩展，老旧住房一般都离城市中心更近，而新城镇往往更加偏远。另一个趋势也很明显，年轻的家庭不断从老旧的组屋社区搬离，因为他们分配到的组屋都在外围的新城镇。1989年，政府公布了一项建屋发展局升级改造计划，以提升既有组屋的品质。具体改造计划的内容和规模各有不同，但基本上都由政府提供补贴 201 （Centre for Liveable Cities 2013：20）。政府还在1995年推出了"选择性整体重建计划"（the Selective En bloc Redevelopment Scheme，SERS），对一些成片的老旧低密度组屋进行征收和拆除。1995~2014年，共79个地块通过该计划实施重建。受影响的家庭被安置在原有社区的新建高密度组屋中，而且是全新的99年地契。①

## 5.8 住房财富和退休融资：屋契回购计划

2015年住户部门的资产负债数据显示，居民家庭的住房资产大约是同期GDP的2.1倍。② 净住房财富是同期GDP的1.5倍，而总的净财富是同期GDP的3.8倍。因而，典型的新加坡家庭有很大一部分财富投资在住房上，但是，住房财富的流动性较差，而McCarthy，Mitchell，and Piggott（2002）的研究表明，新加坡一般的工薪人士在退休时都是资产富足但现金贫乏，因为75%的退休财富都被锁定在住房资产上。由政府任命的"经济评估委员会"（Economic Review Committee 2002）提交的一份报告也得出了类似结论。

由于住房自有率较高，而且老年业主比例也比较高，因而需要一种工

---

① 参见建屋发展局有关"选择性整体重建计划"的网页，http：//www.hdb.gov.sg/fi10/fi10329p.nsf/w/eSERSOverview? OpenDocument；1995~2014年的79个地块列表，参见http：//www.teoalida.com/singapore/serslist/。

② 参见新加坡统计局网页，http：//www.singstat.gov.sg/statistics/browse-by-theme/household-sector-balance-sheet。

具，使这些家庭的住房资产能够货币化（Phang 2015b）。一家当地的保险公司，职总英康保险合作社（NTUC Income）于 1997 年首次面向私人住房引入了一种反向抵押业务。2006 年，新加坡的华侨银行（OCBC Bank）对私有住房业主推出了一种反向抵押业务，而职总英康保险合作社将其反向抵押拓展至组屋业主。但是，据说由于缺乏需求，两家机构都已经停止了这种业务。Koh（2015）指出，设计一种可行的反向抵押工具的主要挑战在于土地租赁制度。该业务需提交的材料规定，至少还剩 70 年土地租约的房产才有资格申请该业务。根据该条件，在反向抵押贷款结束时，至少还有 50 年的土地租约。

为解决这个问题，建屋发展局在 2009 年针对居住在三居室及更小房型的低收入老年人（63 岁及以上）推出了一个"屋契回购计划"（the Lease Buyback Scheme，LBS）。2014 年，（新加坡）总理宣布将"屋契回购计划"拓展至四居室组屋（H. L. Lee 2014）。举例来说，一套四居室组屋在 1980 年购买时的价格大约为 24300 新元，居住 34 年后，2015 年的价格约为 450000 新元。该组屋还可以存续 30 年，而建屋发展局在 2015 年出价 190000 新元购买余下的 35 年屋契，帮助老年业主为其退休生活筹资。这就是根据组屋所有权提供一张退休安全网，因为建屋发展局承受了长达 30 年的利率风险和房价贬值风险（Koh 2015）。房价贬值风险有可能被扩大，因为随着房产越接近地契期限，业主越没有动力投资修缮和维护组屋。虽然对于缺乏足够财力支付上述支出的低收入家庭而言，这种动力不足现象是可以忽略的，但对于中等收入群体来说，这就比较明显了。随着"屋契回购计划"扩展至四居室，这种动力不足带来的负面影响将会大大增加。[①]

建屋发展局向符合条件的老年家庭提供的其他货币化选择还包括：

·银发安居津贴（Silver Housing Bonus），鼓励老年人出售现有住房，购买一套面积更小的组屋（合理换购），津贴数额最高可达 20000 新元。

·"两居室灵活计划"（the two-room Flexi Scheme）的相关措施在 2015 年得以推行，允许家长超过 55 岁的家庭购买土地租约短于 99 年的两居室组

---

① "屋契回购计划"的扩展于 2015 年 4 月生效，而建屋发展局在该年 4 月和 5 月共收到 450 份申请，其中 214 份是来自四居室的业主。2009 年至 2015 年 3 月，共有 965 户家庭接受了"屋契回购计划"。

屋。租约越短，意味着房价更低。家庭可以选择所购房屋的土地租约期，而最低期限取决于家庭成员的年龄。[①]

· 出租一间房间或将其组屋整体出租，以获得稳定的现金流。[②]

203

## 5.9 结论：其他亚洲国家可以学习的经验教训

随着时间的推移，新加坡的住房制度逐渐演变为以建屋发展局和中央公积金相辅相成、并获得财政部大力支持的住房体系。建屋发展局与中央公积金体系不仅助推了高储蓄率和高住房自有率，而且非常有效地将储蓄归集用于住房建设和住房贷款。可负担住房的供应有助于社会稳定、经济增长和社区发展。大规模的组屋供应以及对住房自有和转售的管制有助于抑制住房的投机需求。由于中央公积金缴费率的调整会对通货膨胀和工资成本产生影响，因而已经成为一个高度开放的经济体中非常有用的宏观经济工具。建屋发展局每年都要接待许多外国代表团的参观，这些代表团都希望从新加坡的住房经验中有所斩获。

从新加坡的住房模式中可以借鉴的经验包括如下方面：

第一，住房有助于经济发展：住房和住房金融行业能积极且显著地推动一个国家的经济和金融发展。新加坡的宏观经济环境主要表现为高储蓄率、收入增长较快，低就业率、低通胀率和低利率，政府预算有盈余以及汇率升值。住房政策还被用于促进种族融合，而这又反过来促进社会稳定和经济增长。

第二，自有住房的可负担性：在土地、住房供应和抵押贷款融资方面建立一个相互协调的框架，既促进了住房供应的大幅增加，而且改善了自有住房的可负担性。

第三，城市政府：在城市区域，政府通过适当的立法、管制和制度，使住房供应的增加能满足人口规模不断增长带来的需求，从而提高城市开发和

---

[①] 更短租约的期限是 15～45 年。根据计划，购买者必须选择一个租期，该租期能持续到他们及其配偶至少活到 95 岁。"两居室灵活计划"融合并取代了两居室组屋计划和小型公寓（30 年租约）计划。详见 http：//www. hdb. gov. sg/fi10/fi10321p. nsf/w/BuyingNew FlatEligibility2roomFlexiflats？OpenDocument。

[②] 参见 H. L. Lee（2014）和建屋发展局网站，http：//www. hdb. gov. sg/fi10/fi10325p. nsf/w/Max FinancesOverview？OpenDocument。

再开发的速度。

第四，私营部门：虽然政府在城市开发和动员国内储蓄方面扮演了重要角色，但是金融机构和私营开发企业在房地产行业也发挥了同等重要的作用。随着市场趋于成熟，政府需要定期审查各方面政策，以评估其持续的相关性。

第五，为市场赋能（enabling markets）：市场是非常重要的，因而住房政策的一个重要内容是创立市场，使市场运行更有效率，并且要尊重市场的首创精神。政府与私营部门之间的共生伙伴关系（a symbiotic partnership）已经帮助新加坡避免了中央计划和毫无规划的城市化这两种极端情形所带来的恶劣后果。

第六，市场透明度：通过及时发布房地产市场信息，政府可以在提高市场透明度方面发挥重要作用。

第七，住房补贴：整个体系中有各类住房补贴，或明补或暗补，或供应侧或需求侧。对于这些补贴的短期和长期影响，需要从住房市场干预的可持续性和有效性方面全面理解并做定期评估。

第八，宏观审慎监管：政府已经采取了各项防范措施，以减少住房变成金融不稳定来源的风险。住房市场被刻意分隔并受到严格监管。住房金融的资金主要来自国内储蓄。这些主要表现为强制储蓄方式的资金降低了违约风险。

第九，住房资产的货币化：借助中央公积金归集国内储蓄用于年轻家庭支付住房抵押贷款。随着老年人口的增加，还有必要设计政策工具让老年业主将其住房资产货币化，为退休生活筹资。

第十，治理：需要对住房管理部门和金融机构设立强硬的法律规定和稳健的治理体系，这是再怎么强调都不为过的。

但是，这个体系并非没有批评和风险。中央公积金的强制特征以及建屋发展局的主导地位，可能导致过多资源被配置给住房行业。中央公积金归集的资金超过了住房所需，可能会对消费产生挤出效应（Phang 2004）。而且，由于中央公积金的储蓄是不流动的，这被认为是（新加坡）国内初创企业发展薄弱的原因之一（Bhaskaran 2003）。大规模的储蓄用于住房行业，使房价面临下跌风险，而这又为（老年人）的退休融资带来了风险（McCarthy，Mitchell and Piggott 2002；Asher 2002；Phang 2007；Low 2014）。"资产富裕但现金贫乏"（asset rich and cash poor）准确反映了问题所在，而过去几十年里出台的相关政策帮助老年人将其住房资产货币化，为老年人提

205 供医疗补贴，为低收入就业人员创造工作岗位，都意味着要建立健全更加全面的社会保障体系。

　　由于相关政策刻意且长期偏向自有住房，因而在新加坡住房市场中，可负担的住房租赁行业被边缘化。（在住房总量中）占很小比例的建屋发展局社会租赁住房主要面向低收入家庭的一居室和两居室。① 一般来说，建屋发展局经济实惠的市场租赁住房较为短缺，因为相比私人住房，建屋发展局住房租金收益率还更高。随着新加坡的外国人口不断增多，需要扩大可负担的租赁住房市场。一个建议就是设立房地产投资信托机构（housing real estate investment trusts），帮助满足有关人群的租赁住房需求，包括不断增多的新加坡永久居民、在新加坡的外国人以及处于过渡期的新加坡家庭（Phang 2013b；Phang et al. 2014）。

　　尽管新加坡模式已经引起了亚洲其他国家的浓厚兴趣（Micklethwait and Wooddridge 2014），但是要将新加坡的经验移植到其他国家，还须与当地的政治和社会背景相衔接。在住房政策领域，如果设计为一个储蓄和支付机构，住房公积金的设立则相对而言较为简单。更难复制的机构是建屋发展局，尤其是其安置措施、城镇规划、房产管理能力以及注重大规模开发优质廉价住房等诸多方面。而且，新加坡所依赖的策略——强制储蓄、土地国有制、国家提供住房——在其他社会政治环境中很容易出现普遍缺乏效率以及滋生腐败等现象。

**参考文献**

Asher, M. G. 2002. The Role of the Global Economy in Financing Old Age: The Case of Singapore. *ADBI Research Paper Series* 37. Tokyo: Asian Development Bank Institute.

Bhaskaran, M. 2003. *Re-inventing the Asian Model: The Case of Singapore.* Singapore: Eastern Universities Press for the Institute of Policy Studies.

---

① 政府认识到需要为低收入家庭租赁一居室和两居室组屋提供资助。这些家庭出现经济困难的原因在本质上是社会性的，社区支持工作者也会向这些家庭提供帮扶。在 2015 年 8 月的国庆日讲话中，（新加坡）总理提出了一个"重新拥屋计划"（Fresh Start Housing Scheme），要帮助那些卖掉住房却再也买不起住房的家庭。

Capozza, D. R., and G. Sick. 1991. Valuing Long-Term Leases: The Option to Redevelop. *Journal of Real Estate Finance and Economics* 4: 209–223.　206

Centre for Liveable Cities. 2014. *Land Acquisition and Resettlement: Securing Resources for Development*. Singapore: Centre for Liveable Cities.

Centre for Liveable Cities and Housing & Development Board. 2013. *Housing: Turning Squatters into Stakeholders*. Singapore: Cengage Learning.

Choe, A. F. C. 1975. Urban Renewal. In *Public Housing in Singapore: A Multi-disciplinary Study*, edited by S. H. K. Yeh. Singapore: Singapore University Press for Housing & Development Board.

Chua, B. H. 1997. *Political Legitimacy and Housing: Stakeholding in Singapore*. London and New York: Routledge.

Christudason, A. 2010. Legal Framework for Collective Sale of Real Estate in Singapore: Pot of Gold for Investors? *Journal of Property Investment and Finance* 28(2): 109–122.

Cunningham, C. R. 2007. Growth Controls, Real Options, and Land Development. *Review of Economics and Statistics* 89(2): 343–358.

Dale, O. J. 1999. *Urban Planning in Singapore: The Transformation of a City*. Malaysia: Oxford University Press.

Dale-Johnson, D. 2001. Long-Term Ground Leases, the Redevelopment Option and Contract Incentives. *Real Estate Economics* 29: 451–484.

Demographia. 2016. *12th Annual Demographia International Housing Affordability Survey: 2016*. http://www.demographia.com/dhi.pdf (accessed February 2016).

Dodge, R. 2006. *The Strategist: The Life and Times of Thomas Schelling*. Singapore: Marshall Cavendish.

Fernandez, W. 2011. *Our Homes: 50 Years of Housing a Nation*. Singapore: Straits Times Press for Housing & Development Board.

Government of Singapore, Department of Statistics. 2015. *Key Household Income Trends, 2014*. Singapore.

Government of Singapore, Ministry of National Development. 2011a. Good Affordable Homes for All Singaporeans. News release. 15 August. http://app.mnd.gov.sg/Newsroom/NewsPage.aspx?ID=2862&category=Press+Release&year=2011&RA1&RA2&RA3 (last updated 16 September 2015).

——. 2011b. Reflections on Housing a Nation. http://www.mnd.gov.sg/reflections_housing/

207

Government of Singapore, Ministry of Trade and Industry, Economic Review Committee, Sub-committee on Taxation, CPF, Wages and Land. 2002. *Main Report: Refocusing the CPF System for Enhanced Security in Retirement and Economic Flexibility*. https://www.mti.gov.sg/ResearchRoom/Pages/ERC%20Reports.aspx (accessed February 2016).

Kim, K. H., and S. Y. Phang. 2013. Singapore's Housing Policies: 1960–2013. In *Frontiers in Development Policy: Innovative Development Case Studies*. Seoul: KDI School and World Bank Institute.

Koh, C. W. 2015. *Financial Sustainability of Monetising Housing Equity in a Leasehold Environment*. Senior Thesis. Singapore: School of Economics, Singapore Management University.

Latif, A. I. 2009. *Lim Kim San: A Builder of Singapore*. Singapore: Institute of Southeast Asian Studies.

Lee, D., S. Y. Phang, K. F. Phoon, and K. Wee. 2013. Evaluating the Effectiveness of Cooling Measures on Property Prices: An Exploration of Alternative Econometric Techniques. Paper presented at the 2013 Asian Meeting of the Econometric Society. Singapore. 2–4 August.

Lee, H. L. 2014. National Day Rally Speech. 17 August. http://www.pmo.gov.sg/mediacentre/prime-minister-lee-hsien-loongs-national-day-rally-2014-speech-english (accessed 7 February 2016)

——. 2015. National Day Rally Speech. 23 August. http://www.pmo.gov.sg/mediacentre/prime-minister-lee-hsien-loong-national-day-rally-2015-speech-english (accessed 7 February 2016)

Lee, K.Y. 2000. *From Third World to First: The Singapore Story 1965–2000*. Singapore: Singapore Press Holdings.

Low, D. 2014. Rethinking Singapore's Housing Policies. In *Hard Choices: Challenging the Singapore Consensus,* edited by D. Low and S. T. Vadaketh. Singapore: National University of Singapore Press.

Micklethwait, J., and A. Wooldridge. 2014. *The Fourth Revolution: The Global Race to Reinvent the State*. New York: Penguin Press.

McCarthy, D., O. S. Mitchell, and J. Piggott. 2002. Asset-rich and Cash-poor: Retirement Provision and Housing Policy in Singapore. *Journal of Pension Economics and Finance* 1: 197–222.

Ooi, G. L., S. Siddique, and K. C. Soh. 1993. *The Management of Ethnic Relations in Public Housing Estates*. Singapore: Times Academic Press.

Phang, S. Y. 1992. *Housing Markets and Urban Transportation: Economic Theory, Econometrics and Policy Analysis for Singapore*. Singapore: McGraw Hill.

——. 1996. Economic Development and the Distribution of Land Rents in Singapore: A Georgist Implementation. *American Journal of Economics and Sociology* 55: 489–501.

——. 2001. Housing Policy, Wealth Formation and the Singapore Economy. *Housing Studies* 16(4): 443–459.

——. 2003. The Social Compact in Singapore: The Changing Role of Housing. In *Singapore Perspectives 2003,* edited by M. T. Yap. Singapore: Institute of Policy Studies and Eastern Universities Press.

——. 2004. House Prices and Aggregate Consumption: Do They Move Together? Evidence from Singapore. *Journal of Housing Economics* 13(2): 101–119.

——. 2005. Government and Private Sector Roles in Inner City Redevelopment: The Case of Singapore. Paper presented at Seoul International Seminar on Real Estate 2005 organized by Korea Housing Association. December.

——. 2007. The Singapore Model of Housing and the Welfare State. In *Housing and the New Welfare State,* edited by R. Groves, A. Murie, and C. Watson. UK: Ashgate.

——. 2009. Affordable Homeownership Policy: Implications for Housing Markets. Paper presented at the European Real Estate Society Conference. Stockholm. June.

——. 2010. Affordable Homeownership Policy: Implications for Housing Markets. *International Journal of Housing Markets and Analysis* 3(1): 38–52.

——. 2012. Public Housing—Appreciating Assets? In *Singapore Perspectives 2012: Singapore Inclusive—Bridging Divides,* edited by S. H. Kang and C. H. Leong. Singapore: Institute of Policy Studies and World Scientific.

——. 2013a. *Housing Finance Systems: Market Failures and Government Failures.* UK: Palgrave Macmillan.

——. 2013b. Do Singaporeans Spend Too Much on Real Estate? Keynote presentation at Institute of Policy Studies, Lee Kuan Yew School of Public Policy, National University of Singapore. 10 May.

——. 2015a. Home Prices and Inequality: Singapore Versus Other Global Superstar Cities. *The Straits Times.* 3 April.

——. 2015b. Monetizing Housing for Retirement in Singapore. Asia Pathways: A blog of the Asian Development Bank Institute. http://www.asiapathways-adbi.org/2015/10/monetizing-housing-for-retirement-in-singapore/ (accessed 7 February 2016)

208

——. 2015c. Singapore's Housing Policies: Responding to the Challenges of Economic Transitions. *The Singapore Economic Review* 60(3): 1550036 (25 pages). Reprinted as S. Y. Phang. 2016. Singapore's Housing Policies: Responding to the Challenges of Economic Transitions. In *Singapore's Economic Development: Retrospection and Reflections*, edited by L. Y. C. Lim. Singapore: World Scientific.

Phang, S. Y., D. Lee, A. Cheong, K. F. Phoon, and K. Wee. 2014. Housing Policies in Singapore: Evaluation of Recent Proposals and Recommendations for Reform. *The Singapore Economic Review* 59(3): 1450025 (14 pages).

Phang, S. Y., and W. K. Wong. 1997. Government Policies and Private Housing Prices in Singapore. *Urban Studies* 34(11): 1819–1830.

Singapore Parliamentary reports, 10 June 1964

Teh, C. W. 1975. Public Housing in Singapore: An Overview. In *Public Housing in Singapore: A Multi-disciplinary Study*, edited by S. H. K. Yeh. Singapore: Singapore University Press for Housing & Development Board.

Wong, M. 2013. Estimating Ethnic Preferences Using Ethnic Housing Quotas in Singapore. *Review of Economic Studies* 80(3): 1178–1214.

Wong, A., and S. H. K. Yeh, eds. 1985. *Housing a Nation: 25 Years of Public Housing in Singapore*. Singapore: Maruzen Asia for Housing & Development Board.

Yeh, S. H. K., ed. 1975. *Public Housing in Singapore: A Multi-disciplinary Study*. Singapore: Singapore University Press for Housing & Development Board.

**新加坡的政府部门网站**

建屋发展局：www. hdb. gov. sg

中央公积金：www. cpf. gov. sg

城市重建局：www. ura. gov. sg

新加坡土地管理局：www. sla. gov. sg

统计局：www. singstat. gov. sg

税务局：www. iras. gov. sg

# 第六章

## 瑞士、英国和美国的住房政策

克里斯蒂安·希尔贝尔　奥利维尔·尚尼

## 6.1　引言

我们在本章分析三个发达国家的住房市场及其当前的住房政策：英国、瑞士和美国。这三个国家都是经济合作与发展组织（OECD）的创始会员国。它们不仅是高收入经济体，人类发展指数（Human Development Index，HDI）很高，而且城市化程度也很高：根据各自的人口普查数据，瑞士有77％（2010年）的居民生活在城市区域，美国为84％（2010年），英格兰和威尔士为82％（2011）。

我们不是随机选择这三个国家的。之所以挑选英国和瑞士，是因为这两个国家在财政和土地使用规划方面，代表了政策谱系的两个极端，使之成为比较分析中的有趣案例。美国落在这两个极端之间，它与瑞士相似，是一个财政分权的体系（有联邦、州和地方三级税收）。另外，这个国家的一个特征是在土地使用规划的管制方面具有较大的空间异质性，既有非常宽松的（比如休斯敦或中西部大部分地区），又有非常严格的（比如洛杉矶、旧金山和纽约等城市）。因而，在比较分析中提供了有益的变异性。

三个国家不仅在制度背景方面有差异，而且在住房政策上也有不同。各国的政策都是在各自制度、政治、经济和文化背景中经过很长时间演变形成的。本章将说明制度背景——尤其是一个国家的土地使用规划和财政体系——如何影响城市形态、建设环境、住房市场状况以及感受到的挑战与风险（比如住房的可负担性、住房短缺状况以及实现自有住房的情况）。当前的住房政策试图解决这些问题，但是——我们将会解释——许多政策会带来意料之外的严重后果，并且不少政策充其量是无效且成本高昂的，有些甚至会有危害。

尝试着识别出这三个国家关键政策的起源，并分析其优缺点，对于分析具体住房政策在特定制度背景中的影响提供了一个全面且清晰的图景。因此，它可以帮助亚洲（和其他地区）新兴经济体的政府在执行各自的住房政策方面学习到一些经验教训。

起初，英国在政治上和财政上都是一个高度中央集权的国家，而且规划体系非常僵化，专注于遏制城市扩张。这个国家的房屋所有者占比从 2002 年的 69.3% 降至 2013 年的 63.5%。该国在政治方面主要关心的问题是住房短缺以及相应地缺乏能负担得起的住房。我们认为，（英国）住房短缺以及可支付能力缺乏是规划体系——在 70 多年前就已经实施了——以及在财政和政治方面极端集权的直接后果。我们概述了试图应对住房短缺和可负担危机的一些关键政策（比如购房援助计划）。这些政策会带来促进需求以及推高房价的效果，因为供应是严重受限的。因而，这并没有解决住房的可负担危机。实现住房自有是另一个密切相关的政治关注点。有趣的是，最近有些实证研究的结论表明，一些旨在促进住房自有的重要政策（比如美国扣减抵押贷款利息或者英国的购房援助计划）可能在事实上并没有真正提高总的住房自有率，在一些供应受限的地区甚至还可能降低了住房自有率。[①]

212 　　瑞士在许多方面正好与英国相反。它在政治上和财政上都是世界上分权程度最高的国家之一，有一个很灵活的分区规划体系，还有一种独特的直接民主的政治背景，这贯穿于各个层级的政府：联邦、区域（州）和地方（城市）。除了有一部分较低收入的家庭关注住房的可负担性问题外，近年

---

[①] 一方面，向现有的或今后的住房所有者提供补贴（比如抵押贷款利息扣减或购房援助计划）会降低自有住房的成本。另一方面，在供应受限地区，因补贴而推高的需求可能会抬高自有住房的价格，从而增加自有住房的成本。人们可能认为净效应是正面的还是中性的，要取决于供应条件（比如，取决于补贴是否完全资本化而进入房价中）。事实上，Hilber and Turner（2014）提出了一些理论机制，解释了净效应在一些住房供应无弹性地区结果为负的原因。他们还从美国找到了一些支持该论点的论据，即在供应受限地区，补贴对自有住房的影响是负的。

来，在住房方面主要关注的政策问题毫无疑问是无序蔓延（Sprawl）——此类现象在大城市并不多见，主要在山区的旅游景区出现了"农村（房屋）无序蔓延"（rural sprawl）。我们认为，当前出台的一些住房政策在很大程度上是（该国）财政分权和土地使用规划体系的直接后果。"限制农村（房屋）无序蔓延"的关键政策是于 2013 年以后禁止在旅游景区建设（投资）第二套住房。我们将会讨论该政策的预期效果以及一些没有预见到的后果。

瑞士住房市场的另一个特征是住房自有率极低。尽管在过去几十年的时间里有缓慢增长，而且自 20 世纪 90 年代初以来增速有所加快，但目前仍然不超过 40%。由于瑞士的中间选民（the median voter）仍然是租房者，因而所执行的政策毫无疑问是倾向于租房者的。当前旨在帮助租房者的关键政策是一项温和的租金稳定措施，允许房东在租房者发生变更或者满足一些特定条件的情形下提高租金。比如，抵押贷款的利率提高了，或者实施了重大翻修。我们将会讨论该政策的优缺点。

最后，美国的案例非常有趣，因为该国的一部分地方——主要是沿海的大型"超级明星"（superstar）城市，比如洛杉矶、旧金山、波士顿和纽约——正面临着强大的需求压力，而土地使用的控制又非常刚性。该国的其他地方——包括中西部和德克萨斯——土地使用管制较为宽松。这种独特的背景让我们可以检验一种假设，即刚性规划所造成的供应约束会使住房供应曲线无弹性，因而，住房补贴——比如扣减抵押贷款利息——会被资本化并进而推高房价，从而抵消了政策的预期效用。我们总结了支持这种假设的论据。

我们将以下列方式展开论述。对于每一个国家，我们第一步会评述住房市场现状，并描述政策制定者面临的主要挑战和风险；第二步描述当前执行的主要住房政策；第三步讨论各项住房政策的预期分配效应及其他目标；第四步分析一些关键政策的优点和缺点——通常是政策制定者没有考虑到的意外后果；第五步根据对一些关键政策的分析，讨论可以学习到的经验教训。最后，我们会综合三个国家的情况提出一个综述。

# 6.2 英国的住房政策①

## 6.2.1 住房市场现状

英国的住房——尤其是伦敦和英格兰东南部——是全世界最昂贵且狭小的。② 根据全球房地产指南（the Global Property Guide）（2015）的排名，一个国家首位城市（prime city）——在英国即伦敦——中心黄金地段"可比公寓"（comparable apartment）的每平方米住房购买价格，英国排在第二位。它只低于摩纳哥这个迷你型的城市国家和避税天堂。英国不仅房价高，租金也奇高。伦敦一套可比公寓的租金也是世界第二高的，依然仅次于摩纳哥。

表6.1 以英国（伦敦）为标杆（100%），测算了不同经济体（城市）的相对住房成本。令人吃惊的是，英国的住房成本几乎是美国（纽约，53.6%）的两倍，而且比瑞士（日内瓦，44.2%）的两倍要高出许多。要知道瑞士是全世界最富裕的国家之一，而日内瓦是生活质量排名最高或接近最高的城市之一。

214

**表6.1 相对住房成本的国际比较**

每平方米的售价和租金；按经济体（城市）划分——英国（伦敦）＝100%；2014年

| 经济体（城市） | 每平方米售价相比英国（伦敦）的百分比（%） | 排名 | 每平方米租金相比英国（伦敦）的百分比（%） | 排名 |
|---|---|---|---|---|
| 摩纳哥 | 174.1 | (1) | 101.8 | (1) |
| 英国（伦敦） | 100 | (2) | 100 | (2) |
| 中国香港 | 66.1 | (3) | 58.5 | (4) |
| 美国（纽约） | 53.6 | (4) | 63.9 | (3) |
| 法国（巴黎） | 53.3 | (5) | 47.2 | (6) |

① 本节有关英国住房政策的讨论是基于 Hilber（2015a）最近的分析。
② 英国新建住房（单套面积）比人口较为密集的德国要小38%，比人口更加密集的荷兰要小40%（Statistics Sweden 2005）。不仅新建住房在国际比较中显得较为狭小，而且据说存量住房也是如此。另外，相比经济合作与发展组织中生活水平相近的国家，如美国或瑞士，英国的存量住房要更加老旧，因而品质也更加糟糕。

续表

| 经济体(城市) | 每平方米售价相比英国(伦敦)的百分比(%) | 排名 | 每平方米租金相比英国(伦敦)的百分比(%) | 排名 |
|---|---|---|---|---|
| 俄罗斯(莫斯科) | 46.4 | (6) | 46.4 | (7) |
| 瑞士(日内瓦) | 44.2 | (7) | 42.8 | (8) |
| 新加坡 | 44.2 | (8) | 39.1 | (9) |
| 印度(孟买) | 33.2 | (9) | 24.5 | (16) |
| 日本(东京) | 31.2 | (10) | 48.4 | (5) |
| 以色列(特拉维夫) | 27.5 | (11) | 29.4 | (11) |
| 瑞典(斯德哥尔摩) | 27.3 | (12) | NA | |
| 芬兰(赫尔辛基) | 24.3 | (13) | 26.9 | (14) |
| 加拿大(多伦多) | 23.9 | (14) | 27.4 | (13) |
| 意大利(罗马) | 23.2 | (15) | 27.6 | (12) |
| 卢森堡 | 22.2 | (16) | 26.4 | (15) |
| 澳大利亚(悉尼) | 22.1 | (17) | 31.1 | (10) |

资料来源：Hilber (2015a)。所有数据都来自 www.globalpropertyguide.com/most-expensive-cities (2015年2月1日登录)。相对价格和租金都是基于作者计算。

英国的住房成本不仅绝对值较高，而且相比收入而言也较高。从通常用于衡量"住房可负担性"的指标——房价中位数与收入中位数之比——来看，当前的大伦敦地区（the Greater London Area）是有可用数据以来最糟糕的。2014年大伦敦地区的房价收入比是8.5，英国作为一个整体，住房负担稍微轻一些，房价收入比是5（Demographia 2015）

英国不仅房价特别高，而且波动很大。相比美国房价波动最大的大都市地区，英国实际房价的波动，如图6.1所示，在房地产的上一个完整周期（即20世纪80年代上涨与20世纪90年代下降）中明显偏大（Hilber and Vermeulen 2016）。

当前的住房可负担危机是在过去的40年中逐步累积的。这段时期，英国的房价涨幅比任何一个经济合作与发展组织成员国都要大。图6.1反映了1974~2014年的实际住房价格指数（HPI）和实际国内生产总值（GDP）的变化情况。英国现在的实际房价是1974年的两倍多。英国的房价指数提高了113%（从100%升至213%），略高于增长了105%的人均GDP实际增幅。在英国，伦敦的房价涨幅最为明显：自20世纪90年代中期以来，伦敦

215

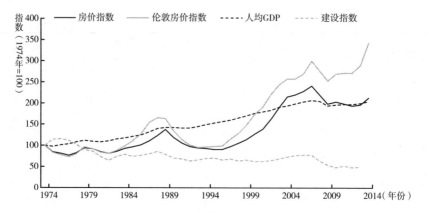

图 6.1　英国的住房价格指数（实际）、英国
的人均 GDP 指数（实际）和建设指数

资料来源：作者根据以下相关数据计算得出：Nationwide，www.nationwide.co.uk/
about/houseprice-index/download-data#xtab：uk-series（2015 年 12 月 12 日登录）；（英
国）国家统计局，www.ons.gov.uk/ons/datasets-and-tables/data-selector.html？cdid =
IHXW&dataset = ukea&table-id = X11（2015 年 12 月 12 日登录）；（英国）社区与地方
政府部，www.gov.uk/government/statistical-data-sets/live-tables-on-house-building（2015
年 12 月 12 日登录）。

房价与英国平均房价有了显著提高。伦敦的房价在过去几年又出现了惊人
的增长。2014 年，伦敦的房价指数相对于 1974 年基准年份上升到了 344%
216　的历史最高点，远远超出 140% 的人均 GDP 增幅。这就解释了为什么在持
有收益不变的情况下，伦敦和（英国）东南部地区的住房也是最难以负担
的。

　　尽管实际收入有所增长，人口总量也因移民流入而明显增加，而且名义
房价和实际房价都出现了快速上涨，但是自 20 世纪 60 年代末以来，新建的
永久性住宅（new permanent dwellings）数量却大幅下降，导致住房大量短
缺。根据英国社区与地方政府管理部（the Department for Communities and
Local Government）（2015a）的数据，1969 财年开始有住房统计，该年新建
住房接近 38 万套。随后不断下降，一直到 1990 年和 1991 年以后大幅下降
至 20 万套以下。2012 年，住房建设数量降至历史低点，为 135510 套。2013
年，略增至 140930 套，反映了住房建设数量伴随经济复苏而出现了典型增
长现象。如图 6.1 所示，1974 ~ 2013 年，尽管实际房价快速上涨，住房建
设数量却下降了 50%。

　　英国，尤其是伦敦和该国东南部地区极高的房价，已经影响到实现住房

自有的目标。住房自有率在第二次世界大战以来一直在上升。如图 6.2 所示，住房自有率在 20 世纪 80 年代出现了快速增长。这可能主要归功于玛格丽特·撒切尔的保守党政府在 20 世纪 80 年代推行的所谓"购买权"（right-to-buy）计划。当时，只有 55.4% 的英国家庭是业主，33.1% 是社会住房承租户，11.4% 是私人住房承租户。之后，社会住房承租户的占比显著下降，而住房自有率朝反方向变动。住房自有率在 20 世纪 90 年代继续上升，在 2002 年达到了 69.6% 的高点。在这个时候，租赁社会住房和私人住房的家庭占比分别为 20.9% 和 9.8%。2002 年以后，住房自有率逐步下降，在 2013 年达到 63.6% 的暂时性低点，该年也是能获得数据的最近年份（DCLG 2015b）。与此同时，租赁私人住房的家庭占比大幅增加至 18.6%，而租赁社会住房的占比降至 18%。

有趣的是，尽管英国出现了较为严重的住房短缺，对该现象最准确的描述或许是一种"建设干旱"（construction drought），但是在 2004～2013 年，住房空置率一直很稳定地在 2.3%～2.9% 变动（见图 6.2）。英国的空置率低于美国。因为在 2007～2009 年全球金融危机期间，美国出现了大规模的过度建设，随后又出现了止赎危机（foreclosure crisis）。更加令人惊奇的是，英国的住房空置率要比瑞士高很多，要知道英国正面临大规模的住房短缺，　217 而瑞士的住房建设在近些年出现了一次小高潮。其中部分原因可能在于相

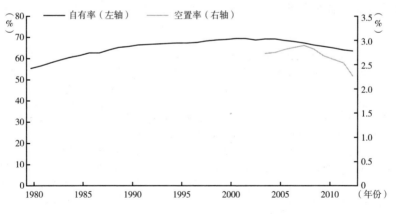

**图 6.2　英国的住房自有率和空置率**

资料来源：（英国）社区与地方政府部，https：//www.gov.uk/government/statistical-data-sets/live-tables-on-dwelling-stock-including-vacants（2015 年 12 月 12 日登录）。

比瑞士，英国有不少正在挣扎或衰落的城市（比如利物浦、布莱克浦、桑德兰），这些城市的人口数量或者停止增长或者不断下降，因而住房需求相对较为疲软，导致一些住房被空置。另一个原因可能在于英国的地方规划约束：在实施严格管制约束的地区，新建住房的供应以及存量住房的性能都不能适应住房特征方面的需求结构，因而也有可能造成住房空置。Cheshire，Hilber and Koster（2015）为后一种原因提供了相关论据。

218

## 6.2.2 对住房市场现状的解释：英国土地使用规划体系的角色

长期以来，许多实证研究都明确地将英国土地使用规划体系——连同一些地区强劲的住房需求，主要是大伦敦地区和该国的东南部地区——作为英国住房可负担危机的主要原因（Ball，Allmendinger，and Hughes 2009；Barker 2003，2004，2006；Cheshire 2009 and 2014；Cheshire，Nathan and Overman 2014；Hilber 2015a；Hilber and Vermeulen 2010 and 2016；Overman 2012）。[1]

英国的规划体系[2]，要追溯到 1947 年的《城乡规划法》（the Town and Country Planning Act），从世界标准来看是极其僵化的。这种结果来自通过所谓"绿带"（green belts）遏制城市发展，严格控制高度，使地方政府缺乏财政激励去开发建设。使用所谓的"开发控制"（development control）加

219 剧了该体系的僵化程度。这使所有关于是否开发的决策都要受到地方政治算计的影响，因而也就更加不确定。开发控制还助长了"邻避"（not in my

---

[1] 英国规划体系的负面影响并不仅限于住房方面。根据 Cheshire and Hilber（2008）的论证，管制约束与英国办公物业价格特别昂贵之间有紧密关联。Cheshire，Hilber and Kaplanis（2015）表明，在 1996 年严格执行"城市中心优先"（Town Centre First）政策后，一家普通商店在开张后就会损失 32% 的营业额。Cheshire，Hilber and Sanchis-Guarner（2014）表明，"城市中心优先"政策希望推动郊区居民到拥挤的城市中心而不是在城外的大型超市购物，恰恰使购物旅游没有"可持续性"。而且，英国严格的规划约束还可能增加通勤时间（比如，由于通勤者必须"翻越"绿带区域），或者可能会阻碍新房建设和翻修，因而使老旧住房相比其他类似国家更加破旧。当然，土地使用规划也能通过矫正市场中的各种失灵现象而带来一些好处（将各种负外部性和正外部性都内部化，提供地方性的公共产品，比如公共停车场或保护重要的历史建筑）。目前并不清楚现有规划体系的净福利效应究竟有多大，但来自英国的少量证据表明，净福利效应事实上是负的（Cheshire and Sheppard 2002；Hilber and Vermeulen 2016）。

[2] 虽然英国四个地区（英格兰、北爱尔兰、苏格兰和威尔士）的规划体系有明显差异，但我们在此还是称之为"英国的规划体系"（UK planning system）。英国四个地区的规划体系都遵循相同的指导原则，但是在这些原则的严格程度方面还是有明显差异。比如，"城市中心优先"政策在英格兰的执行要比在苏格兰和北爱尔兰严格得多。

backyard，NIMBY）行为。

Hall et al.（1973）在早期的实证研究中提出，英国的规划体系早在 20 世纪 70 年代初就已经成为制约住房建设的因素。虽然这一观点缺乏非常严格的实证证据，但是很有可能是绿带限制——它影响到英国所有的主要城市——在 1970 年左右开始具有约束力，当时快速增长的住房需求事实上突破了绿带的边界。在这种情况发生后，居住在绿带附近、受"邻避"效应影响的业主（和私有土地所有者）开始反对在他们的地区建设新房，于是逐步对新房建设施加了更加严格的"横向"约束。这与各种"纵向"约束措施（比如限制建设高度或所谓的"景观廊道"）①相结合，使住房供应越来越少，价格弹性也越来越小。因而，在住房需求持续增长的情况下，大伦敦地区（英国经济的发动机）的实际房价开始快速上涨，而对经济实惠住房已深感失望的通勤者开始"翻越"绿带。

不断强化的规划约束或许能解释，为什么住房建设数量在 20 世纪 60 年代末以来一直在下降。1970 年，英国建设了大约 38 万套新房，几乎是当前建设数量的 3 倍。在那个时期，对于能在什么地方建房，很少会有约束。当时的价格信号仍然能向开发者、设计者和建造者传递有关在哪儿建设以及花多少建设成本的信息。当前，规划体系彻底屏蔽了价格信号，有效地阻止了几乎所有地方的住宅开发，特别是那些对住房建设具有一定吸引力的区域。如果价格信号能发挥作用，在有吸引力的地区就会建造更多住房，市中心的建筑楼层也会更高，而独栋住宅会更加远离市中心（Hilber 2015c）。

针对英国土地使用规划限制和其他类型的供应约束措施对当地房价的影响，Hilber and Vermeulen（2016）提供了迄今为止可以说是最严格的计量经济学论证。该研究发现，在规划限制非常严格的地区，地方收入的冲击会导致当地房价涨幅更大。该研究提供的论据可以在因果关系上进行解释：管制

220

---

① 景观廊道（view corridors）的目的是通过限制周边建筑物的高度，保证具有特殊价值的地区能拥有不受遮挡的视野。比如，伦敦的圣保罗大教堂（St. Paul's Cathedral）由六条景观廊道保护，因而对伦敦市中心的大部分建筑都形成了约束。其中一条廊道——创立于 1710 年——确保了从位于里士满公园（Richmond Park）的亨利八世陵墓（King Henry Ⅷ's Mound）到圣保罗大教堂长达 10 英里（16 公里）的视线。这条视线透过树篱中特别设计的缝隙，顺着专门养护的干净大道，然后通向伦敦的各个角落。这种目前仍在执行的特殊视线要求严重限制了利物浦街车站（Liverpool Street Station）的发展，该车站是英国第三繁忙的火车站，也是伦敦最中心、最繁华的区域。

约束影响了住房价格。虽然管制约束在（英国）每个地方都有约束力，但是其影响在伦敦和（英国）东南部地区最为显著，这些地区的拒绝率（即被地方规划部门拒绝的规划申请数量占比）最高，土地使用规划的限制最具约束力。① 住房不是建在最需要的地方，那里面临的需求压力最大，而是建在那些仍然对开发建设亮绿灯的区域。通常这些区域的失业率较高，因而有经济动力批准当地的开发项目：住房建设能创造就业岗位，即便只是临时性的。

Hilber and Vermeulen（2016）对这些影响的经济规模做出了一些估测。如果所有的管制约束措施都被废除，1974～2008 年的实际住房价格会少涨100%。废除所有的管制措施当然既不现实，也不可行。更符合实际的情况是，如果英国东南部地区（是英国规划管制最严格的地区）实施与北部地区（是英国管制最宽松的地区，但从国际比较看，仍然具有很强的约束性）相同程度的管制，其房价在 2008 年会比实际房价下降 25% 左右——基于趋势预测——而在 2015 年会下降 30% 左右。

221 　Hilber and Vermeulen（2016）发现，管制约束措施并非唯一具有约束力的举措。另外还有由于可开发土地的稀缺而形成的制约。这些问题只限于城市化程度较高的地区。但是，这些地区——最突出的就是大伦敦地区——受稀缺性制约的影响很大，其房价在面临需求的正面冲击时涨幅更大。换句话说，即便放松各种管制约束，从世界标准看伦敦的房价仍然较高。地形制约也被发现具有约束力，但是这些制约条件造成的影响相对较小，也许是因为英国基本上是一个地形平坦的国家，几乎不存在能真正严重妨碍住房建设的坡地。

英国的规划体系还有重要的分配效应。面对英国规划体系施加的约束，年轻人群体以及虽不年轻但将成为购房者的群体显然是受损者。不过，年轻

---

① Hilber and Robert-Nicoud（2013）提供了一个理论论证，解释了为什么各个区域和地方相关部门没有实行同样的限制。他们认为，土地使用限制会因为使价格上涨而有利于已开发土地的所有者，但也会因为使成本增加而不利于未开发土地的所有者。在这种背景下，越是中意的地方，开发程度也越高，然后作为政治经济力量交互影响的结果，这些地方的管制也越严格。将这种理论论证转换到英国的制度背景中，就意味着在最富裕也最令人中意的地方，所面临的需求压力也最大（主要是大伦敦地区），业主和私有土地所有者在这些地方有最多的资产需要保护，所以他们有最强烈的动机要通过投票和邻避主义的反对方式（往往是业主）或者游说（往往是私有土地所有者）去限制当地的发展。一些苦苦挣扎的地方，由于需求疲软并且失业率较高（主要是英国的北部地区），更愿意批准一些商业甚至是住宅的开发项目，希望为当地创造一些零售或办公的就业岗位，或者临时性地提供一些建筑工作岗位。

且拥有住房的家庭也是这个残缺体系的受损者，尽管他们通常没有意识到。他们受损的原因在于：第一，居住在人为限制且逼仄的住房中；第二，越来越不可能置换面积更大的住房，尽管随着家庭人口增加，更大的住房会更加适合居住。交易变得越来越困难，而且英国对住房交易要征收很重的土地印花税（the UK Stamp Duty Land Tax），从而使问题更加麻烦（Hilber 2015c；Hilber and Lyytikäinen 2015）。

老年业主应该是该体系的受益者，因为他们的住房在 20 世纪 60 年代末和 70 年代初以来出现了巨大（无税）的资本收益，而且在其子女搬出以后，他们的住房条件一般不再过于逼仄。更有可能的是，如果家庭的人口数量有所减少，他们可能还会有住房方面的过度消费，有一个很大的花园需要看护。

从早期业主的角度看，麻烦在于除非出售他们的住房，否则不能真正获得其住房财富——对老年人而言更是费钱费力——如果或者减少住房面积，或者搬到更加便宜的住所中，通常又不得不割舍他们在当地的社会关系。产权释放（美国的说法是反向抵押，equity release）可能是老年业主的可行选择，能将其住房财富资本化。但是，根据 Burgess，Monk and Williams（2012）的研究，产权释放只占英国 2011 年上半年抵押产品销售额的 2.1%。占比很低的原因可能有几个方面：认为产品说明不够透明，担心财务咨询的质量，有让人担心必须迁出居所的缺陷，以及对老年生活缺乏长期规划。私人租赁住房对老年人而言不是一种较好的选择，因为同样也很昂贵（相比自有住房），而且英国对承租户的法律保护较薄弱。

因此，对于残破的英国规划体系而言，只有那些准备出售住房、落袋为安（pocket the proceeds）并迁往房价更便宜地区的老年业主才是真正的受益者。对于那些维持原状的人而言，他们的子女将最终受益。而那些承租户的子女将蒙受损失。因而，规划体系固化了财富不均（Hilber 2015c）。

### 6.2.3 关键的住房政策及其目标、优点和缺点

如前一节所述，英国的可负担危机在过去 40 年缓慢积累。与实际收入增速相反，英国的实际房价以及私人住房的实际租金①都是经济合作与发展组织成员国中增长最快的（Hilber and Vermeulen 2016）。尤其是年轻人和低收入家庭都在住房阶梯（the housing ladder）上苦苦挣扎。

---

① 有关租金的完整时间序列数据没有对外公开。

过去采取的主要住房政策，尤其是近些年执行的相关措施，毫无疑问体现了一项重要事实，即住房可负担性已经成为选民们和各类政治家重点关注的问题。下面我们简要讨论英国旨在应对可负担危机而执行的主要政策。我们将讨论其目标、优点和缺点。

### 6.2.3.1 社会住房

英国社会住房（social housing）的起始年份可以追溯至 1919 年。该年，地方政府（议会）按照法律规定要提供所谓的"议会住房"（council housing，也被称为"议会房产"）（Wheeler 2015）。直到 2007 年之前，地方政府一直是英国社会住房的主要供应主体。2008 年，住房协会（housing associations）① 首次超过地方政府，成为英国社会住房最主要的供应者。

起初，议会住房的目的是向部队新兵提供体面的住房。但是，社会住房的时代在第二次世界大战以后才真正到来，当时的工党政府建造了 100 多万套住房，其中 80% 是议会住房，主要用于取代战争中被摧毁的房屋。住房建设的高潮在 20 世纪 50 年代一直在持续，但是到 20 世纪 50 年代末，重点转向了清除贫民窟（Wheeler 2015）。到 20 世纪 70 年代初，社会住房的规模缩减变得越来越明显了。用 Wheeler（2015）的话说：

> 到 20 世纪 70 年代初，曾经一度看起来是那么纯朴又具有未来主义格调的混凝土马路和"天空中的街道"，正变成腐朽和无法无天的避风港。一股强烈的腐败气味从一些市政厅涌出，这是由于地方政客们与他们的朋友们在建造和设计中形成了惬意的关系，伴随着的是他们创立了劣质"体系建造"住房标准。正是在这种背景下，"购买权"（下面会讨论）开始占优，由此英国出售的议会住房数量从 1970 年的 7000 套猛增至 1972 年的 46000 套。

提供社会住房肯定帮助了最低收入家庭和最弱势群体。如果没有这些措施，他们更难获得适足的住房。至于将公共资金投资于特定区域的社会住房（"帮助地区"）是否比将相同数额的资金直接发给低收入家庭和弱势群体

---

① 住房协会是一种私营的非营利组织，向需要居住的家庭提供低成本住房。自 20 世纪 70 年代以来，它们在英国运营的社会住房占比不断增加。虽然在形式上独立于政府，但是住房协会都受到国家管制，并接受公共资金资助。

（"帮助人员"）更为有效，是一个很难回答的问题。通常，这个问题的答案是，直接帮助人员能更有效地取得预期效果。但是，由于规划体系在全国各地都对价格信号失去了反应，市场力量被压制了，直接向相关人群提供补贴只会推动需求，而实际上可能难以增加私人住房建设数量。因而，通常在市场运转正常时是一项好的政策，却可能注定要失败。

而且，即便我们能从这种一般性论证中得出一个反事实结果（a counterfactual outcome）的假设，社会住房的历史记录也是很复杂的。一种与社会住房相关的担心是，将低收入家庭集中在一起，社会住房可能会带来一些负面的同辈效应（negative peer effects），比如，对学生成绩产生负面影响。Weinhardt（2014）估测了居住在一个贫困社区——表现为社会住房较为集中——对英国 14 岁儿童学习成绩的影响。他首先指出，这类社会住房高度集中的社区都有非常高的失业率，专业技能人员的占比极低，建筑密度很高（社会住房一般是中层或高层建筑）。为识别出社区贫困对学生成绩的因果影响，Weinhardt（2014）随后利用了搬入这些社区的时间。他认为搬入的时间可以被视为一个外生变量，因为在对社会住房需求旺盛的地区会有很长的轮候名单。运用这种方法，该研究发现没有证据显示社会住房的社区对学生成绩有负面影响。

另一种有关社会住房的担心是，如果租赁住房的价格一直低于市场价格，会不可避免地出现租赁住房的短缺：只要低于市场价格，家庭对社会住房的需求就会超过其供应（而且只要低于市场价格，开发企业就没有足够的动力去提供更多的社会租赁住房）。在我们分析也有可能产生低于市场价格现象的瑞士租金控制体系时，我们对上述现象的认识会有所深化。由于英国与社会住房相关的补贴非常大，因而轮候名单很长。如此长的轮候名单显然是缺乏效率的，而且带来无谓的损失。社会住房的轮候名单会使低收入家庭中的"聪明人"和"锲而不舍者"得益，而不是最弱势的群体（比如临床抑郁症患者）受益。

与社会住房相关的一项政策被称为"第 106 款协议"（Section 106 agreements），要求私营开发企业提供"经济适用住房"（affordable housing），以此作为获得规划许可的一个条件。由于对此类补贴住房的需求远远超过了供应，因而该项政策也有类似的负面影响。

### 6.2.3.2　购买权

在玛格丽特·撒切尔夫人引入"购买权"政策之后，社会住房在 1980

年之后开始萎缩。简言之，该政策允许社会住房的承租户以特别优惠的补贴价格购买所租住的住房，使得一些最好的社会住房从社会租赁性质转变为私人所有。如图 6.2 所示，自有率在 1980～2002 年出现了显著上升，其中购买权政策是一个至关重要的因素。

在保守党最近的一次选举宣言中，其提出要将购买权拓展到住房协会的承租户。这种新政策的优点和缺点何在？

首先，考虑对获得自有住房可能出现的影响。向承租户提供的折扣优惠是相当大的，这将激励住房协会的许多承租户转变为业主，也许能逆转 2002 年以来住房自有率不断下降的趋势。

225 提高住房自有率也许是可取的。美国的一些情况表明，住房自有会带来社会效益（DiPasquale and Glaeser 1999）。这在供应约束紧的区域尤为明显（Hilber and Mayer，2009；Hilber，2010）。但是，也有观点提出，（借助杠杆实现）住房自有会损害劳动力市场（Blanchflower and Oswald 2013），或者对创业有负面影响（Bracke，Hilber and Silva 2015）。所以，不清楚向住房协会的承租户提供购买权补贴——这基本上只能随机地惠及一些低收入家庭——从社会福利角度看是否合理。

其次，该政策会给纳税人增加较大成本。这是因为住房协会接受了公共资金，必然要弥补其损失。否则，购买权会明显损害住房协会（的利益），危及它们用于建设新房的融资能力，而这会导致住房供应大幅减少。

最后，虽然拓展购买权会对住房协会承租户中一些被选中的群体有所帮助，但该政策不能解决其余人群的可负担危机问题。甚至，即便住房协会用于建设新房的融资能力不会受到影响，它也有可能使情况变得更加糟糕。这有两方面原因：第一，从住房协会承租户转变为业主，既不影响总的住房需求，也不影响总的住房供给，所以不会创造出任何新的住房。第二，在反对新建住房的动力方面，一个转换为业主的人可能要强于其做承租户的时候。总之，这会使新房建设变得更加困难（Hilber and Robert-Nicoud 2013），因而会加重住房可负担危机。

### 6.2.3.3 购房援助（Help-to-Buy）

所谓的"购房援助"政策于 2013 年被引入。该计划的目的——可以说是前一届联合政府住房政策的最重要内容——在于刺激住房需求（Gov. uk 2015）。购房援助计划由四部分内容构成：产权贷款、抵押贷款担保、共有产权（shared ownership）以及"新建房屋购买"（new buy）计划。后者允许购房者仅以房价的5%作为定金购买一套新建住房。购房援助政策的倡导者希望住房需求的增加能转化为新建住房的供应，从而提高住房自有率。

然而，一些简单的典型事实对这种乐观观点形成了严重的质疑。购房援助计划可能还阻碍了一些人群购房。在宣布购房援助计划之后的一年里，即2013年第二季度至2014年第二季度，根据全英抵押贷款协会（Nationwide）的数据①，伦敦每套住房的平均价格从318200英镑涨到了400400英镑，增长了25.8%，而新房建设高潮并没有出现。

对抵押提供补贴会推高房价，这不利于而不是会促进获得自有住房，这种事实与美国的情况是相一致的。Hilber and Turner（2014）提出，美国的抵押贷款补贴与获得自有住房之间充其量只存在非常微弱的关联。他们在分析中提出，在严格管制的大都市地区（与英国严格约束的城市最相像），补贴对获得自有住房有负面影响，因为价格效应——通过增加需求——会大于扣减税收带来的收入效应。他们还发现，在管制稍微宽松的大都市地区（与瑞士无序扩张的城市有些相像），补贴对获得自有住房有一些积极效应，但是仅限于高收入群体。

如上节所述，一直以来都有证据表明，英国的住房供应对需求冲击毫无反应，这很大程度上是因为规划体系非常僵化。与此相一致，一项相关的研究发现，英国中央政府提供的补助基本上都被资本化进入了房价，即补助数额的变化大致等于房价变化（Hilber, Lyytikäinen and Vermeulen 2011）。由于购房援助政策也是刺激需求，所以可以预料到它的效应也会被完全资本化，这与伦敦在引入该政策后观察到的价格快速上涨情况相一致。

除了没有取得预期效果外，该政策另外还有一些缺陷。第一，为购房援助计划提供资金需要依靠税收，而这会来带无谓的损失——对社会而言是纯粹的福利损失。第二，该政策还会带来系统性的风险，因为政府（或者更准确地说是纳税人）承担了与担保相关的大部分风险。剩下的风险由"边缘购房者"（marginal homebuyers）承担，这些购房者离开该政策就无法获得贷款。第三，该政策还会带来不令人满意的分配后果。该政策的受益者是

---

① 全英抵押贷款协会，住房价格指数。http：//www. nationwide. co. uk/about/house-priceindex/headlines（于2015年12月12日登录）。

现有的业主，而他们已经从资产增值中获益。借助该政策，首次购房者可能不会有所改善，因为价格上涨很有可能抵消了他们获得的补贴数额。而且，他们增加了金融杠杆，如果没有购房援助政策，这就超出了他们的能力范围；因而这使他们面临更大的违约风险。那些看到政策驱使房价上涨而不敢购房的人也会有损失，因为他们作为纳税人还得为该政策出资。第四，引入该政策的意图相当简单明了。但是，取消该政策却会对宏观经济产生威胁。这是因为，取消该政策会形成明显（感知到）受损的群体，还有可能对房价产生负面影响，尤其是如果恰恰碰上经济下行，后者会迫使政府审视其耗资较大的项目。对于购房援助以及其他旨在刺激住房需求的相关项目，还有更多的一些担心存在，这在 Hilber（2013，2015b）的研究中有所讨论。

### 6.2.3.4　与住房相关的税收政策

住房相关的税收对住房可负担性有着重要影响，尤其是在严格的规划体制背景下。这是因为，在供应受到约束的区域，越高的（越低的）税收有可能被资本化进入越低的（越高的）房价中。任何与税收相关的政策改革都应该考虑到这一点。下面，我们简要讨论英国与住房相关的主要税收政策及其优缺点。

**中央政府给地方政府的补助以及议会税**

英国地方政府的大部分开支都由中央政府通过补助提供资金，而不是通过地方税收。这些分配给地方政府的补助是以"需要"为基础，要根据一些复杂的计算公式，该公式会考虑到地方政府及其居民的各种特征。分配机制相当于一个"均等化体系"（equalization system）。这种机制的一个明显不足在于，对新住宅开发项目的审批与（拨付）永久性的补助收入之间只有非常微弱的关联。

简单说，地方政府面临的最大一部分开支，就是为新住房开发项目提供基础设施和地方公共服务的配套支持。但同时，中央政府拨付的补助中几乎没有为地方政府批准此类开发提供财政上的激励。为了抵制新项目的开发，受"邻避"效应影响的业主和私有土地所有者竭力向地方政府施加压力，这会使新开发更加困难。只关心再次当选的地方政府政客们有很强的动力不批准在其辖区内开发新住宅项目。

如果地方税收收入与当地住宅开发规模挂钩，即便在"开发控制"的体系中，也会激励地方政府将批准此类开发项目放在首位。但是在英国，此类税收激励几乎不存在。英国唯一的地方税种是议会税（the council tax），而该税收的税基是房产价值。相比其他国家（以及与一种有效的税收体制相比），该税收在整个税收体制中的比重很小（Mirrlees et al. 2011）。因而没有给地方政府提供足够的激励去批准住宅开发。而且，由于所有的地方收入都要服从于一个均等化的体系，这将在年中抹掉批准更多开发项目的地方政府所获得的所有议会税收入。议会税还有一大缺陷。1992 年以后就没有对税基开展过再评估了。这带来的后果是，它与当前的房产价值没有太大关系，而且随着时间的推移，变得越来越具有累进性。

**土地印花税**

印花税，是对房地产交易（包括土地和房产）征收的一种税收，在 20 世纪 50 年代被引入英国。它通常由购买方按照房产购买价格的一定比例缴纳。但是，经济归宿（the economic incidence）① 至少也有部分可能性落在出售方。印花税有效地挑拨了出售人获得的价格与购买方支付的价格之间的关系。以基本的经济直觉都会认识到，印花税会增加交易成本，在其他情况不变的情况下会导致住房交易减少，迁移更少。②

在 2014 年 12 月初以前，英国印花税体制的一个典型特征是累进性。最近的改革——在政府的《2014 年秋季预算报告》（2014 Autumn Statement）中宣布——废除了该税收中长期存在的反常规定；按照原来的规定，购房者必须以全部房价为基础按单一税率缴税。比如，一套价值 250000 英镑的房子的税率是 1%，因而需要缴税 2500 英镑。另一套价值 250001 英镑的房子的税率是 3%，因而需要缴税 7500 英镑——与前一套缴税的差额是 5000 英镑。所以，原来的规则使缴税数额在阈值价格（在前面案例中是 250000 英镑）之处出现不连续的大跳跃。按照新的规定，购房者只需以每个税收区间内的部分房价为基础缴税。此次改革在正确的方向上迈出了一小步，因为它消除了税收上不连续的大跳跃以及相应的扭曲现象。但是，它没有根除土地印花税（SDLT）的根本性缺陷，即该税收造成了搬迁移居的障碍。这对住房和劳动力市场的运转可能会有负面影响。

一些实证研究强调，土地印花税对住房交易和家庭流动所带来的负面

① 经济归宿，在经济学上是指某种税负不由纳税人负担而由其他人负担。——译者注
② 当然，还有很多因素会影响家庭的流动，比如劳动力市场的情况、租金管制的普遍性以及住房自有率。而且，我们注意到其他很多国家也都对土地和房产交易征税，并且一般——尤其是南欧国家和一些更不发达的国家——比英国的税收还重。

影响是较为显著的。Besley，Meads and Surico（2014）以及 Best and Kleven
（2015）都分析了 2008～2009 年印花税 "调整"（2008 年 9 月，为了刺激
住房市场，英国政府将支付土地印花税的阈值价格从 12.5 万英镑提高至
17.5 万英镑，该措施实施了一年时间）的效应。Besley，Meads and Surico
（2014）发现税收调整使住房交易短暂地增加了 8%，Best and Kleven
（2015）估计短期的住房交易数量增长了 20%。Hilber 和 Lyytikäinen
（2015）发现，印花税税率在 25 万英镑的临界点从 1% 升至 3%——在
2014 年印花税改革之前的做法——使每年的家庭流动率下降了 2～3 个百
分点（考虑到平均流动率只有 4.6%，所以这种影响非常大）。这种负面影
响仅限于短距离和与工作无关的迁移，这意味着对住房市场造成的扭曲要
大于劳动力市场。该研究的核心结论是，土地印花税是一种非常缺乏效率
的税收。重要的是，它既阻碍老年人缩减家庭规模，也不利于年轻人家庭
的扩张。

一种收入中性的替代方法是，用每年按照真实价值对房产征收地方税的
做法取代土地印花税和议会税，会带来人们更愿意看到的结果。这至少有两
方面原因。首先，这种税收不会影响搬迁移居的决策，从而不会对住房市场
以及劳动力市场造成扭曲。其次，每年按照真实价值对房产征收地方税
（各个地方的收入不会均等）会给地方政府批准住宅开发项目提供更大的激
励。

### 6.2.4　吸取到的教训

通过分析英国的住房市场及其政策，我们认为僵化的规划体制是英国住
房可负担危机的主要原因。规划体制非常缺乏灵活性，财政体制又没有为住
宅开发项目的审批提供足够激励，使各地的住房供给曲线缺乏弹性。在这种
背景下，各种刺激住房需求的政策——比如购房援助政策——带来的主要影
响是推高房价，而不是增加供应。所以，这些聚焦需求的政策充其量只是浪
费纳税人的资源。这些政策甚至还可能适得其反，因为将一些本来会购房的
年轻人挤出了市场。

230　　　　如果政策制定者真正想解决住房可负担危机，他们应该修改规划体制，
而不是引入更多刺激需求的政策，这些政策只会推高房价。在此需要强调，
修改规划体制，并不意味着要废除它。规划不仅必要，而且能给社会带来重
要的利益。但是，规划体制不应该仅限于将住宅（及其他开发项目）限制

在通常没有吸引力的棕地（brownfield）①。相反，基本原则应该是改革那些反映出市场失灵的问题，以此确保供应足够多的以土地为基础的公共产品（比如，城市的开放空间、野生动物栖息地、国家公园、自然景区、历史街区或遗产建筑），并将相邻不同用途的土地所产生的正外部性和负外部性都内部化。比如，通过混合土地利用区（这促进了相邻土地产生互利活动），可以将正外部性内部化。通过隔离不相容的土地用途，能将负外部性内部化。简言之，规划体制应该聚焦于解决市场失灵问题。

Hilber（2015a）讨论了供给侧的各种改革措施，区分了短期改革举措与更加长期的根本性改革政策。对英国而言，短期来说，可以调整绿带的边界释放出一些可用的土地，这些土地的环境价值较低，设施便利程度也不高（Cheshire 2014）。

长期而言，可以基于环境或设施价值恢复对所有土地的保护，同时考虑其他一些成本因素（基础设施、碳足迹等）。这可以通过一种方式得以实现，即保留所有的自然景区和国家公园，将观测到的土地价差（land-price differentials）作为价格信号，告诉规划者哪些地方以及什么时候可以释放出更多住宅用地。如果土地价差不能反映环境或设施方面的价值，可以推定是有利于住宅开发的（Cheshire and Sheppard 2015）。

可以通过调整地方政府的税收激励而推行供给侧的其他改革措施。最好的情况是，现有的议会税和土地印花税——两种高度扭曲的税收（Hilber 2015a；Hilber and Lyytikäinen 2015）——都被替换为适当的年度地方房产税，根据特定社区的价格变化每年自动重新估价。这种税收改革在总体上可以被设计为收入中性的。

另外一种更不太激进的建议是，通过中央政府的补助分配体系向地方政府提供更大的激励。这需要调整补助分配公式（the grant allocation formula），并考虑到住房开发补助的数额。对于推进住房开发的地方政府，可以向其提供长期和数额较大的"开发补助"（development grants），超过他们必须承担的成本。另外，应该允许地方政府向开发企业征税，以补偿各种额外基础设施或其他方面的支出。最后，要调整规划方面的法律，使开发企业（潜在的获利者）能补偿受"邻避"效应影响的群体（潜在的受损者），从而努力实现互利共赢（即帕累托最优）。

---

① 指已开发过的用地。——译者注

# 6.3　瑞士的住房政策

瑞士是世界上分权化程度最高的国家之一。管辖权下放体现在区域（州）和地方（市）行政单位拥有的政治自主权上。这种自主权为各个市政当局提供了两种主要手段吸引新的纳税人，而这两种手段对住房市场都具有显著影响。第一种手段是地方市政当局提供的财政政策包（the fiscal package）。其中包括地方所得税率（在其他条件相同的情况下，税率越低就能吸引越多收入更高的纳税人）和提供的地方公共服务类型及水平。家庭将根据各个市政当局提供的公共服务对其进行排序；在其他条件相同的情况下，地方公共服务越好，越具有吸引力。这种自主权即"财政竞争"（fiscal competition）的核心理念：各州和各城市为吸引（富有的）纳税人而相互竞争。

理论上，各城市可以在税率和提供的地方公共服务上展开竞争。但在实践中，竞争主要是在税率上。这是因为联邦政府和各个州都要求地方公共产品的供应要达到一个较高的最低标准（high minimum standards）。比如，任何州的中小学班级学生人数都不能超过 23～25 名。因此，瑞士每个州内的各个城市提供的公共服务相对比较均等。结果，在其他条件相同的情况下，很少有证据表明地方公共服务会被资本化进入房价。但是，存在有力证据表明地方所得税率至少部分被资本化进入了房价。

Hilber（1998）在较早的一篇论文中发现，每位纳税人每年增加税收 232 1000 瑞士法郎（CHF），会使苏黎世州（the Canton of Zurich）的租金下降大约 720 瑞士法郎。税收现值每增加 1000 瑞士法郎，房价会减少大约 940 瑞士法郎，地价会减少 560～1620 瑞士法郎，具体要取决于估测标准。这意味着，（地方所得税率）几乎完全被资本化了。

在最近一篇使用严格计量经济分析的论文中，Basten, von Ehrlich and Lassmann（2014）使用边界不连续的方法（a boundary-discontinuity design approach）分析瑞士全国的情况，矫正了无法观测的区位特性所产生的影响。他们估计租金的所得税弹性约为 0.26（用通常的估计方法，该值为 0.54）。也就是说，税收每增加 10%，租金会减少 2.6% 左右。Basten, von Ehrlich and Lassmann（2014）估测，税收弹性的 2/3 是由于直接的资本化。另外 1/3 的原因在于高收入家庭先后涌入税率较低的城市。该研究表明，瑞士的房价资本化程度可能只是局部性的，因而与英国相比，其住房供给曲线更具有弹性。

　　第二种手段是土地使用管制，这较少被分析到。各个城市可以执行或松或紧的土地使用管制措施，以吸引有特殊住房需求的家庭。其中一种工具是所谓的"利用系数"（Ausnützungsziffer），这是一种使用强度因子（a utilization intensity factor），确定给定地块上的哪一部分可以用于开发。该工具是排他性分区的一种类型，实质上类似于美国的"最小地块规模限制"（minimum lot size restriction）。通过设定较低的"利用系数"，各个城市能吸引富裕的纳税人，他们负担得起低密度用途的土地价格。

　　各个城市还必须遵守联邦政府发布的土地使用强制性规定，比如关于农田保护的计划。该计划旨在确保全国在危机和战争时期能有足够的粮食供应，要长期保护土壤，维持优良的农业用地。由于瑞士各地的地理特征差异较大，因而该计划所保护的土地中大约有77%集中在7个拥有大规模农地的州，这也使该计划对某些城市的约束性更强。不过，除日内瓦以外，该计划对大多数州的房价的影响看来不大。对于日内瓦而言，所保护的农田相当于环绕英国一些城市的绿带。四面环山、日内瓦湖、瑞士与法国交界之处以及相当严格的土地使用管制（包括对高度的限制）——所有这些因素都使住房供应缺乏弹性——共同解释了一个事实，即日内瓦是瑞士房价波动最大的城市——事实上，很像英国房价的波动情况。

　　地方政府的税收收入直接由纳税人的数量和特性所决定，这个事实（向地方政府）提供了强大的激励：第一，批准当地的开发项目；第二，设定地方税率以吸引高收入家庭。这种与英国相反的情形表明，地方的住房供给曲线可能是有弹性的。 233

　　除了通过鼓励地方政府之间的税收竞争而影响住房市场，瑞士的税收制度还有可能影响住房自有率。事实上，瑞士各个层级的税收制度对于自有住房都是相当中性的。与美国的税收制度相似，有可能从所得税中抵扣抵押贷款利息。重要的是，这种抵扣对自住住房和出租住房都适用，所以两者的税收待遇没有差别。类似的，自住住房需要按照"计算租金"（imputed rents）交税，而出租住房需要对租金收入征税。两者的税收待遇再一次是中性的。因而，与大多数发达国家不同，瑞士的税收和住房政策很少（或者说没有）倾向于自有住房。

　　与其他欧洲国家采取的银行政策不同，瑞士的银行不要求居民家庭在一定时期后还清他们的抵押贷款。再加上能抵扣抵押贷款利息，这给居民家庭——即便很富有——带来了强大的税收激励，可以永远不还清抵押贷款。这就解释了为什么瑞士是全世界未偿还抵押贷款占 GDP 之比最高的国家之一——在 2012 年超过了 140%——尽管该国的住房自有率较低，而且从国际比较看，初始贷款与价值之比也较低。

除了分权化政府带来的影响，瑞士的另一方面特征也对住房市场产生了明显影响，即国境内特殊的地形状况。有异于英国拥有相当平坦的地形，瑞士的地形特征对住房供应和需求都会产生影响。一方面，湖泊、高山和国家边境等因素都会对日内瓦和苏黎世等主要城市的开发产生较大影响，因而降低了这些地区住房供应的弹性。另一方面，该国的地理禀赋吸引了一些富有的外国人在著名的滑雪胜地购房，从而使住房投资（瑞士称之为"第二住所"）需求有所增加。

外国人投资第二住所（second-homes）会受到瑞士法郎汇率的影响。许多外国投资者都将瑞士住房市场当作一个"安全赌注"（safe bet），一旦把房地产市场的资本收益兑换成母国货币，就能获得可观的收益。[①] 外国购房者对瑞士住房市场带来的压力不仅限于第二住所的投资者，另外还流入了大量移民——出于税收和生活品质等原因——将其第一住所迁入了瑞士。根据联邦统计办公室（the Federal Statistical Office）的数据，2013 年瑞士居民中有 23.8% 是外国人，是欧盟所有成员国中比例最高的国家之一。

### 6.3.1 住房市场现状

在各种世界排名中，瑞士通常都是人均收入最高的国家之一[②]，是最具竞争力的经济体之一[③]，也是生活品质最高的国家之一（Kekic 2012）。基于其经济状况以及较高的生活水平，人们可能认为瑞士大多数家庭都拥有自己的住房。然而，事实上并不是这样的。瑞士的住房自有率在所有发达国家中即使不是最低的，也是最低的国家之一（见图 6.3）（缺少数据的年份已经

---

① 这与日本的情况相反，日元贬值使进入住房市场的外国投资大幅增加，而过去几年瑞士法郎一直在升值——与此相对应，外国投资者面对的房地产价格也在不断上涨——但是没有对外国投资产生负面影响。事实上，瑞士法郎在传统上是一种安全的储备货币，能在汇率波动中保持资本收益，因而在经济和政治不稳定时期对外国投资者特别具有吸引力。对于在瑞士银行存有大量金融资产的外国投资者而言尤为如此。

② 参见世界银行的数据，http：//data. worldbank. org/indicator/NY. GDP. PCAP. CD。

③ 参见世界经济论坛：竞争力排名，http：//reports. weforum. org/global-competitiveness-report-2014-2015/rankings/。

通过线性插值计算补上了）。2013 年，瑞士的住房自有率是 37.5%，比
2000 年提高了 2.9%。住房自有率的提高主要是由于抵押贷款利息减少的趋
势。尤其是从 2008 年年中开始，固定利率的抵押贷款利息出现了较明显的
减少趋势，目前已低于 2%。① Bourassa and Hoesli（2010）认为，高房价和
估算租金税收或许能部分解释瑞士住房自有率极低的原因。正如 Shiller
（2013）所指出的，估算租金的税收将瑞士与其他发达国家区分开来：美国
的估算租金税收在 1934 年被最高法院（the Supreme Court）废除。英国试图
采用该税收，但该提案在 1963 年被废弃。

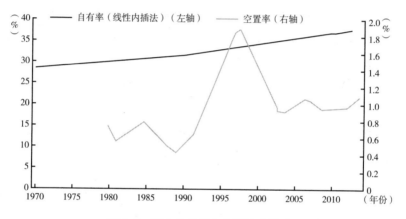

235

**图 6.3　瑞士的住房自有率和空置率**

资料来源：瑞士联邦统计局，http://www.bfs.admin.ch/bfs/portal/de/index/
themen/09/01/new.html，http://www.bfs.admin.ch/bfs/portal/de/index/themen/09/
02/blank/key/leerwohnungen/entwicklung.html（2015 年 12 月 12 日登录）；作者计算。

　　图 6.3 也反映了瑞士住房市场极低的空置率，从 1989 年的 0.43% 到
1998 年的 1.85%。在过去 10 年，空置率稳定在 1% 左右。这个较低水平的
部分原因可能在于瑞士的租金控制体系（rent-control system），这将在后面
详述。我们注意到，一些主要城市的空置率特别低。比如，日内瓦和巴塞尔
的空置率分别只有 0.36% 和 0.24%。有两方面原因能解释这种极低的空置
率。首先，租金控制在城市地区特别重要，因为这些地区的住房自有率极
低，通常都在 10% 左右。其次，住房需求在空间上逐渐转移至瑞士几个主
要城市，这能解释为什么这些地区很少有住房空置。根据瑞士联邦统计办公

---

① 参见 https://en.comparis.ch/hypotheken/zinssatz/zinsentwicklung.aspx。

室的数据，2012 年瑞士几个主要城市容纳了全国总人口的 59%，面积只占全国的 12%，却提供了 70% 的就业。[①]

236    与英国自 20 世纪 70 年代末以来住房建设量大幅下降的情形相反，瑞士自 1980 年以来，住房建设量呈周期波动态势，但长期趋势保持相对稳定。图 6.4 显示了所有住房和独栋住房的建设指数（construction indexes）。一种有趣的趋势是，2005 年以来建造的公寓多而独栋住房少。2002～2011 年，新建公寓数量显著增长，每年从 28644 套增加至 47174 套。不过在 2012 年和 2013 年，新建住房数量保持在 4.5 万～4.6 万套。根据瑞士信贷（Credit Suisse）、瑞士承包商和建筑商协会（the Swiss Association of Contractors and Builders）于 2014 年发布的数据，可以看到住房建设数量在总体上呈减少态势，而且在 2015 年还将延续。如 Waltert and Müggler（2014）所指出的，出现上述趋势的部分原因在于推行"第二住所计划"（the Second Home Initiative）（后面会讨论），以及瑞士国家银行（the Swiss National Bank）决定不再支持对欧元的最低汇率（导致瑞士法郎明显升值）。

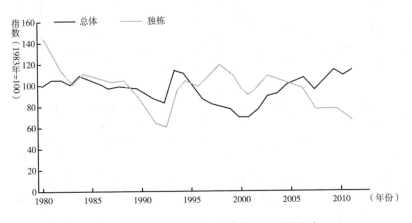

**图 6.4　瑞士建设指数：总体情况和独栋住房**

资料来源：瑞士联邦统计局，http：//www.bfs.admin.ch/bfs/portal/de/index/themen/09.html（2015 年 12 月 12 日登录）；作者计算。

237    价格变动情况也显示出与英国住房市场的较大区别（见图 6.5）。有三方面重要事实值得强调。第一，瑞士实际房价的变化呈现出周期性。可以看

---

[①] 参见瑞士联邦经济总局（Statistik Schweiz），http：//www.bfs.admin.ch/bfs/portal/de/index/regionen/11/geo/raeumliche_ typologien/00.html。

到在 1970 年以来有三个繁荣时期（20 世纪 70 年代初、20 世纪 80 年代中后期以及 2000 年以来的时期）。第二，与英国在 20 世纪 80 年代初以后实际房价翻倍的情况相反，瑞士独栋住房和公寓的实际房价分别只增长了 23% 和 50%。如在城乡之间观察到的空置率差异所示，两类住房价格增长率的差异反映出住房需求已转向大城市地区。2000 年以后观察到的空置率有所下降的现象也进一步支撑了上述判断，该情形正好与公寓价格强劲上涨同步。第三，租金增长大致处于独栋住房价格增长率和公寓价格增长率的中间，自 1983 年以来大约是 33%。这种增长与薪酬指数（the salary index）增长的差距不大（后者自 1983 年以来的增长率大约为 20%）。

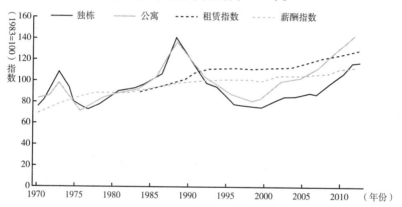

图 6.5 瑞士独栋住房和公寓价格指数（都是实际数），瑞士租赁指数（次标为 CPI）（实际）以及薪酬指数（实际）

资料来源：瑞士国家银行，www.snb.ch/en/iabout/stat/statpub/statmon/stats/statmon/statmon_04_3（2015 年 12 月 12 日登录）；韦斯特合伙机构，www.wuestundpartner.com/en/online-services/immobilienindizes.html（2015 年 12 月 12 日登录）；瑞士联邦统计局，www.bfs.admin.ch/bfs/portal/de/index/themen/05/06/blank/key/index.html（2015 年 12 月 12 日登录）；作者计算。

为了抑制自住住房的价格涨幅（这可能受到空前低的抵押贷款利率的刺激），瑞士政府最近推行了许多措施。在政府的压力下，各家银行在 2012 年 7 月以后收紧了贷款条件。尤其是要求在获得抵押贷款时必须有自有资金——通常为房价的 20%——而且自有资金不能全部是在职业年金中积累的退休金。自有资金中退休金部分不能超过房价的 10%。另外，贷款价值比率在 20 年后最多只能等于 2/3。为了减少抵押贷款借款人的风险，瑞士政府于 2014 年 6 月强行要求各家银行将抵押贷款的资本金比例提高了 2%。

238

### 6.3.2　主要的住房政策及其目标

本节我们将评论目前对瑞士住房市场有较大影响的两项政策：租金控制和"第二住所计划"。有关租金控制的讨论基于 Werczberger（1997）的研究。

#### 6.3.2.1　租金控制

瑞士有关租金控制的历程相当曲折。最早在第一次世界大战期间被引入，随后于 1924 年被废除。由于大萧条，在 1936 年再次被引入。在第二次世界大战结束后，租金控制的范围被大幅缩减，随后又于 1970 年被废除。这导致租金明显上涨，迫使政府在 1972 年再一次引入该措施。自那以后，提出了几部有关租金控制的修正法案，但是由于缺乏普遍共识，目前该措施在政治辩论中饱受争议。Rohrbach（2014）详细描述了瑞士租金控制的历史。

瑞士目前保护承租户（权益）的水平较高。根据现有的联邦法律，房东必须为其租金上涨提供合适理由。① 调整租金水平要依据两项主要经济指标。第一项指标是所谓的租金参考指数（rent reference index），它基于银行向全瑞士提供抵押贷款的平均利率。该参数不仅可以作为房东提高租金的理由，也可以作为承租户降低租金的参考。第二项指标是瑞士消费者价格指数（CPI）。按照瑞士 CPI 的测算方法，高达 40% 的通货膨胀是由租金上涨所带来的。虽然这些措施看起来有不少局限性，但是根据经济指标调整租金水平的做法能防止租金无序上涨，与此同时也为房东的投资带来合理回报。除了这两项经济指标，房东一般能在两种情形下调整租金。首先，房东对其房产开展了大修，并且（或者）承担了所增加的维修成本，而这会减少投资回报。其次，在一项新租约开始时，通常可以调整租金，这会使新的租金与相同区域的通常水平相一致。重要的是，即便在入住承租的房屋以后，新的承租户也可以对租金水平提出挑战。这些规则有效地防止房东在两项租约之间任意提高租金。

租金控制还保护承租户免受任意驱逐。房东被禁止为了获得更有利的合同条款或诱导承租户购买该房产而撤销租赁合同。而且，即便承租户的家庭

---

① 瑞士最大的私营房东是保险公司和银行，而军队和国家铁路公司（the national railway company）是两家最主要的机构化房东（institutional landlords）。但是，有关这些房东所占市场份额的数据没有公开。

状况发生变化，也不能成为其被驱逐的充分理由，因为这不会对房东造成损害。

### 6.3.2.2　禁止第二（投资）住所：第二住所计划

财政竞争以及大量移民流入共同塑造了瑞士的城市发展。如 Jaeger and Schwick（2014）所述，尤其在过去几十年，城市的无序蔓延现象明显增多。瑞士人强烈希望能保护自己国家的自然美景，而且普遍认识到第二住房的投资者，特别是外国房地产投资者，正在"破坏"（disfiguring）他们的国家。他们认为这些投资者不仅在山区催生了一些"鬼城"（ghost towns）（旅游旺季以外的时间），而且抬高了当地的居住成本，因而导致在政治上出现了强烈抵制。

第二住所计划的出台就是为了回应这些担忧。[①] 该提议于 2012 年 3 月由全体瑞士人投票以微弱多数通过。只有 50.6% 的选民以及 26 个州中的 13.5 个州投票支持该提议（由于历史原因，有 6 个州被计为"半票"）。[②] 后来于 2013 年 1 月 1 日生效的实施细则禁止第二住所占存量住房超过 20% 的城市兴建该类住所。重要的是，该法案还禁止这些城市将 2013 年以后建造的第一住所转化为第二住所。在此之前建造的第一住所原则上可以转化为第二住所。这是立法者在立法过程中出于保护受影响城市业主的房产权而做出的妥协。但是，为了避免投机行为使城市无序扩张现象出现恶化，建于 2013 年之前的第一住所可以转化为第二住所的条件是，这不会导致在同一城市或同样受限的邻近城市建造新的第一住所。所以，那些希望将第一住所转化为第二住所的既有业主，将被迫离开其住地。该法案并不只对少数城市适用，根据瑞士联邦空间发展署（the Federal Office for Spatial Development）的数据，将近 1/5 的城市面临该措施的约束。

"第二住所"的定义取决于房产所有者在其中生活的时间。"第一住所"是业主大部分时间在其中生活的房产，该人拥有的所有其他房产都被认为是第二住所。虽然该概念听起来有些模糊，但它是基于精准及长期形成的税收规则；其影响也远远超出了该法案的范畴。尤其是，每户家庭所承受的税收负担要取决于第一住所的所在地。因而，每个城市第二住所的数量就大致相当于住房总套数减去第一住所的数量。

---

① 参见 http://www.zweitwohnungsinitiative.ch/home.html for details（德语、法语或意大利语）。英语简介在 http://www.ffw.ch/en/camp_detalle/second-homes-initiative-switzerland/2/11。

② 有趣的是，从政治经济学的视角来看，游客最集中的州（以及城市）受到的影响最大，但这些州却全部对该提议投了反对票。

### 6.3.3　政策的优点与缺点

本节，我们将阐释租金管制和第二住所的优点以及未预料的效应。

针对推行租金管制的负面后果，已经有大量且成熟的文献讨论。除其他后果外，租金管制已被证实会使不受管制住房的租金上涨（Caudill 1993），扰乱最优分配机制（Glaeser and Luttmer 2003），降低住房品质（Gyourko and Linneman 1990），以及降低家庭的流动性（Ault, Jackson and Saba 1994）。我们的目的不是要全面地回顾这些文献，而是要将租金管制措施在瑞士住房市场中被观察到的特定效应与文献中的分析情况进行比较。

关于第二住所——最近的政策改革措施——的效应，我们目前正在观测，而且据我们所知，还没有相关实证分析。因而，在此只能提出有关其影响的初步证据。

瑞士的租金管制有几方面优点。第一，如图6.5所示，实际租金增长较缓慢。自1983年以来，实际租金涨幅只比薪酬涨幅多出13%。考虑到公寓——通常是租赁住房的较好替代品——价格的增长情况，就会发现租金管制的遏制效应较为明显。过去几年，公寓的报价比租金高出了许多：1983年以来，两者增幅的差距是17%。第二，与独栋住房和公寓价格表现出的周期性波动相反，租金的波动一直较小。第三，由于所有租赁住房都受制于租金管制，因而只存在一个受管制的住房租赁市场，而没有两个市场——其中一个受管制而另一个不受管制——使价格出现很大差异。第四，由于法律规定要确保最低的质量标准，因而房东不能通过减少维护支出而企图增加收益。相反，重大装修提供了将受控租金提高至接近市场水平的机会。第五，因为新承租户有权利对装修后的租金水平提出挑战，所以能极大地防止大幅提高租金的投机行为。

但是，这些优点也有代价。租金管制对市场的分配机制造成了扭曲，为居民家庭的搬迁增添了障碍。事实上，承租户从租金管制中获益最大的有效策略是在同一套住房中租住尽可能长的时间。这也是立法者所鼓励的策略，因为租金管制保护承租户免受不合规范的驱赶。结果，租金涨幅在一定程度上受到参考指标和消费者价格指数（CPI）的限制。在这种背景下，对于受到租金管制的房产的需求远远超出了供给，导致住宅空置率极低，尤其是在一些大城市（如图6.3所示），而且由此带来了一个后果，即被迫搬迁的家庭要费时费力才能寻找到合适的租赁住房。

由于第二住所计划在最近才得以实施，我们只能推测其长期效应。起初，地方政府可能还不能发现该立法的漏洞，因而我们预计该政策能有效地遏制那些第二住房占比已超过 20% 的热门旅游城市的无序扩张现象。但是，由于从长期来看，对第二住所的需求只会在空间上转移，因而对于第二住所占比略低于但接近 20% 的城市，无序扩张的现象将会变得更加严重。而且，山区那些拥有优良自然设施的城市的"鬼城"（旅游旺季以外的时间）现象将会更加恶化。因为现在只有一种方式能增加第二住所的数量，那就是将第一住所进行转化。由于禁止新建第二住所，热门旅游城市此类住房的稀缺性必定增加，将第一住所转化为第二住所只会进一步推高后者的占比。

242

有关第二住所计划的立法还可能影响第一住所和第二住所的价格。限制在占比超过 20% 的城市新建第二住所可能很快就会推高该类住房的价格——供给侧的效应。这是因为在受到限制的城市，只有通过转化 2013 年以前建造的第一住所才能新增第二住所，所以第二住所的供给会变得更加没有弹性，于是会增加今后的需求。

第二住所计划对于第一住所的价格会有两种相反的影响。由于第二住所计划会对当地经济带来负面冲击，从而减少对第一住所的需求，所以价格可能会下跌。但是，在其他条件不变的情况下，第二住所计划有利于保护当地的自然美景，因而又会推高第一住所的价格。在理论上，净效应还不明确。

Hilber and Schöni（2016）利用双重差分方法（a difference-in-difference approach）开展实证研究发现，在实施第二住所计划后，受限制城市第一住所的价格显著下降，降幅平均接近 12%。他们发现，该计划对第二住所价格的影响在统计上不具有显著性，这可能由于样本中第二住所的交易数量太少。因此，禁止新的住宅投资会损害受影响区域第一住所业主的利益，而不会影响到投资性房产业主的利益。

### 6.3.4　得到的教训

瑞士相对温和地推行租金管制措施确实给承租户带来了利益，比如租金缓慢上涨以及受到保护免受强行驱赶。但是，这些利益也使居民家庭缺乏流动性。结果，大城市及其附近地区日益增长的住房需求——这肯定是由于大量移民涌入——只能通过新建住房来满足。由于瑞士财政分权的体系为各个城市吸引新居民提供了激励，各地的住房供应具有弹性，因而在面对大量需

243　　求冲击之时，房价和租金的增幅较为温和。不过，当特定区域的地形特征降低了当地住房供应的弹性时，情况就不同了。比如，日内瓦有一片城市区域受到自然状况的限制，又与法国接壤，土地使用的管制非常严格，因而相比瑞士其他城市，其租金和房价都比较高。

　　总之，瑞士的分权体系——地方财力得到强大激励——看来能解决可负担性问题，这与英国的集权体系不同。但是，这种方式也有成本：地方行政当局可以较为便利地建造新住房，导致城市（有时甚至在农村）出现无序扩张的现象。实施第二住所计划后，瑞士公民给出了一个明确的信息，即希望通过限制第二住所投资者的足迹来保护该国的自然环境。但是，在分隔第一住所和第二住所市场后，损害了受限制区域第一住所业主的利益。

# 6.4　美国的住房政策

　　对美国住房政策的分析也许是政策评价文献最丰富的领域之一（Olsen and Zabel 2105）。这种文献的丰富性要归功于（美国）联邦、州和地方层面实施的各种政策具有多样性和广泛性，以及对研究者而言可用数据的质量在不断提高。本文不可能在一个小节中对这些文献的丰富性程度做出合适的判断。因此，我们将分析限于那些旨在维持美国梦（the American dream）之支柱——自有住房——的政策。

　　对众多美国公民而言，拥有一套住房标志着实现了美国梦。但是，随着2007～2009年全球金融危机爆发，这个梦成了很多业主的噩梦。在2007年初达到历史高点后，房价在2年时间里下跌了30%左右。数以百万计的家庭发现自己拥有的只是负资产，因而既无法将住房出售，也无法在需要融资的情况下获得再融资抵押贷款。住房泡沫的破裂，伴随着失业率飙升，使许多美国家庭失去房产，导致全国的住房自有率大幅下降了5%左右。为应对住房自有率下降的局面，美国政府在原有政策——其中较重要的是扣减抵押贷款利息（the mortgage interest deduction，MID）——基础上又采取了一些新的住房政策。我们的目的在于描述这些新旧政策（尤其是扣减抵押贷款利息政策）的预期和未预料到的效应。

　　本节中对相关政策的讨论主要依据 Olsen and Zabel（2015）的研究，它

244　详细评述了美国的低收入租赁计划和抵押贷款政策。但与该研究相反，我们

基于 Hilber and Turner（2014）提供的最新论证，聚焦于描述扣减抵押贷款利息（MID）政策的影响。

### 6.4.1　住房市场现状

美国住房市场已从危机中逐渐复苏了，这场住房危机也许是历史上最严重的。至少从住房市场基本面的走势看，情况是这样的（见图 6.6 和图 6.7）。在这种积极的经济环境下，从 2014 年 12 月以及 2015 年 3 月以后，房利美（Fannie Mae）和房地美（Freddie Mac）允许首次购房者将其首付比例降至 3%，而不是通常的 5%。而且，美国联邦住房管理局（the Federal Housing Administration）最近将其每年的抵押贷款保险附加费（mortgage insurance premium）调低了 0.5%，降至 0.85%。最后，危机爆发后采取的一些旨在促进住房自有的方案仍然在实施（见下一节的讨论）。

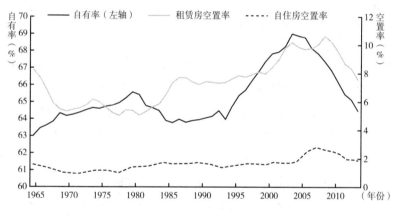

图 6.6　美国的住房自有率和空置率

资料来源：美国普查局，https：//research. stlouisfed. org/fred2/series/RHORUSQ15
6N，　https：//research. stlouisfed. org/fred2/series/RRVRUSQ156N，　https：//　research.
stlouisfed. org/fred2/series/RHVRUSQ156N（2015 年 12 月 12 日登录）。

基于美国住房市场的现状，人们可能会认为住房自有率已经不再下跌，或者至少保持稳定了。但是，情况并非如此。图 6.6 记录了 1965～2014 年美国住房自有率的变动情况。在全球金融危机（2007～2009 年）以及随之而来出现大量止赎事件之前的 2004 年和 2005 年，住房自有率就开始下降了。危机结束后，仍然在继续下降。目前依然在下降通道，这与英国的情形有些相似。从 2004 年第四季度至 2014 年第四季度，住房自有从 69.2% 降

245

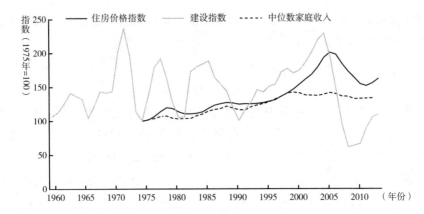

图6.7　美国的住房价格指数（实际）、建设指数（获得建
筑许可证的新建私人住房）和中位数家庭收入（实际）

资料来源：（美国）联邦住房金融管理局，https://research.stlouisfed.org/fred2/
series/USSTHPI（2015年12月12日登录）；美国普查局，https://research.stlouisfed.org/
fred2/series/PERMIT，http://www.census.gov/hhes/www/income/data/historical/household/
（2015年12月12日登录）；作者计算。

至64%。图6.6还描述了自住住房和租赁住房的空置率。自有率下降的情
况意味着对租赁住房的需求在增加，与此一致，租赁住房的空置率从
2009年的10.6%降至2014年的7.5%。有趣的是，自住住房的空置率即便
在危机时期也只有略微上升。在整个危机期间，自住住房的空置率都相当
低，而且较为稳定。

246　　　对于观察到的自有率下降现象，也许有三方面因素。第一，在全球金融
危机演变的过程中，价格收入比的大幅提高意味着，在其他不变的情况下，
越来越少的家庭能负担得起每月的按揭还款（即流动性约束趋紧）。第二，
危机期间不断收紧贷款条件（包括首付款限制）意味着，许多在危机前可
能购房的家庭突然发现无法获得抵押贷款了。第三，与前一点相关，在危机
期间经历过止赎的家庭，其贷款评级（credit ratings）会下降，这也意味着
今后更难贷款购房。

　　　图6.7显示了1975年以来季度调整后的购房价格指数（Purchase-Only
House Price Index，HPI）以及中位数家庭收入。重点看看过去10年的情况，
虽然在全球金融危机期间的价格收入比有明显下降，但是在2011年以后又
开始上升，使居民家庭更难买得起自有住房。与此同时，过去几年不断上涨
的房价也使建筑业有所复苏。图6.7列出了1960~2014年的住房建设数量。

美国的住房建设具有很强的周期性。在 21 世纪初大幅下降，而从 2011 年以后逐渐增加。

美国各地的住房市场在价格变动方面具有明显的空间异质性（spatial heterogeneity）。图 6.8 和图 6.9 显示了 1980 年以来三个主要的内陆城市——阿克伦城（俄亥俄州）、哥伦布市（俄亥俄州）和印第安纳波利斯（印第安纳州）和三个主要的沿海城市——旧金山（加利福尼亚州）、洛杉矶（加利福尼亚州）和纽约市（纽约州）的房价增长情况。内陆城市的住房市场几乎没有受到金融危机的影响，在 1980 年以来实际房价的增长非常低，甚至可能是负增长。与此相反，沿海城市[①]的长期房价显示出了令人惊叹的增幅——1980 年以来旧金山市房价的实际涨幅接近 300%——以及较大的波动性。图 6.8 和图 6.9 显示出的价格走势与一种论点相一致，即同样的需求冲击（沿海大城市有可能更大，也有可能不会）在长期面临严重供应约束的城市（那些超级巨星城市）[②] 会转化为更剧烈的价格波动。

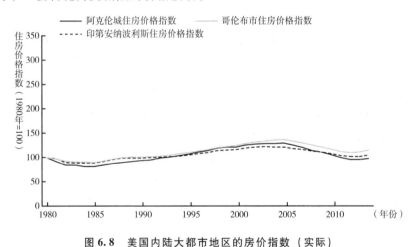

图 6.8 美国内陆大都市地区的房价指数（实际）

资料来源：（美国）联邦住房金融管理局，http：//www.fhfa.gov/DataTools/Downloads/Pages/House-Price-Index-Datasets.aspx#qat（2015 年 12 月 12 日登录）。

---

[①] 有时被称为"超级巨星城市"（superstar cities）（Gyourko，Mayer and Sinai 2013）；在自然资源和政府监管方面都面临非常严格的限制（Saiz 2010；Hilber and Robert-Nicoud 2013）。

[②] 这些发现与 Hilber and Vermeulen（2016）对英国的观察相一致。另外还与 Hilber and Robert-Nicoud（2013）提出的理论相一致，即越吸引人的地方（在美国就是那些沿海城市）恰恰是开发强度更高的城市，结果这些地方的业主更容易受到政治方面的影响，也会面临更加严格的监管。

### 6.4.2 主要的住房政策及其目标

美国现有的税收体系倾向于支持自有住房。重要的是，抵押贷款利息可以从所得税中扣除，而且自有房产的估算租金（imputed rents）不用纳税。[①]

248

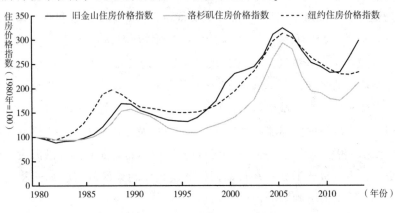

图 6.9 美国沿海大都市地区的房价指数（实际）

资料来源：（美国）联邦住房金融管理局，http://www.fhfa.gov/DataTools/Downloads/Pages/House-Price-Index-Datasets.aspx#qat（2015 年 12 月 12 日登录）。

美国对所有贷款都实行利息抵扣的做法可以追溯至 1894 年，当时创立了第一个现代意义上的联邦所得税体系。1986 年《税收改革法案》（the Tax Reform Act of 1986）规定，只有抵押贷款的利息才能被抵扣。此次改革的目的在于促进住房自有。该政策的成本非常高，为此美国政府每年要耗费近 1000 亿美元的税收收入。尽管现有政策已经向自有住房倾斜，但在全球金融危机之后，住房泡沫的破灭使美国政府采取了更多财政方面的措施，试图阻止住房自有率的下降趋势。

2008 年，美国国会通过了《住房补助税收法案》 （the Housing Assistance Tax Act，HATA），向首次购房者提供相当于住房购买价格 10% 的税收抵扣额度。每个家庭能获得的抵扣额度上限是 7500 美元，其条件是在
249 15 年内还清贷款。为了限制房产抵押物出现空置，同时也避免投机行为，

---

① 需要指出的是，扣减抵押贷款利息是一项较为流行的政策，很多发达国家为了促进住房自有都采取了该政策。英国过去有一种抵押贷款利息抵扣的政策——抵押贷款免税（the Mortgage Interest Relief at Source，MIRAS）。该政策于 1969 年被引入，但在 1988 年之后逐渐被取消，到 2000 年时被彻底废除。由于扣减抵押贷款利息政策的缺陷以及一些未预料到的后果，该政策逐渐被取消并最终被废除是一项非常成功的决策。

2009 年的《美国复苏与再投资法案》（the American Recovery and Reinvestment Act，ARRA）将抵扣额度上限提高至 8000 美元，并且规定如果该住房在购买后的 3 年内没有出售并且用作主要居住地，则可以不用偿还抵扣额度。到 2009 年底，奥巴马总统签署了《工人、房主和企业援助法案》（the Worker，Homeownership，and Business Assistance Act），增加了居民获得税收抵扣额度的期限。根据美国审计总署（the General Accounting Office）的数据，截至 2010 年 7 月，分别有 100 万和 1600 万首次购房者获得了 HATA 和 ARRA 的税收抵扣额度。

　　除了财政刺激措施，美国政府还出台了很多改善信贷条件的方案。① 2009 年初，（美国）财政部启动"使住房更具可负担性"（the Making Home Affordable，MHA）方案，以改善贷款条件。该方案的核心内容是"房贷负担可调整计划"（the Home Affordable Modification Program，HAMP）和"房贷负担再融资计划"（the Home Affordable Refinance Program）。两项计划都在 2016 年 12 月结束。两项计划的目的不在于促进住房自有，而是通过降低止赎的可能性而避免失去自有住房。"房贷负担可调整计划"旨在与抵押贷款的借贷方合作，减少面临止赎风险的家庭每月的还贷额，具体方法有降低贷款利率，将贷款期限延长至 40 年，以及明确到期整付方式。"房贷负担再融资计划"的目标是向房产变为负资产的家庭提供信贷渠道。具体针对的是抵押贷款由房利美和房地美提供或担保，以及仍有偿还能力（与"房贷负担可调整计划"相反）的家庭，即便其房产的贷款价值比（LTV）已处于80%～125%，仍然可以获得再融资。在 2011 年对该计划做相应调整后，取消了贷款期限为 30 年的贷款价值比（LTV）限制，从而使资产严重缩水的家庭能获得再融资。

　　2010 年 2 月，奥巴马总统批准了一个"重创基金"（the Hardest-Hit-Fund，HHF）方案，帮助那些生活在受全球金融危机影响特别大的州的家庭。失业率等于或超过全国平均水平以及平均房价下跌超过 20% 的州都可以获得该方案的资助。其中许多州（加利福尼亚州、俄勒冈州、内华达州、佛罗里达州等）都有全世界房价最高的一些城市。与"使住房更具可负担 250

---

　　① 对有关方案更加详细的描述，可参见美国财政部网站（http://www.treasury.gov/initiatives/financial-stability/TARP-Programs/housing/Pages/default.aspx）。由于没有参与，我们在本节论述中没有涉及《房屋所有者希望法案》（the HOPE for Homeowner Act）。

性"方案一样，"重创基金"方案的目的也是要减轻房产净值变为负数的家庭的贷款负担。

### 6.4.3 政策的优点和缺点

我们首先深入地讨论抵押贷款利息抵扣政策的影响，因为它提供了最令人信服的实证证据。除抵押贷款利息抵扣政策外，上一节评述的许多政策都是最近才实施的，其中一些仍在实施。因此，就这些政策对美国住房市场的影响而言，目前只能获得非常有限的信息。本节中，我们基于非正式的证据以及最新的实证发现做出一些分析。

由于抵押贷款利息抵扣政策的成本非常惊人，因而有两个问题特别有趣。第一，该政策产生的效应是否能证明其价值，比如促进住房自有。第二，该政策的实施是否带来未预料到的后果。显然，第一个问题的答案是否定的，而第二个问题的答案则是肯定的。

Glaeser and Shapiro（2003）提供的分析认为，住房自有率没有受到抵押贷款利息抵扣政策的影响。他们提出，在购买还是租赁住房之间摇摆不定的家庭通常不会使用抵扣方式去减少其应税收入。因此，该政策不仅没有增加新的住房自有家庭，反而增加了富裕家庭的住房消费支出。根据 Gervais and Manish（2008）的分析，如果不能抵扣抵押贷款的利息，那些富裕家庭会利用持有的房产进行再融资，这进一步证实了一个假设，即这些家庭有关是否购买住房的决策不受利息抵扣的影响。更糟糕的是，Bourassa and Ming（2008）提供的分析表明，由于价格资本化的效应，抵押贷款利息抵扣政策还会降低年轻家庭的住房自有率。Hilber and Turner（2014）对该政策所带来的意想不到的结果做出了扎实分析。他们的分析表明，利息抵扣只会在住房供给具有弹性的地区提高收入较高家庭的住房自有率。如果当地住房市场受到严格的管制约束，对高收入家庭的政策影响就是反向的（即会降低住房自有率）。有趣的是，他们在分析中没有发现低收入家庭的住房自有率与利息抵扣政策之间有显著相关性。所以，利息抵扣政策对住房自有率的净效应几乎相当于零。

我们现在对住房补助税收法案、复苏与再投资法案以及房贷负担可调整计划中的一些方案提供一些非正式的论证。[1] Baker（2012）对税收抵扣额度的影响开展了一项描述性的分析。他认为该方案的效应只是暂时性的。该

251

---

① 据作者了解，目前对房贷负担再融资计划和重创基金方案尚缺乏结论性的研究。

方案在启动之初（2009 年 6 月）的确推动了住房销售，但在结束之时
（2010 年 7 月），销售出现了明显下降。由此看来，该方案——没有支撑长
期需求——只是在当时改变了是否购房的决策，因而对长期的住房自有率没
有产生影响。有趣的是，Baker 提供的分析表明，该方案仅仅对较便宜市场
中购买低端房产的行为产生了影响。他在论证中提出，新的购房者一般只购
买较廉价的房产，所以 8000 美元的税收抵扣额度对像纽约或波士顿这样价
格高昂的住房市场没有产生影响。

Mulligan（2010）在一项较早的理论研究中讨论了一个问题，即"房贷
负担可调整计划"所提出的参与规则可能会对抵押贷款的重新谈判带来负
面影响。尤其是，他提出重新谈判在一般情况下既不会减少贷款本金，也不
能降低家庭面临的不确定性。基于这些事实，他着重提出，该方案仅仅在短
期内避免了一些止赎案例的发生，而要从根本上做出改变，还需要在其他方
面做出努力。

Agarwal et al.（2012）运用双重差分识别方法（a difference-in-difference
identification strategy），从实证方面证明了"房贷负担可调整计划"的无效
性。利用不符合该计划资格条件的第二套住房投资者作为控制群体，他们的
分析表明，促进抵押贷款重新谈判对止赎率仅有非常有限的影响，而对其他
经济变量根本没有影响，比如降低房价和失业率。另外，他们提出该方案的
参与率较低（目标是 300 万 ~400 万笔抵押贷款，实际只有 120 万笔抵押贷
款参与），原因在于少数几家大型贷款机构的组织机制比较僵化，无法组织
起有关抵押贷款的重新谈判。他们得出结论认为，旨在调整大型贷款机构运
行的短期政策也只会带来有限的影响。

最后，Hembre（2014）运用模拟方法，通过比较一种假设性的反事实
住房方案（a hypothetical counterfactual housing program），即居民家庭不能对
其抵押贷款的债务进行重新谈判，来评估"房贷负担可调整计划"对贷款
违约行为的影响。他发现"房贷负担可调整计划"预计在 5 年内能阻止
50 万起违约案例发生。但是，他的分析表明，该方案高达 208 亿美元的成
本远远超过了止赎问题可能带来的社会成本，结果该方案带来了多达 127 亿
美元的净损失。

### 6.4.4　可吸取的教训

252

从现有的分析中可得出若干教训。其中一些直接来自上述分析，而其他

一些相对比较间接。

起初，住房政策制定者似乎痴迷于改变市场的需求侧（比如，通过提供类似抵押贷款利息抵扣的贷款补贴政策），原因在于这可能是最容易在选民中取得广泛共识的方式。但是，Capozza，Green and Hendershott（1996）以及 Hilber and Turner（2014）的研究表明，住房市场中改变财政刺激政策的方式，在供给无弹性的地区只会推高当地房价。另外，Glaeser，Gottlieb and Gyourko（2010）以及 Mayer（2011）的研究表明，供给弹性在决定均衡价格方面发挥着重要作用。

特别需要指出的是，今后的政策应该考虑到住房市场的空间异质性。在供给约束对空间的依赖性方面，以及在制定住房政策时因忽略这种依赖性而产生负面后果的方面，美国都提供了一个很好的案例。供给约束不仅受制于当地的管制规则，还受制于住房市场所处区域的地理特征（Saiz 2010）。

我们的分析表明，如果不考虑各地住房市场的供给弹性，通过特定项目简单地向全国提供同样的补贴以改变住房需求，只会适得其反。"重创基金"方案就是这种不当实践的一个案例。最大的补贴份额（差不多有 20 亿美元）流向了加利福尼亚州。基于该州沿海大型城市在供给方面的特征，可以想象得到这种分配方式对旧金山和洛杉矶住房市场的唯一影响就是进一步推高当地房价，并加剧市场的波动性。与此相一致，如图 6.9 所示，在实施"重创基金"方案后，这两个城市的房价出现了强劲上涨。

其他一些可以吸取的教训来自政策执行本身的一些内在缺陷。金融刺激和抵押贷款政策应该避免只是简单地转变短期的购买决策和止赎行为。否则，所有这些政策只能实现住房市场的短期均衡，而一旦这些方案结束，均衡也就无法维持。

最后，一个细微的教训是应该考虑到法律和组织框架。如果市场的需求侧或供给侧不能对提出的刺激政策做出反应，这些政策一般很难奏效。在供给方面做出有限反应的一个案例就是，大型贷款机构无法组织抵押贷款的重新谈判。而在需求侧，违约借款人的信贷评级约束显然使其无法从相关刺激政策中获益。

## 6.5  结论

本文中，我们回顾了三个在制度背景、经济条件及地理特征等方面都有很大差异的发达国家所实施的主要住房政策。我们的分析表明，这些因素的差异性体现在不同的供给条件（比如供给的价格弹性）上，而这些反过来又与两个突出的住房问题相关：住房可负担性（在供给无弹性的情况下）和无序蔓延（在供给有弹性的情况下）。为应对这些问题而实施的住房政策一般聚焦于需求侧，可能是因为这些措施在政治上更受欢迎。这些需求侧的政策经常会通过房价的资本化效应带来意想不到（分配及配置效率）的后果，而这些效果往往被政策制定者所忽视。

我们对英国和瑞士政府体系——高度集权对高度分权——的分析表明，财政刺激政策在决定各地住房供给弹性方面发挥重要作用，因而能解释各地的住房可负担性或无序蔓延现象。两种相反的体系各有其优点和缺点。高度集权的政府体系很少对地方层面的住宅开发提供财政激励，通过绿带、高度限制等相应的城市约束措施阻止了横向扩张，而其他一些管制措施也阻止了城市的无序扩张，但是催生了尖锐的住房可负担危机。与之相反，一种财政竞争并对地方层面的住宅开发提供强大激励的体系，会降低房价涨幅，但也会带来城市无序蔓延的代价。

无论是地理条件，还是财政和管制方面，美国各地都有巨大差异。该国中西部和南部的大部分地区主要关心城市无序蔓延问题，而对于沿海的超级巨星城市，比如洛杉矶、旧金山和纽约，主要关心高房价以及负担过重等问题。由于近些年实施了各种住房政策并且有丰富的数据可获取，因而美国为实证研究提供了独特的实验室。

面对住房可负担问题以及对自有住房的关心，美国和英国的政策制定者都倾向于聚焦需求侧的解决办法。需求侧的各种政策，比如抵扣抵押贷款利息或者购房援助计划，虽然能获得选民的支持，但它们都是治标不治本。这些需求侧政策的一个关键问题在于，它们在供给严重受限的地区会带来一些意想不到以及适得其反的后果。这是因为需求导致的价格上涨会抵消政策的预期效果。

更重要的是，应该在一个全面的均衡框架（a general equilibrium framework）中评价各种住房政策效果，而不是从局部进行评价。比如，局部均衡分析（a partial equilibrium analysis）可能会聚焦于类似抵扣抵押贷款利息或购房援助计划等需求侧补贴政策的直接刺激效果，而忽视这些补贴会助长住房需求从而推高供给无弹性地区的房价的事实。另一个案例是瑞士的第二住所计划。该计划在实现一个目标——在最热门的旅游地区遏制无序蔓延现象——的同

254

时，还会带来一些新的问题（通过一般均衡效应分析）：对热门旅游地区的经济具有负面影响，增加这些地区的"鬼城"现象（旅游旺季以外的时间），较热门的旅游地区（第二住所占比正好低于20%的地区）长期存在无序蔓延现象，热门旅游地区的首套房业主面临房价下降风险。基于该项立法的特性，后面的影响对老年人、受教育程度较低以及收入较低的业主最为明显，因为他们一般很少搬迁，所以不可能将第一住所转化为第二住所并迁往其他地区，为此要承受房价下降的成本。

我们通过分析得出的核心结论是，在实施新的住房政策时，政策制定者应该谨慎；尤其是在有供给严重受限地区的国家"运用"各种需求侧政策。相反，政策制定者应该聚焦于矫正市场失灵，并在设计政策时考虑到供给侧的情况。

城市被大规模的绿带区域（主要用于农业）所环绕，加上严格的高度控制以及在地方层面缺乏财政激励（就像英国的情况），如果将这些措施作为应对住房可负担危机的药方，地方（规划）层面较为明智的政策就是：建立并维持当地的公共公园（作为地方的公共产品），维护美景胜地（由于其正外部性和长远价值），或者保护真正的历史建筑和街区（也是由于其正外部性）。这些措施既能增进社会福利，又不会带来住房可负担问题，只要有足够的激励在城市中心批准并开发建设高层建筑，而在城市边缘地区开发建设更大的独栋住宅。如果认识到缺乏足够的新建住房数量，那么应该通过地方税向地方政策制定者提供财政激励，使其批准开发建设住房。对于建设可负担的住房，这是一个有效的手段。

同样的道理，如果选民认为无序蔓延会带来负外部性，那么针对已开发住宅用地的消费行为（比如，不管特定房产或地块用于第一住所还是第二住所，都按房产价值，或更理想的是按地价征税）征收一种新的全国性税收，既能阻止住宅用地的非集约使用，也能对阻止无序蔓延提供正确的激励。同时，它不会向地方的规划委员会在批准开发方面提供额外的激励。相比在热门旅游地区禁止第二住所建设，这种全国性的税收在遏制无序蔓延方面会是更加有效的工具。此类改革可以被设计为收入中性。比如，以瑞士为例，新税种产生的收入可以减少联邦所得税负（以及相应的无谓损失）。

参考文献

Agarwal, S., G. Amromin, I. Ben-David, S. Chomsisengphet, T. Piskorski, and A. Seru. 2012. Policy Intervention in Debt Renegotiation: Evidence from the Home Affordable Modification Program. National Bureau of Economic Research Working Paper 18311. Cambridge, MA: National Bureau of Economic Research.

Ault, R. W., J. D. Jackson, and R. P. Saba. 1994. The Effect of Long-Term Rent Control on Tenant Mobility. *Journal of Urban Economics* 35(2): 140–158.

Baker, D. 2012. *First Time Underwater: The Impact of the First-time Homebuyer Tax Credit*. Washington, DC: Center for Economic and Policy Research.

Ball, M., P. Allmendinger, and C. Hughes. 2009. Housing Supply and Planning Delay in the South of England. *Journal of European Real Estate Research*. 2(2): 151–169.

Barker, K. 2003. Barker Review of Housing Supply: Securing Our Future Housing Needs: Interim Report – Analysis. London: HMSO.

——. 2004. Review of Housing Supply: Final Report – Recommendations. London: HMSO.

——. 2006. Barker Review of Land Use Planning: Final Report – Recommendations. London: HMSO.

Basten, C., M. von Ehrlich, and A. Lassmann. 2014. Income Taxes, Sorting, and the Costs of Housing: Evidence from Municipal Boundaries in Switzerland. Center for Economic Studies – Ifo Institute Working Paper 4896. Munich: Center for Economic Studies – Ifo Institute.

Besley, T., N. Meads, and P. Surico. 2014. The Incidence of Transaction Taxes: Evidence from a Stamp Duty Holiday. *Journal of Public Economics*. 119: 61–70.

Best, M. C., and H. J. Kleven. 2016. Housing Market Responses to Transaction Taxes: Evidence from Notches and Stimulus in the UK. http://www.henrikkleven.com/uploads/3/7/3/1/37310663/best-kleven_landnotches_feb2016.pdf

Blanchflower, D. G., and A. J. Oswald. 2013. Does High Home-Ownership Impair the Labor Market? Peterson Institute for International

Bourassa, S. C., and Y. Ming. 2008. Tax Deductions, Tax Credits and the Homeownership Rate of Young Urban Adults in the United States. *Urban Studies* 45(5–6): 1141–1161.

Bourassa, S. C., and M. Hoesli. 2010. Why do Swiss Rent? *Journal of Real Estate Finance and Economics* 40(3): 286–309.

256

Bracke P., C. A. L. Hilber, and O. Silva. 2015. Homeownership and Entrepreneurship: The Role of Mortgage Debt and Commitment. Bank of England Working Paper 561. London: Bank of England.

Burgess, G., S. Monk, and P. Williams. 2013. *Equity Release Amongst Older Homeowners.* Cambridge Centre for Housing and Planning Research.

Capozza, D. R., R. K. Green, and P. H. Hendershott. 1996. Taxes, Mortgage Borrowing, and Residential Land Prices. In H. J. Aaron and W. G. Gale, eds. *Economic Effects of Fundamental Tax Reform.* Washington DC: Brookings Institution, 171–210.

Caudill, S. B. 1993. Estimating the Costs of Partial-Coverage Rent Controls: A Stochastic Frontier Approach. *Review of Economics and Statistics* 75(4): 727–731.

Cheshire, P. 2009. Urban Containment, Housing Affordability and Price Stability – Irreconcilable Goals. SERC Policy Paper 4. London: Spatial Economics Research Centre.

——. 2014. Turning Houses into Gold: The Failure of British Planning. *CentrePiece* 19(1): 14–18.

Cheshire, P., and C. A. L. Hilber. 2008. Office Space Supply Restrictions in Britain: The Political Economy of Market Revenge. *Economic Journal* 118(529): F185–F221.

Cheshire, P., C. A. L. Hilber, and I. Kaplanis. 2015. Land Use Regulation and Productivity – Land Matters: Evidence from a Supermarket Chain. *Journal of Economic Geography* 15(1): 43–73.

Cheshire, P., C. A. L. Hilber, and H. R. A. Koster. 2015. Regulating Housing Vacancies Away? The Paradoxical Effects of Mismatch. SERC Discussion Paper 181. London: Spatial Economics Research Centre.

Cheshire, P., C. A. L. Hilber, and R. Sanchis-Guarner. 2014. Do English Planning Policies Make Shopping More Sustainable? http://www.ieb.ub.edu/files/PapersWSUE2014/Sanchis.pdf

Cheshire, P., M. Nathan, and H. Overman. 2014. *Urban Economics and Urban Policy: Challenging Conventional Policy Wisdom.* Cheltenham, UK: Edward Elgar.

Cheshire, P., and S. Sheppard. 2002. Welfare Economics of Land Use Regulation. *Journal of Urban Economics* 52: 242–269.

——. 2005. The Introduction of Price Signals into Land Use Planning Decision-making: A Proposal. *Urban Studies* 42(4): 647–63.

Demographia. 2015. *11th Annual Demographia International Housing Affordability Survey: 2015. Ratings for Metropolitan Markets.* http://www.demographia.com/dhi.pdf (accessed 12 December 2015).

Department for Communities and Local Government (DCLG). 2015a.

*Table 209: House Building: Permanent Dwellings Completed, by Tenure and Country.* https://www.gov.uk/government/statistical-data-sets/live-tables-on-house-building (accessed 12 December 2015).

———. 2015b. *Table 101: Dwelling Stock: by Tenure, United Kingdom (historical series).* https://www.gov.uk/government/statistical-data-sets/live-tables-on-house-building (accessed 12 December 2015).

DiPasquale, D., and E. L. Glaeser. 1999. Incentives and Social Capital: Are Homeowners Better Citizens? *Journal of Urban Economics* 45(2): 354–384.

Gervais, M., and P. Manish. 2008. Who Cares about Mortgage Interest Deductibility? *Canadian Public Policy* 34(1): 1–23.

Glaeser, E., J. Gottlieb, and J. Gyourko. 2010. Can Cheap Credit Explain the Housing Boom? National Bureau of Economic Research Working Paper 16230. Cambridge, MA: National Bureau of Economic Research.

Glaeser, E. L., and E. F. P. Luttmer. 2003. The Misallocation of Housing Under Rent Control. *American Economic Review* 93: 1027–1046.

Glaeser, E. L., and J. M. Shapiro. 2003. The Benefits of the Home Mortgage Interest Deduction. In J. M. Poterba, ed. *Tax Policy and the Economy* 17. Cambridge, MA: MIT Press, 37–82.

Global Property Guide. 2015. *World's Most Expensive Cities.* http://www.globalpropertyguide.com/most-expensive-cities (accessed 12 December 2015).

Gov.uk 2015. *Affordable Home Ownership Schemes.* https://www.gov.uk/affordable-home-ownership-schemes/help-to-buy-equity-loans (accessed 12 December 2015).

Gyourko, J., and P. Linneman. 1990. Rent Controls and Rental Housing Quality: A Note on the Effects of New York City's Old Controls. *Journal of Urban Economics* 27(3): 398–409.

Gyourko, J., C. Mayer, and T. Sinai. 2013. Superstar Cities. *American Economic Journal: Economic Policy* 5(4): 167–199.

Hall, P. G., H. Gracey, R. Drewett, and R. Thomas. 1973. *The Containment of Urban England.* London: Allen and Unwin.

Hembre, E. 2014. HAMP, Home Attachment, and Mortgage Default. http://erwan.marginalq.com/HULM14s/eh.pdf

Hilber, C. A. L. 1998. *Auswirkungen Staatlicher Massnahmen auf die Bodenpreise. Eine Theoretische und Empirische Analyse der Kapitalisierung.* Zürich: Rüegger.

——. 2010. New Housing Supply and the Dilution of Social Capital. *Journal of Urban Economics* 67(3): 419–437.

——. 2013. Help to Buy Will Likely Have the Effect of Pushing Up House Prices Further, Making Housing Become Less – Not More – Affordable For Young Would-Be-Owners. *British Politics and Policy at LSE Blog*. 25 June.

——. 2015a. UK Housing and Planning Policies: The Evidence from Economic Research. Centre for Economic Performance 2015 Election Analysis Series #EA033.

——. 2015b. Help-to-Buy ISAs Will End Up Feathering Nests of the Wealthy – Here is How. *The Conversation*. 19 March.

——. 2015c. Deep-rooted Vested Interests are to Blame for Our Housing Crisis. *Disclaimer*. 4 May.

——. Forthcoming. The Economic Implications of House Price Capitalization: A Synthesis. *Real Estate Economics*.

Hilber, C. A. L., and T. Lyytikäinen. 2015. Transfer Taxes and Household Mobility: Distortion on the Housing or Labor Market? SERC Discussion Paper 187. London: Spatial Economics Research Centre.

Hilber, C. A. L., T. Lyytikäinen, and W. Vermeulen. 2011. Capitalization of Central Government Grants into Local House Prices: Panel Data Evidence from England. *Regional Science and Urban Economics* 41(4): 394–406.

Hilber, C. A. L., and C. J. Mayer. 2009. Why Do Households Without Children Support Local Public Schools? Linking House Price Capitalization to School Spending. *Journal of Urban Economics* 65(1): 74–90.

Hilber, C. A. L., and F. Robert-Nicoud. 2013. On the Origins of Land Use Regulations: Theory and Evidence from US Metro Areas. *Journal of Urban Economics* 75(1): 29–43.

Hilber, C. A. L., and O. Schöni. 2016. On the Adverse Consequences of Regulating Investment Homes: Evidence from Switzerland. April.

Hilber, C. A. L., and T. M. Turner. 2014. The Mortgage Interest Deduction and Its Impact on Homeownership Decisions. *Review of Economics and Statistics* 96(4): 618–637.

Hilber, C. A. L., and W. Vermeulen. 2010. *The Impacts of Restricting Housing Supply on House Prices and Affordability – Final Report*. London: Department for Communities and Local Government.

——. 2016. The Impact of Supply Constraints on House Prices in England. *Economic Journal* 126(591): 358–405.

Jaeger, J. A. G., and C. Schwick. 2014. Improving the Measurement of Urban Sprawl: Weighted Urban Proliferation (WUP) and its Application to Switzerland. *Ecological Indicators* 38: 294–308.

Kekic, L. 2012. The Lottery of Life. *The Economist*. 21 November.

Mayer, C. 2011. Housing Bubbles: A Survey. *Annual Review of Economics* 3(1): 559–577.

Mirrlees, J., S. Adam, T. Besley, R. Blundell, S. Bond, R. Chote, M. Gammie, P. Johnson, G. Myles, and J. Poterba. 2011. *Tax by Design: The Mirrlees Review*. Oxford, UK: Oxford University Press.

Mulligan, C. B. 2010. Foreclosures, Enforcement, and Collections under the Federal Mortgage Modification Guidelines. National Bureau of Economic Research Working Paper 15777. Cambridge, MA: National Bureau of Economic Research.

Olsen, E., and J. Zabel. 2015. United States Housing Policies. In G. Duranton, V.J. Henderson, and W.C. Strange, eds. *Handbook of Regional and Urban Economics Volume 5B*. Amsterdam: Elsevier.

Overman, H. 2012. The UK's Housing Crises. *CentrePiece* 17(3): 2–5.

Rohrbach, H. 2014. Die Entwicklung des schweizerischen Mietrechts von 1911 bis zur Gegenwart. Grenchen: Bundesamt für Wohnungswesen..

Saiz, A. 2010. The Geographic Determinants of Housing Supply. *Quarterly Journal of Economics* 125(3): 1253–1296.

Shiller, R. J. 2013. Owning a Home Isn't Always a Virtue. *New York Times*. 13 July.

Statistics Sweden 2005. *Housing Statistics in the European Union 2004*. Karlskrona: Boverket, Publikationsservice.

Waltert, F., and S. Müggler. 2014. Indice Suisse de la Construction. Credit Suisse and Swiss Association of Contractors and Builders Quarterly Report.

Weinhardt, F. 2014. Neighborhood Quality and Student Performance. *Journal of Urban Economics* 82: 12–31.

Werczberger, E. 1997. Home Ownership and Rent Control in Switzerland. *Housing Studies* 12(3): 337–353.

Wheeler, B. 2015. A History of Social Housing. http://www.bbc.co.uk/news/uk-14380936 (accessed 12 December 2015).

第三部分

亚洲新兴经济体的住房政策

# 第七章

# 印度的住房政策

皮尤什·蒂瓦里　乔蒂·拉奥

## 7.1　引言

　　由于城市化与经济增长脱节，印度在住房可获得性、供应及使用方面都面临很严峻的挑战。在当前的经济、政治和政策环境背景下，担心住房可负担性、无家可归者、贫困家庭的居住条件以及供需错配等问题都是可以理解的。独立以后，印度根据政治和经济方面的发展愿景，在20世纪50年代和60年代聚焦于生产资料，到了20世纪70年代和80年代，转向农业经济以及深化民主基础。通过产业许可、进口限制以及其他阻碍国家工业增长的政策，对城市经济进行政策限制。自20世纪90年代以来，顺应全球化和市场自由化趋势，印度经济结构逐渐转向服务业。住房的政策方针也遵循了不同时期意识形态变迁的轨迹。政府的角色逐步从提供者（provider）转变为推动者（facilitator）。虽然已经认识到适足的住房是社会福利的必需品，但是在2007年之前，印度一直没有清晰的全国性住房政策，自独立以来，一系列与住房相关的政策都是由不同的政府部门在推行。缺乏政策支撑（以及适当的宪法支持）使这些住房政策缺乏连贯性和协调性。独立以来政府实施的投资战略使大量人口从农村迁往城市，这是因为城市涌现出很多新的就业机会，而农村经济却在不断衰落。本章要评估的一个问题就是，增长议程是否与涉及在城市提供优质住房的社会议程相辅相成。

本章旨在：第一，回顾印度的经济、城市和住房背景，通过各种指标评估住房现状；第二，评估印度独立以来的各种住房项目以及 2007 年以来的各项住房政策，并将其放置在经济、政治和历史力量的背景中进行评价，这些背景塑造了印度的市场经济和社会框架。

为了更加周密地分析印度的住房情况，本章主要讨论下列与政策相关的问题：

（1）住房市场的现状如何？

（2）印度实施了哪些住房政策和项目？

（3）这些住房政策针对哪些收入群体？

（4）在印度，这些住房政策和项目的评价如何？

（5）从印度实施这些住房政策和项目的过程中能吸取哪些教训？

## 7.2　经济和人口背景

政治、经济和社会环境形成了制定住房政策和项目的背景。图 7.1 是印度 1947 年独立以来不同时期的政治、经济和社会（包括住房）环境及其联系的一张快照。

在 1947 ~ 1964 年贾瓦哈拉尔·尼赫鲁（Jawaharlal Nehru）执政时期，印度的经济政策聚焦于自力更生、进口替代、发展生产资料产业，因而大多数资源也被引入这些行业。经济方面主要通过五年计划集中安排。随后的工业化使得大量人口从农村内陆地区迁移至城市，不断下降的农业生产力也成为强大的"推动"因素。人口流入城市就会催生住房需求，而当时的住房在很大程度上是由国有的工业企业向员工提供，另外政府也有一些项目用以提供住房，但后面会讨论到，这些项目大部分都没有完成。在 1965 ~ 1990 年的后尼赫鲁时期（the post-Nehru period），民主已经不限于德里（Delhi），而深入到选民最多的农村地区。整体经济体制从"计划"（command）经济转变为"需求"（demand）经济，而选票库（vote-bank）的政治体制又导致出现一些民粹主义的政策。各项政策和方针的基本原则是消除贫困，激励农业（Tiwari et al. 2015）。经济环境总体上是高度管制的，而且对私营工业企业存有偏见。涌向城市的迁移人口仍然有增无减，城市的居住条件变得非常糟糕，导致了一些贫民窟的出现。流向农业部门的巨额补贴以及用于支持农村经济的资本投资项目不仅没有促进经济快速增长，反而耗尽了公共财政

| 1950年 ⇒ | 1960年 ⇒ | 1970年 ⇒ | 1980年 ⇒ | 1990年 ⇒ | 2000年 ⇒ | 2010年 ⇒ | 2014年 ⇒ |
|---|---|---|---|---|---|---|---|

**政治** 1964　1966　1977　1980　1991　1998　2004　2014

| | | | | | | |
|---|---|---|---|---|---|---|
| 贾瓦哈拉尔·尼赫鲁 (1947~1964) | 拉尔·巴哈杜尔·夏斯特里 (1947~1964) 古尔扎里·拉尔·南达 (1966~1966) | 英迪拉·甘地 (1966~1977) | 莫拉尔吉·德赛 (1977~1979) | 英迪拉·甘地 (1980~1984) 拉吉夫·甘地 (1984~1989) 维·普·辛格 (1989~1990) 钱德拉·谢卡尔 (1990~1991) 政治动乱 | 纳拉辛哈·拉奥 (1991~1996) 德韦·高达 (1996~1997) 因德尔·库马尔·古杰拉尔 (1997~1998) | 阿塔尔·比哈里·瓦杰帕伊 (1998~2004) 调整了中央与邦之间的政治关系 | 曼莫汉·辛格 (2004~2014) | 纳伦德拉·莫迪 (2014年至今) |

**经济**

| | | | | |
|---|---|---|---|---|
| 工业化 年均增长3.6% (1951~1960) | 绿色革命 年均增长3.2% (1961~1970) 和3.4% (1971~1980)* | 年均增长5.6% (1980~1990)** | 自由化 年均增长5.7% (1990~2000)** | 全球化和私有化 年均增长7.3% (2000~2010) | 反腐败; 人力资本 |

| | | | |
|---|---|---|---|
| Nehru-Mahananobis 模式鼓励主要投资于工业; 政府将资源从农业引入非农部门; 非劳动力密集型的模式; 农业乏力 | 发生了从"指令"到"需求"的政治变化: "消除贫困"的魔咒; 不鼓励农业发展; 严格监管经济环境; 审批——许可——配额体制; 工业偏向"公共部门" | 发展经济学已过时; 撒切尔夫人(英国)和里根(美国)领导的改革; 补贴损害公共财政; 废除许可证 | 对经济增长实施私营导向、政府激励的政策; 更加以城市发展为导向; 经济特区、黄金四边形地区,工业走廊,"尼赫鲁全国城市复兴计划","拉吉夫城市住房工程计划" | "印度制造"; "智慧城市"; "国家技能使命" |

**社会**

| | | |
|---|---|---|
| 城市化率:2.37% (1951~1961) 农村人口占比:83% (1951) | 城市化率:3.29% (1961~1970)、3.87% (1971~1980)、3.15% (1981~1990); 农村人口占比:82% (1961)、81% (1971)、77% (1981) | 城市化率:2.77% (1991~2001)、2.8% (2001~2011); 农村人口占比:74% (1991)、72% (2001)、69% (2011) |

| | | |
|---|---|---|
| 大量人口从农村涌向城市寻求就业,尤其是工业行业的就业; 从巴基斯坦涌入的难民增加了住房需求; 住房非常短缺,公共部门和私营部门都如此; 社会基础设施不足 | 人口继续流入一线城市,这些城市的人口占全国城市总人口的比重,1961年是51%,2001年是69%; 1981年以后,城市人口总体增长有所放缓; 迁移人口在城市人口中的比重继续上升; 农村的农业不断衰落,而工业持续增长,是人口(尤其是男性)迁移的主要原因 | 这段时期服务业增长较明显,带动城市迁移人口的增加; 由于城市人口数量不断增加,基础设施不足,城市的生活品质有所恶化; 在半城市化区域出现了无规划的扩张,这是规划政策失败的结果; 住房开发是一种私营部门的模式,主要由"投资者引导" |

*R. Nagaraj. 1990. Growth Rate of India's GDP, 1950 – 1951 to 1987 – 1988: Examination of Alternative Hypotheses. Economic and Political Weekly 25（26）: 1396 – 1403.

**R. Jha. 2011. India's Economy Growing Rapidly and Unequally. http: //www. eastasiaforum. org/2011/04/28/india-s-economy-growing-rapidly-and-unequally/（2015 年 12 月 18 日登录）。

资料来源: 作者根据 Tiwari（2016）整理。

**图 7.1　印度自独立（1947 年）以来经济、政治和社会环境的时间线**

（Tiwari et al. 2015）。1947～1990 年印度的年均经济增长率在 4% 左右。那个时期很多国家（比如像英国、美国这样的发达经济体和像巴西这样的发展中经济体）的一个共识是，私营企业应该在经济活动中发挥更重要的作用，应该放松束缚私营企业发展的行业许可制度（Tiwari et al. 2015）。这导致一个自由化时代（1991～2004 年）的到来。印度年均经济增长率达到了 6%。然而不幸的是印度已经错过了发展制造业的时机。城市继续在膨胀，而居住在糟糕条件中的人群越积越多。2004 年之后，印度的经济步入全球化和私有化时期，主要由私营部门引导，以服务业为导向，以城市为主导。政府政策和项目聚集于基础设施发展，为能提高印度全球竞争力的行业提供激励（Tiwari et al. 2015）。政府通过推进一系列项目使城市重新成为关注的焦点，比如像"尼赫鲁全国城市复兴计划"（the Jawaharlal Nehru National Urban Renewal Mission，JNNURM）这样以改革为导向的城市基础设施投资计划，以及类似"拉吉夫城市住房工程计划"（Rajiv Awas Yojana，RAY）的住房计划，最近又提出一个"全民（城市）住房计划（2015～2022）"［Housing for All（Urban）2015–2022］。2014 年，纳伦德拉·莫迪（Narendra Modi）领导的新政府当选。新政府的政策重心是重新恢复印度制造业的活力，发展"智能城市"，通过"国家技能发展使命"（the National Skill Development Mission）积累人力资本。

人口结构及其变迁构成了理解住房状况的另一重要背景。印度的总人口达到了 12.2 亿，是全世界人口第二多的国家（World Bank 2015）。随着人口逐步从农村迁移至城市，印度正经历着各种转型。表 7.1 通过农村与城市人口构成以及城镇和城市聚集地（urban agglomeration）的增长等指标显示了人口发展的趋势以及从农村向城市迁移的状况。

印度的城市人口是 3.77 亿，分布在 7933 个城市中心，其中有 53 个城市的人口超过 100 万人，另有 3 个特大城市（大孟买地区、德里和加尔各答）（Census 2011）。但是，城市人口的增长率在 2001 年以来就减缓至 2.8% 左右。而在 2011 年，农村人口的增长率也减至 1.16%（见图 7.2）。

在 1971～2000 年之后，城市人口十年期的增长率（the decadal growth rate）已经低于 3%，主要原因在于工业化以及农业经济的衰落。

表 7.1　印度的城市化趋势（1951 ~ 2011 年）

| 年份 | 总人口（百万） | 城市人口（百万）* | 农村人口（百万） | 城镇和城市聚集地的数量（个） |
|---|---|---|---|---|
| 1951 | 361 | 62 | 299 | 2843 |
| 1961 | 439 | 79 | 360 | 2365 |
| 1971 | 548 | 109 | 439 | 2590 |
| 1981 | 683 | 159 | 524 | 3378 |
| 1991 | 846 | 217 | 629 | 3768 |
| 2001 | 1029 | 286 | 743 | 5161 |
| 2011 | 1211 | 377 | 833 | 7933 |

＊2011 年的人口普查沿用了 1961 年人口普查的方法，对城市地区（镇和城市）的界定为：（1）自治市、法团单位、兵站及被告知为城镇区域的所有地方；（2）满足下列条件的其他所有地方：人口超过 5000 人；至少有 75% 的成年男性就业人员为非农业人口；人口密度在 400 人/平方公里以上。

资料来源：作者根据 Tiwari et al.（2015）计算得出。

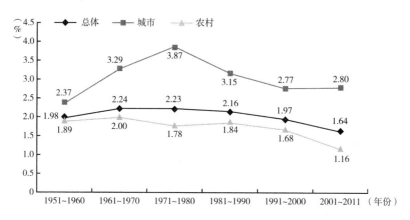

图 7.2　印度人口的年度指数增长率（1961 ~ 2011 年）

资料来源：作者根据 Tiwari et al.（2015）计算得出。

如图 7.3 所示，由于超过 10 万人的一类城市的人口增长较快，这些城 　267
市的人口密度和拥挤程度都有所增加。人口不断向这些城市集中，导致形成
了单中心的首位城市（monocentric primate cities），经济中心没有在空间上
均匀分布。一类城市容纳了 70% 的城市人口，而且有趣的是，在一类城市
中，超过 100 万人的城市在人口方面占据主导地位。在 1981 年以来的 30 年
里，这些城市的人口占比从 26% 上升到了 42.6%，而其他类型城市的人口
占比一直在下降（见图 7.3）。

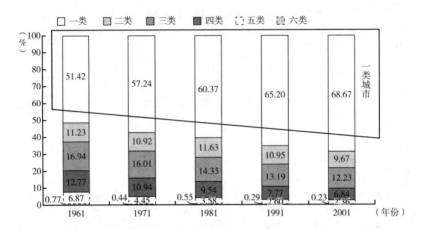

图 7.3    印度一类至六类城镇的城市人口占比

注：一类城市至少有 10 万居民，二类城市有 5 万以上居民，三类镇超过 2 万居民，四类镇超过 1 万居民，五类镇超过 5000 居民，六类镇少于 5000 居民。

资料来源：Tiwari et al.（2015：30）。

268　　　这种城市化趋势的影响在于，一类城市正面临越来越严重的住房短缺问题。之前只有一些特大城市才面临的住房短缺问题，现在已扩散至其他一类城市（Tiwari et al. 2015）。

## 7.3    住房状况

### 7.3.1    问题的规模

印度的住房短缺规模看起来不算太大，因为该国 2011 年的无家可归人数只有 177 万（相当于总人口的 0.15%），这比以往略有减少（参见表 7.2）。

但是，无家可归人员只是住房短缺问题中的一小部分。除了无家可归人员外，考虑到其他一些因素就会发现住房短缺问题变得比较尖锐了，比如需要翻新一些状况糟糕（由于老化和结构损毁）以及居住条件不达标（由于住房内过于拥挤）的房屋。在农村和城市，住房短缺的性质是有差异的。比如，农村需要更加关注房屋建筑结构的状况，而在城市，居住拥挤问题需引起更大关注。

表 7.2　2001 年和 2011 年印度农村和城市的无家可归人数

单位：百万人，%

|  |  | 2001 年 | 2011 年 | 10 年增长率 |
|---|---|---|---|---|
| 全印度 | 总人口 | 1028.61 | 1210.57 | 17.7 |
|  | 无家可归人员 | 1.94 | 1.77 | -8.8 |
| 城市 | 总人口 | 286.31 | 377.11 | 31.7 |
|  | 无家可归人员 | 0.78 | 0.94 | 20.5 |
| 农村 | 总人口 | 742.3 | 833.46 | 12.3 |
|  | 无家可归人员 | 1.16 | 0.83 | -28.4 |

资料来源：作者根据 Kumuda（2014）计算得出。

图 7.4 反映了城市人口增长伴随着住房短缺规模增加的趋势。令人失望的一点是，尽管每 5～10 年都推行了各种住房计划，但是住房短缺规模（绝对量）仍然在不断增加。 269

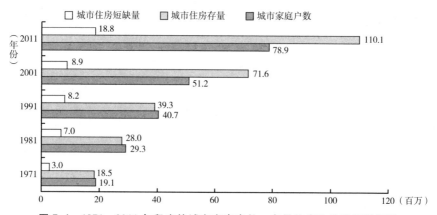

图 7.4　1971～2011 年印度的城市家庭户数、存量住房和住房短缺规模

注：住房短缺量 = 居住在临时房屋中的家庭户数 + 居住在危房中的家庭户数 + 居住在过于拥挤房屋中的家庭户数 + 无家可归家庭户数。数据来自国家建筑组织（2013）。

资料来源：作者根据 2011 年普查、良好治理中心（2003）、国家建筑组织（2012）、印度计划委员会（2012～2017）数据计算得出。

Tiwari and Parikh（2012）估计，印度的住房短缺总量接近 5100 万套，而假如需要翻建那些临时性的房屋，那么还需要增加 1.13 亿套住房。这意味着，21% 的家庭迫切需要住房，另外有 46% 的家庭居住条件不达标，因而共有 67% 的印度人需要体面的住房。除此之外，居民家庭难以获得基本服务（电、水和卫生设施），这大幅增加了提供体面住房的挑战。令人惊奇 270

的是，印度自独立以来，经过 70 多年的规划和政策设计，总共还有 53% 的家庭在其住房中不能获得饮用水，有 53% 的家庭没有卫生间，33% 的家庭没有通电（Census 2011）。

虽然印度计划委员会（the Planning Commission）估计 2012 年城市地区的住房短缺量为 1878 万套（见图 7.4），但是 Tiwari and Parikh（2012）估计短缺量会高出约 300 万套，即达到 2187 万套，这是因为他们在计算中包括了"不耐久的"住房（见表 7.3）。住房短缺量随时间推移而增加是前几十年存量住房不断受到损毁的结果。利用表 7.3 中的数据，我们发现城市地区住房短缺量的 27% 是由于存在建筑结构问题（非耐久和损毁），另有 69% 是由于拥挤的居住条件。这不仅提出了印度城市的生活品质问题，还涉及房价过高迫使居民家庭生活在拥挤条件中的问题。市场中的新增住房没有使短缺量下降，这意味着新建住房的目标消费者不同于市场中的住房需求者，而且新建住房过于昂贵，目标消费群体难以承受，从而导致较低的去化率以及较高的空置率。

表 7.3　印度 2011 年的住房需求

| 估算住房短缺量<br>需考虑到的因素 | 农村地区的住房<br>短缺量（百万套） | 城市地区的住房<br>短缺量（百万套） |
| --- | --- | --- |
| 非耐久住房的数量 | 10 | 3 |
| 由于拥挤而出现的短缺[a] | 10.86 | 15.09 |
| 由于损毁而出现的短缺[b] | 7.18 | 2.84 |
| 无家可归人员 | 0.83 | 0.94 |
| 总　计 | 28.87 | 21.87 |

a 计算方法是，家庭人数乘以一个适当的"拥挤系数"（congestion factor），该系数是指至少有一对夫妇没有单独房间的家庭占比，并加上一对夫妇与至少一名 10 岁及以上家庭成员合居一室的家庭占比。印度农村和城市的"拥挤系数"分别为 6.5% 和 19.1%（Tiwari and Parikh 2012）。

b 计算方法是，家庭人数乘以一个适当的"损毁系数"（obsolescence factor），该系数是指生活在房龄为 40~80 年且条件破旧的住房中的家庭占比，并加上生活在房龄超过 80 年、不考虑房屋结构状况的住房中的家庭占比。印度农村和城市的"损毁系数"分别为 4.3% 和 3.6%（Tiwari and Parikh 2012）。

资料来源：作者根据 Tiwari and Parikh（2012）计算得出。

271　　　　　印度农村地区的住房短缺情况（绝对量）比城市地区更为严重，这是由于农村人口的规模较大（占总人口的 69%），而且其中 17% 的人口迫切需要住房（参见图 7.5）。

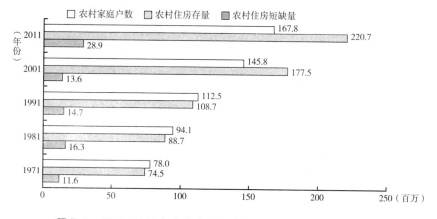

图 7.5　1971～2011 年印度农村家庭户、住房存量和住房短缺量

注：根据 Tiwari and Parikh（2012）分析，2011 年农村住房短缺量估计为 289 万套。本图中有关 1971～2001 年住房短缺数量来自国家建筑组织（NBO）的估计，这些数据较为保守，因为该组织采用的测算方法没有包括各种非耐久住房的翻建数量规模。

资料来源：作者根据 2011 年普查、良好治理中心（2003）、国家建筑组织（2012）、印度计划委员会（2012～2017）、Tiwari and Parikh（2012）计算得出。

虽然过去 40 年里农村地区的家庭数量规模增长了一倍，但是住房短缺量几乎已经停止增加了（除了 2011 年）。这表明，尽管建筑质量不高，但由于农村地区的土地较易获得，因而住房建设更加容易实现。根据 Tiwari and Parikh（2012）的估计（见表 7.3），农村地区 59% 的住房短缺是由于建筑结构的条件不佳（非耐久和损毁），另有 37% 是由于拥挤，这与城市地区的情况正好相反，后者在拥挤方面面临的问题大于建筑质量。

### 7.3.2　住房区域和拥挤度

272

拥有一套有适当私密度的体面住房是健康居住环境的前提条件。人口较多且收入较少的家庭会被迫忍受拥挤的居住环境，而难以负担的房价会使这些家庭的境况恶化。通常，一个房间要由 2～3 名使用者（一套住房的平均规模是两室，而一个家庭的平均规模是 4.9 人）共用（Census 2011）[①]，这表明居住条件较为拥挤。住房条件不仅没有太大变化，反而有所恶化，这是由于住房面积有所减少，而家庭成员数量却有所增加。表 7.4 列出的统计数据，反映了农村地区、城市地区以及贫民窟区域不同收入群体的每间房间居住人数情况。

---

① 家庭平均规模 = 总人口/家庭户数。（MOSPI 2011：182）。

表7.4　2002年印度贫民窟（城市）、城市（非贫民窟）和
农村地区不同收入群体的居住拥挤状况

| 每月人均<br>消费支出(卢比) | 贫民窟和寮屋安置区<br>（每间房间的人数） | 城市(非贫民窟区域)<br>（每间房间的人数） | 每月人均消<br>费支出(卢比) | 农村<br>（每间房间的人数） |
|---|---|---|---|---|
| 0 ~ 300 | 2.4 | 3.3 | 0 ~ 225 | 3.7 |
| 301 ~ 350 | 3.7 | 3.5 | 226 ~ 255 | 3.4 |
| 351 ~ 425 | 3.3 | 3.4 | 256 ~ 300 | 3.2 |
| 426 ~ 500 | 3.8 | 2.8 | 301 ~ 340 | 3.5 |
| 501 ~ 575 | 4.1 | 3.4 | 341 ~ 380 | 3.1 |
| 576 ~ 665 | 3.9 | 2.7 | 381 ~ 420 | 2.8 |
| 666 ~ 775 | 3.3 | 2.6 | 421 ~ 470 | 2.9 |
| 776 ~ 915 | 3.3 | 2.3 | 471 ~ 525 | 2.6 |
| 916 ~ 1120 | 2.6 | 2 | 526 ~ 615 | 2.4 |
| 1121 ~ 1500 | 2.2 | 1.7 | 616 ~ 775 | 2.1 |
| 1501 ~ 1925 | 1.9 | 1.6 | 776 ~ 950 | 1.8 |
| 大于1925 | 1.5 | 1.2 | 大于950 | 1.4 |
| 全体 | 3.3 | 2.3 | 全体 | 2.7 |

资料来源：作者根据 National Sample Survey Office（2002）计算得出。

273　　　　在农村地区，一间住房需要3~4人合住，这种情况下缺乏隐私是一个值得关注的问题。许多每月人均消费支出（the monthly-per-capita-expenditure, MPCE）更低的人员，境况则更糟糕，居住条件堪比城市中贫民窟的居住条件。人均消费支出上升到526~615卢比的水平，农村地区的拥挤状况会下降至2.4人合住一间房，而类似的居住条件，在城市地区所需要的人均消费支出水平在776~915卢比，有时甚至更高，在城市的贫民窟则需要达到每月1120~1500卢比，甚至更高的水平。这说明，虽然农村地区单间住房使用者的总体平均数为2.7，相比城市地区平均2.3名使用者，在拥挤程度上更高，但是从可负担性的角度看，在农村地区更容易获得不那么拥挤的住房。

　　　　不像城市地区有很多解决穷人住房不足问题的项目，农村地区很少有此类项目，这在后面会讨论到。人们可能认为由于用于住房开发的土地比城市地区更加便宜，农村地区在提高低收入家庭居住条件方面会相对更容易。但是，其中的挑战在于，农村地区的住房建设活动要依靠私营建设者和开发者，而这些主体认为农村市场无利可图。因此，建造或改造农村住房的责任便落在公共机构身上，但是他们又不愿意成为直接供应住房的主体。

另外，虽然在人均住房面积方面，城市贫民窟最低（4.5平方米），农村地区次低（7.5平方米），城市最高（8.6平方米），但是通过比较农村和城市相同消费支出水平群体的居住条件可以发现，农村的住房条件还是比城市地区更加宽敞，尤其是对于收入较高的群体而言。不过，尽管住房面积相对更大，农村地区在住房短缺方面仍面临着房屋设计和建筑质量低劣、损毁以及不够耐久等问题。

### 7.3.3 住房的可负担性

可负担住房是指任何能满足相关可负担标准的住房，其中主要有以下几方面：第一，收入水平；第二，住房套型面积；第三，住房消费支出的占比（见表7.5）。印度住房与城市减贫部（the Ministry of Housing and Urban Poverty Alleviation，MHUPA）根据不同群体的收入情况提供了一些可负担性标准以及建设可负担住房的导则。依据住房和与城市减贫部组成的"迪帕克·帕雷克委员会"（Deepak Parekh Committee 2008）发布的一份报告，对于经济弱势群体（economically weaker sections，EWS）和低收入群体（lower-income groups，LIGs）① 而言，购买一套可负担住房的贷款，每月还贷数额不能超过家庭月收入总额的30%，而且此类住房的套型面积在30～60平方米。与此相类似，对于中等收入群体（middle-income group，MIG），每月还贷数额不能超过家庭月收入总额的40%，套型面积在120平方米左右。该标准后来被Wadhwa（2009）修改，因为认识到还应该考虑低于贫困线的人群（below the poverty line，BPL）的住房需要。新的标准提出，低于贫困线的人员每月还贷数额不能超过家庭月收入总额的5%，将经济弱势群体的还贷比例从30%降至20%，但维持了低收入和中等收入群体30%～40%的比例。"迪帕克·帕雷克委员会"不仅界定了住房的套型面积，而且提出了体面住房的标准。该委员会对"适足住房"（adequate shelter）给出了一个雄心勃勃的定义，即"不仅是人们头上的一个屋顶：它还意味着适当的隐私，足够的空间，实体可达性（physical accessibility），足够安全，充足的采光、采暖和通风、充足的基础设施——所有这些都应该以可负担的成本而获得"（Deepak Parekh Committee 2008：7）。虽然可负担住房的准则旨在向全体人员提供体面住房，但是这些准则在实际执行中面临一些挑战，于

274

---

① 经济弱势群体是指家庭年收入不超过10万卢比，而低收入群体是指家庭年收入为10万～20万卢比。

是将三条标准都丢弃了，尤其是对于低收入群体的标准，而这个群体面临的家庭收入与房价之间的差距却是极高的。

低于贫困线的群体在家庭收入与房价之间的差距是最大的，该群体占印度总人口的 22% 左右，占城市人口的 14%、农村人口的 26%（Planning Commission of India 2013）。由于受到收入限制，低于贫困线的人员在很大程度上连足够的食物都难以负担，因而要弥补收入与房价之间的差额真是太困难了，尤其是要从无家可归（假定大部分低于收入贫困线的人员都是无家可归者或者居住在极端恶劣的条件中）跨越到拥有自己的住房。Wadhwa（2009）将可负担性定义为住房消费占收入的比例，并且假设低于贫困线的群体最多能将其月收入的 5% 用于租房或每月还贷（见表 7.5）。2009 年（低于贫困线群体月收入的 5%）相当于 134 卢比，当时一类城市①一间 28 平方米住房的平均市场租金是 7148 卢比②，这比低于贫困线群体能支付的数额要高出近 53 倍。经济弱势群体和低收入群体面临的境况只是稍微好一些，7148 卢比的平均市场租金分别是这两个群体能支出的数额的 13 倍和 7 倍。即便中等收入群体也难以负担一间 28 平方米的小房子，所以，看来只有占总人口接近 16% 的中高收入和高收入群体才能负担得起（见表 7.5）。

上述讨论意味着，实现"所有人都有住房"（housing for all）的方案是不能简单化的，需要推出不同类型的住房，在户型面积、结构品质、基础设施服务以及租购选择等方面形成差异化，以满足不同收入群体的需求，并使之具有可负担性。到目前为止，该方法仅仅使自有住房成为可能，而且相应地，对可负担性的界定也只将住房面积考虑在内。比如，可负担住房被定义为"对于经济弱势群体的住房套型面积在 21～27 平方米，对于低收入群体是 28～60 平方米（其中：A 类低收入群体是 40 平方米；B 类低收入群体是 41～60 平方米）"（MHUPA 2013：4），这些住房的售价由各邦（states）或联合属地（union territories）自行确定。根据市场价格，一套 21～27 平方米住房的成本在 185 万～238 万卢比，而目标群体的可负担能力在 9.7 万～11.9 万卢比。要向经济弱势群体提供自有住房，并使其具有可负担性，意

275

---

① 一类城市包括孟买（Mumbai）、德里的国家首都区域（National Capital Region of Delhi）、浦那（Pune）、海德拉巴（Hyderabad）、班加罗尔（Bangalore）、金奈（Chennai）、加尔各答（Kolkata）。

② 该数字由作者根据《经济时报》（Economic Times）的市场租金数据计算得出。租金被假定为住房成本的 3.5%。

表7.5　2007~2010年印度城市地区对不同收入群体可负担性的界定以及住房短缺情况

| 收入群体 | 对负担担性的界定 | | | | 2010年可负担性状况 | | 住房需求量（百万套,2007年） |
|---|---|---|---|---|---|---|---|
| | 家庭每月收入（卢比,2010年） | 住房面积（平方米） | 可负担性(1):房价（租金或每月还贷值）占月收入之比测值 | 可负担性(2):房价与家庭年收入之比 | 房价（租金或每月还贷测值）占月收入之比 | 房价与家庭年收入之比(2010年) | |
| 低于收入贫困线的群体 | ≤2690 | 21~27 | 5% | 2 | 266% | 76 | 21.78（占2181万户家庭的99.86%） |
| 经济弱势群体 | 539~3300 | | 20% | 3 | 217% | 62 | |
| 低收入群体 | 3301~7300 | 28~40 41~60 | 30% | 4 | 98% | 28 | 2.89（占2757万户家庭的10.48%） |
| 中等收入群体 | 7301~14500 | 61~112 | 30%~40% | 5 | 49% | 8 | |
| 中高收入群体 | 25829（平均） | >112 | 30%~40% | 5 | 28% | 2 | 0.04（占1692万户家庭的0.24%） |
| 高收入群体 | 85152（平均） | | 30%~40% | 5 | 8% | | |

资料来源：作者根据根据Wadhwa（2009），Jones Lang LaSalle（2010）及住房和城市减贫部（Ministry of Housing and Urban Poverty Alleviation 2013）计算得出。

味着其中95％的住房成本要由财政提供补贴。考虑到一些因素，可负担能
力与住房的实际市场价格之间出现的巨大差距还会拉大，因为低收入群体既
难以获得正常的金融扶持，又缺乏积累或继承而来的财富。所以，这些群体
不仅缺乏支付购房首付款的能力，而且也没有每月偿还房贷的能力。因此，
"所有人都有住房"的目标无法实现，大部分住房政策都未能向目标群体提
供自有住房，最终反而成为高收入群体的一种投资选择。

## 7.4  住房政策和项目

上述讨论表明，住房条件涉及经济和社会力量错综复杂的关系。就住房
而言，政策制定者面临如下困境：第一，住房是经济中的生产性还是非生产
277 性部门；第二，住房是公共产品还是私人产品。7.2节中讨论到的经济和政
治方面的意识形态、政策优先性以及人口变化趋势，对于塑造印度的公共政
策和项目都发挥了重要作用。本节讨论印度在政治和经济增长的四个时期
（7.2节已讨论过）中的住房政策和项目。这些时期是：独立以后（1947～
1964年），在此称为"尼赫鲁时代"（the Nehru Era）；绿色革命（1965～
1990年），称为"甘地时代"（the Gandhi Era）；经济私有化阶段（1991～
2000年），称为"后自由化时代"（the Post-Liberalization Era）；最后，经济
全球化阶段（2000年以后）。

### 7.4.1  尼赫鲁时代（1947～1964年）

印度当前的住房状况是独立（1947年）以后相关规划和政策的遗产，
而这些规划和政策与当时的经济和政治力量相关联。前面已讨论到，印度一
开始在经济政策环境方面的特征是聚焦于促进工业活动以及生产资本产品。
与需要投入有限的可用资本才能实现的经济目标相反，住房供应被认为是消
耗资本的活动，不能保证获得任何直接的经济回报。在一定程度上，这种思
路也体现在现代印度的宪法构建上，印度没有将居住权列入宪法权利之中。
结果，住房既不是相关政策和计划关注的优先领域，也没有成为政府的宪法
义务。

独立后重视对资本产品的公共投资是现代印度政策构建的起点，这导致
金融和业务等方面的公共机构减少参与提供像住房这样的公共产品。由于无
论是独立之前印度的统治者，还是在其工厂中雇用了农民工的企业家，都没

有提供支持，因而在独立之时印度城市地区的住房状况已经岌岌可危，但即便如此，第二次世界大战期间几个大城市的住房需求问题还是变得更加尖锐了。与战争相关的生产工厂涌现后，城镇突然增加了大量工作机会，使人员大规模地从农村迁移至城市。来自乡村的一些因素，比如粮食生产的不确定性、债务增加、缺乏就业机会以及农业中长期存在就业不足等问题，使这些移民即便在战争相关行业开始萎缩之时也不愿意再回到乡村。产业工人的住房需求不断累积，当时一般由工厂企业主自身或者其他出租住房的土地所有者提供工人宿舍（以前称之为"chawls"，包括一个单间和厨房，其他设施要共用）来满足这些需求。除了这些正规的住房安排外，在私有和公共土地上还出现了未经批准的寮屋定居点（squatter settlements）和棚户区（shanties），这些地方成了众多移民的第一个落脚点。正规和非正规住房的共同点在于，建筑质量都很糟糕，都缺乏基本的基础设施，如饮用水和卫生设施。资源有限的企业主难以满足产业工人对宿舍的需求，于是他们开始提出："不是他们而应该是政府才有责任为工人阶级提供住房，而且他们还面临其他困难，没有足够的手段来投资建房"（Planning Commission of India 1951－1956）。

独立以后印巴分治导致大量难民从新成立的巴基斯坦进入印度。大部分难民都是足无寸土，渴望在城市落脚参与非农业的经济活动。政府试图通过在新建的"模范镇"（model towns）中向其提供土地用于建房而将他们安置在城镇。但是，房价的上涨有增无减，因为城市人口在增加，而作为主要供应者的私营建筑企业却在萎缩，这是由于建筑材料匮乏且价格昂贵。新房建设放缓对存量住房施加了很大压力，使得租金飞涨。作为一项临时性的应对措施，政府将第二次世界大战之前出台的《租金管制法案》（the Rent Control Act）扩展至全国所有的大城市，而在这之前只有孟买在1918年之后才实施这一法案。租金管制进一步限制了印度各城市出租住房的供应。

对价格的法律管制（比如《租金管制法案》，其中涉及政府征收私人住房，然后以规定价格满足政府官员的住房需求）成为私营开发者遭遇的主要障碍。这些开发者主要从事建设业务，但是在开发新房或者增加及维持存量住房方面却毫无进展。在第二次世界大战期间以及之后，由于建筑材料和劳动力成本大幅上升，问题变得更加严重，使新房建设难以盈利。由于私营建筑商缺乏兴趣，迫使政府实施干预，以缓解严重的住房短缺问题，政府在设立住房委员会（housing boards）之后采取了一些初步的措施。

与政府机构一起开展工作的城市国有企业（urban public bodies）和规划师们都不愿接受城市地区出现贫民窟和非正规居住点的事实，因而政策重点是强制驱逐、清理贫民窟以及对开发建设施加严格管制，只批准符合质量标准的住房建设。虽然其他发展中国家处理类似问题也会有类似的政策思维，但这带来的后果是很可怕的，因为它阻止了任何试图改善城市贫民居住条件的努力。

产业工人的住宿能获得补贴，低收入的政府雇员能得到公共住房，而其他低收入人群或在市场中挣扎，或进入贫民窟生活。当时政策制定者的一种想法是，由于私营部门无法给低收入群体提供住房，因而邦政府需要填补这个空白，帮助建设面向低收入群体和中等收入群体（包括城市和农村地区）的合适住房。但是，由于缺乏可调配的资源以及相关人员无力设计并实施相关项目，所以上述想法并没有得到很好的落实（Sivam and Karuppannan 2002）。

以下是在 20 世纪 50 年代为缓解住房短缺问题而实施过的重要措施（Planning Commission of India 1951－1956）：

·产业工人的住房：1949 年制定的《产业工人住房方案》（the Industrial Housing Scheme）向私有雇主提供补贴，用于建设工人宿舍，租金不能超过工人收入的 10%。该方案的问题在于，当公共部门的雇员不能获得住房而只能从私人市场租赁住房时，他们获得的租赁补助也是只相当于其收入的 10%。但随着租金快速上涨，这些补贴后来就不够了。

·低收入和中等收入群体的住房：虽然没有明确的补贴，但是通过一些便利措施鼓励私营开发企业和互助型住房协会弥补市场中的住房短缺。

在可能的情况下，以合理成本提供适宜的建设场地；

（1）允许法定的住房委员会向私营建筑企业提供贷款担保，使其可以从银行或保险公司为房屋建筑业务获得融资，在这种情况下，该建筑物被抵押给住房委员会；

（2）重组分配相关建筑材料的体系，如钢铁、水泥、煤炭等，逐步降低这些当时属于管制范围的材料价格，并为此开展必要的检查；

（3）根据 1952 年《德里和阿杰梅尔租金控制法案》（the Delhi and Ajmer Rent Control Act）第 28 部分第 39 条规定，允许特定时期建造的房屋不受租金固定法律的约束；

（4）不鼓励在城市地区持有土地，为此设计的税收结构使空置土地持有者无利可图（Planning Commission of India 1951 – 1956）。

这导致释放出更多用于开发的土地。

通过使用现代工具和机械降低施工成本，并对尺寸进行标准化，从而鼓励建筑材料的大规模生产，比如砖、门、窗等。

1950 ~ 1980 年，工业经济的基础已经奠定，制造业占印度国内生产总值的比重从 11% 增长至 18%。聚焦于为产业工人提供住房的各种方案对校园式工业城镇（campus-like industrial townships）的发展做出了直接贡献。但是，住房总投资占计划总支出的比重仍然较低，为 1.5% ~ 2%。

这段时间，服务业的增速几乎与制造业相同。在供给侧，各种住房方案克服材料和劳动力成本高昂的挑战，鼓励新房建造活动，而在消费（或需求）侧，政府则提供了一些补贴以及长期的融资选择。

20 世纪 50 年代和 60 年代是制度发展的重要时期。在这个时期，政府在各个邦设立住房委员会，强制要求建造用于向公众分配的住房；中央政府的"工作、住房与供应部"（the Ministry of Works, Housing and Supply）（即现在的住房与城市减贫部）负责城市扶贫、住房和就业方面的方案；中央公共建设部（the Central Public Works Department）推进由中央资助的所有民用工程；国家建设组织（the National Buildings Organization）的任务是技术转让、试验、开发以及住房统计的发布；城乡规划组织（the Town and Country Planning Organization），作为城市发展部（the Ministry of Urban Development）的技术支撑，负责准备德里及周边区域的总体规划，并对钢铁城镇（steel towns）、河流工程等项目开发提供咨询。在重视降低住房供应成本的同时，国家建设组织还负责开发出低成本的住房设计方案，并建议通过合理选择建筑材料以及高效利用劳动力等方式降低成本（Hingorani 2011）。低成本运动对新设计方案和新材料的开发做出了一些贡献，但在促进住房供应增加方面的贡献不大，这主要是由于开发企业和购房者对这些设计方案和材料的接受度不够高。

在 1988 年之前，印度一直没有明确的全国性住房政策。但是，各种分散的措施为 1988 年形成一种全面的政策奠定了基础。1957 年，为了简化住房融资的手续，工作、住房和供应部建议在各邦设立住房公司，其职责是向中央政府给予相应补贴的住房项目提供债务融资。这是很重要的一步，因为中央政府的政策立场从向个人提供补助转向协助各邦和地方政府，毕竟它们更了解当地的具体情形（Hingorani 2011）。但是，这种权力下放的困难在于，尽管实施住房方案的责任逐渐交给各个邦政府及其住房管理机构，但是它们仍然依赖中央政府的资助。在这段时间内，政策转向为低收入家庭提供补贴，促进使用当地的建筑材料，设立住房委员会及其他机构以实施各种住房方案。

但是，由于缺乏一种连贯性的住房政策，通过各种零散方案提供的住房面向不同收入和不同特征的群体，缺乏指向性和连续性，其范围和目标群体有时会重叠。起初的方案分别聚焦高、中、低不同收入档次的人群，而后来的方案收缩至只针对贫民。这种现象也体现在 1956～1966 年的两个"五年计划"中。由于低收入家庭的规模非常大，以至于不可能在规定时期内向这些人群提供住房，因此在 1966 年的年度计划（1966～1969 年）中引入了经济弱势群体的概念。在意识到各种住房方案没有发挥作用后，人们才理解，住房政策需要在经济和工业化政策的背景下运行（Hingorani 2011）。

尼赫鲁时期，尤其是 20 世纪 60 年代，对全国住房制度结构的发展做出了重要贡献。该时期的政策尽管有干预主义色彩，但聚焦于土地、材料、建282 设和融资。政策制定者认识到能获得足够多且廉价的土地是所有住房方案取得成功的关键因素，因而重心放在为不同类别的城市编制总体规划和区域规划（Hingorani 2011）。重心还放在全新且更便宜的建筑技能的研发上，以及收集住房统计数据，以便更好地为各种方案的发展和评估提供信息。设立各个邦的住房委员会，强行刺激住房建设，也给这个时期的发展提供了推动力。由于认识到如果缺乏充足的融资，各个公共机构的住房建设水平仍会像过去一样低，因而设立了一些金融机构，强制要求向大都市的机构、新成立的邦住房委员会及其他城市机构提供融资援助。

回顾这个时期可以看到，以自上而下的方式供应住房，中央政府过度干预土地征收、建设与分配等举措只能取得有限的成功。新房供应跟不上需求，主要是由于各种方案没有得到落实，缺乏资金，以及建筑成本上升（Sahu, Zachariah and Baksi 2009）。对这些方案的评估表明，目标群体从中受益极少。由于这些方案在设计之时没有考虑到潜在的受益者，结果在需求与供给之间出现了错配，还出现了高收入群体挪用本来为低收入群体建造的住房的现象（Wadhwa 1988）。为了降低土地成本，经济适用房普遍远离城市区域，使其对低收入群体没有多大吸引力。这些住房的区位之所以不适合低收入群体，是因为他们到工作地点需要长时间的通勤，而这会增加这些贫民的生活成本。但是，这些住房作为一种投资品，却对高收入群体具有一定的吸引力。住房短缺的规模超出了任何方案所能覆盖的范围，所涉及的补贴使受益者很愿意得到住房，但他们一旦得到住房后很快就在市场上出售，赚取一些利润后又搬回贫民窟。清理贫民窟的计划也面临不少问题，还遭遇公众的抵抗，所以一些邦发现征用贫民窟土地的程序很烦琐。重新安置被驱逐的贫民窟居民的替代性地方往往既昂贵，又很难靠近城市。租赁住房太过昂贵了，许多贫民窟居民发现即便有租金补贴，也难以承受（Sivam and Karuppannan 2002）。

这些方案面临的两大障碍是土地征用较困难以及缺乏社区参与。1954年低收入群体住房计划（the 1954 Low Income Group Housing Scheme）等方案，由于能获得较为廉价的土地，因而效果较好，但如果一些邦政府发现难以征用并供给合适用地，那些方案的效果就非常有限（Hingorani 2011）。方案规划和设计环节缺乏社区的参与，限制国际投资，以及这一时期在贫民窟中出现了一些能负担得起的住房供应形式，都是这些方案失效的原因（Sivam and Karuppannan 2002）。

283

### 7.4.2 甘地时代和绿色革命（1965~1990年）

甘地时代对经济的管制约束有所增强。1965~1981年，印度经济经历了缓慢增长和较大波动（Sibal 2012）。政府强力干预了市场运行，整个经济环境都被政策和法规高度管制。主要的控制手段包括，以1969年《垄断和限制贸易行为法》（the Monopolies and Restrictive Trade Practices Act）管制国内商业行为，以1969年《银行公司法》（the Banking Companies Act）推进银行的国有化，以1970年和1973年的《工业许可法》（the Industrial Licensing Acts）控制生产活动，以1973年《外汇管制法》（the Foreign Exchange Regulation Act）审查外国投资（Sibal 2012）。政府过度使用管制权力使市场主体与监管者之间产生了争执，导致政府在1975~1977年的两年间强行推行紧急条例（emergency rule）。经济政策对工业行业在很大程度上都是对抗性的。大部分公共预算支出都以资本经费和补贴方式指定用于农村地区（Tiwari et al. 2015）。所有这些都对政府资源施加了较大压力，而私营部门发现经济环境令人窒息。

这一时期，政府改变了解决住房问题的方式。虽然在私有化之前的大部分住房方案延续了之前的方式，即向受益者直接提供住房，但是在 20 世纪70 年代和 80 年代也有两项特别的方案：1972 年的"城市贫民窟环境改善计划"（the Environmental Improvement of Urban Slums Scheme）和 1980 年的"地块与服务计划"（the Sites and Services Scheme）。这些计划完全改变了对贫民窟的看法。考虑到 20 世纪 70 年代以前那些方案面临的金融约束，以及所提供的补贴难以持续，另外在服务供给方面也缺乏效率，一种新的视角开始形成，即认为公共部门提供的住房不足以解决贫民窟问题（Mathur 2009）。不断上涨的地价和材料价格，使目标群体的负担能力有所下降，这意味着要使住房变得可负担，今后还需要提供更多补贴（Hingorani 2011）。

284 资本投资项目和有关补贴都聚焦于农村地区，使政府财政更加紧张，而且直接提供拥有产权的经济适用公共住房是非常昂贵的。这些情况使住房发展范式从"通过补贴对现有贫民窟进行再开发"转向"就地提升并改善贫民窟居民的生活条件"或"提供土地和基础设施"，让贫民能以此为基础建设自己的家园。过去，各种方案对住房面积的规定过于琐碎，因此政府为了通过贫民窟清理计划更加便捷地供应住房，降低了各种小户型住房的标准（Wadhwa 1988）。在方案中越来越多地考虑到提供交通、服务和安全使用等方面的问题（Wadhwa 1988）。这种转变对提升贫民窟居住条件带来了一些积极效果，使贫民对于在居住区做出投资有一种清晰的认识。如 Hingorani（2011）所指出的，这有助于"避免重新安置"以及"保护他们获得维持生计的途径和其他必要的社会基础设施"。由此形成了一种新的庇护贫民的合作结构，在其中政府负责提供产权、地块和基本基础设施服务，而贫民负责建设和改善自己的住房（Wadhwa 1988）。

20 世纪 70 年代以前，政府通过各种公共住房方案，成为住房建设金融扶持的唯一供给方。政府实施这些方案要依靠各邦的住房委员会，后者负责根据社会公平原则配置开发用地并建设住房（Tiwari 2012）。住房金融部门的发展在 20 世纪 70 年代奠定了基础。设立的各种住房金融机构，比如"住房和城市开发公司"（Housing and Urban Development Corporation，HUDCO）、"住房开发金融公司"（Housing Development Finance Corporation，HDFC）和"国家住房银行"（National Housing Bank，NHB），都是将储蓄和其他资源归集用于住房投资。对于金融资源匮乏的问题，从需求和供应两端同时施策，尤其是面向中等收入和高收入群体，既向家庭提供住房贷款，又向开发企业提供建设融资。国有企业"住房和城市开发公司"的法定职责就是与政府机构一起扶持并促进住房和城市开发项目，主要方式是向住房委员会的地块、服务设施以及住房建设业务提供融资支持。根据其社会责任，该公司至少需要将 55% 的信贷提供给经济弱势群体和低收入家庭。

"住房开发金融公司"是作为私营实体而设立的，主要根据市场原则向中等收入和高收入家庭提供分期贷款。该公司的成功使若干家住房金融公司出现，它们或是私营企业，或是与政府、银行及保险公司合伙设立的公司。20 世纪 80 年代的一个重要事件是 1987 年"国家住房银行"的成立，其目的是通过建立一个稳健、健康及高效的住房金融体系，将正规部门的资源引导至住房金融中。

向低收入群体和经济弱势群体提供住房的责任从中央政府下放给各邦政府及其住房委员会，也给这些住房的融资方式带来了变化。由于许多补贴定向用于基础设施和卫生设施，因而收回成本成为这些方案的一项关键内容。居民被鼓励对其住房进行投资（Wadhwa 1988）。对补贴的依赖度逐渐下降，然后一些方案的设计要求能更加符合受益者的可支付水平。"住房和城市开发公司"向各个邦政府提供贷款，与各邦的自有资金一起为这些方案提供融资。另一方面的机制创新在于，面向高收入群体、中等收入群体和低收入群体的住房补助金可以相互调配。

从这些方案中得到的经验表明，孤立的住房方案难以运转，重要的是把针对城市贫民的居住问题的方案与其他方案联系起来，比如那些致力于应对就业机会匮乏及难以获得基本公共服务的方案。20 世纪 80 年代引入的方案开始逐步采取更加全面的方法，将消除贫困的方案与居住方案整合起来（Hingorani 2011）。

尽管这一时期的宏观经济政策仍然偏向农村，但是政府已经逐渐认识到城市贫困不同于农村的贫困，因而应该区别对待城市和农村的住房问题（Sahu，Zachariah and Baksi 2009）。这种认识也体现在一些方案中。比如，1979 年的"中小城镇整合发展方案"（the Integrated Development of Small and Medium Town Program）试图通过发展中小城镇的基础设施，使过于人口集中的城市得到疏散。印度住房部门的政策制定者之前面临的一大挑战在于缺乏全国性的政策。这段时期最重要的一项进展就是形成了 1988 年的全国住房政策（the 1988 National Housing Policy），它改变了 20 世纪 90 年代住房发展的进程，使政府从之前作为住房、金融和开发地块的直接提供者转变为协调者，引导私营部门的投资流向住房领域，鼓励私营部门主导的住房建设活

动。政府的角色越来越被视为一个法律、监管和金融框架的组织者，由私营
部门在这个框架中开发并供应住房（Sahu，Zachariah and Baksi 2009）。住房
金融部门的自由化得到了进一步推进。为促进资金流向住房领域，印度储备
银行（the Reserve Bank of India）发布指导文件，允许列入计划的商业银行
将其存款增量的 1.5% 分配给住房业务。监管机构还要求这些资金中的 30%
直接贷给个人，其余 70% 间接借贷给机构，用于增加供应服务性用地、住
房建设、订购担保债券和由国家住房银行及住房和城市开发公司发行的债
券。在 1988 年设立国家住房银行后，保险公司和列入计划的商业银行
（scheduled commercial banks）的参与程度更深了，因为这些独立的住房融资
公司能利用国家住房银行的再融资设施和税收优惠（Tiwari 2012）。印度人
寿保险公司（the Life Insurance Corporation of India）于 1989 年设立了自己的
住房金融公司，在 1990 年又成立了保险总公司（the General Insurance
Corporation）。

　　但是，这个时期在改善住房条件方面进展不大。贫民窟清理方案在整个
20 世纪 70 年代和 80 年代都在推进，而受影响的居民都被安置在城市边缘
区域。由于这些住房没有满足受影响居民的需求，最终还是落入高收入群体
和中等收入家庭手中。虽然在政策中公布了一种整合的思路，但是仍然没有
取得成效，这是因为相关方案是碎片化的，目标相互重叠，而且往往由缺乏
协调的不同部门去管理。消除城市贫困的方案与其他相关方案仍然缺乏关
联，使其有效性受到影响（Hingorani 2011）。另外还有一些方案，但是这些
方案的内容和执行机制经常变动。在设计和实施相关方案时，社区的参与仍
是微不足道（Mathur 2009）。这一时期最大的贡献在于住房金融部门，因为
住房金融市场发展带来了很多积极的效应，尤其是对于中等收入和高收入家
庭而言（Wadhwa 2009）。

### 7.4.3　后自由化时期（1991～2000 年）

　　一系列因素使 20 世纪 90 年代的政策中心转向了城市，这些因素包括在
解决城市日益恶化的居住条件方面进展缓慢，不断推进的城市化趋势，日益
加剧的可负担问题，以及逐渐认识到城市中心在国家经济中的重要性。而
且，对于城市中心区域应该采取一种不同于农村的管理和政策路径的观念逐
渐受到认可（Hingorani 2011）。就像 1988 年全国住房政策中提出的一样，
这个时期进一步强化了政府在住房领域作为推动者的角色，而不是以前作为

住房和服务用地的直接供应者。建立了一个私营部门有效参与的法制和金融 287
框架。同时也认识到，仅仅靠市场难以解决住房问题，尤其是针对弱势群
体。于是政府的政策重心开始聚焦低于贫困线的家庭、妇女为户主的家庭，
以及列入计划的种姓和/或部落（Hingorani 2011）。这些家庭需要政府的直
接干预和补贴。

　　前一个时代已经开始将住房方面的责任下放，到了这个时期，随着
1992 年通过第 74 次宪法修正案，重新调整了三个层级政府（中央、邦和地
方）在住房方面的权力分配。一系列具体实施方面的责任转移给了城市的
地方部门（urban local bodies，ULBs），比如城市减贫、贫民窟改造、住房、
城市服务管理以及对弱势群体的保护等。但是问题在于，虽然提供相关服务
的责任已下放，但是金融资源的下放进程较缓慢，因而限制了城市地方部门
承担新责任的能力。这些部门缺乏获取金融资源以设计并实施相关方案的能
力。这成为后来若干年一系列城市改革的关键问题（Hingorani 2011）。由于
政治方面的错位，城市部门在金融资源方面对上级政府的依赖度并未减轻。
历史上，一系列政府机构和半国营组织都参与了对城市问题的处理，另外还
有城市中的相关部门。就改善贫民窟居住条件的方案而言，涉及的机构包括
贫民窟委员会（slum boards）、住房委员会、开发机构以及城市相关组织，
这也导致在实施中出现了一些问题。

　　在 20 世纪 90 年代和 21 世纪头 10 年，随着自由化政策的推进，许多私
营和国有商业银行设立相关部门，住房金融市场进一步得到发展（Sahu,
Zachariah and Baksi 2009）。一系列因素推动银行进入住房金融领域，这些因
素包括利率较低的体制、不断增长的可支配收入、相对稳定的房产市场、政
府提供的财政激励以及住房融资作为一种业务的可行性，后者已被"住房
金融开发公司"所证明。对住房金融提供的财政激励措施包括建造小户型
住房可免缴所得税，对任何作为公路项目组成部分的住房工程免税，住房贷
款达到一定限额后可以在税收中抵扣利息，如果住宅物业在出售前持有 3 年
以上可免利得税，如果资本收益投资于住宅物业或其他指定资产也可免利得
税，对住房金融公司实行税收优惠，向购买住房的低于贫困线家庭直接提供
补贴（Tiwari and Parikh 2012）。随着住房金融资源不断注入，家庭对住房债
务的认识在不断深化，感受也越来越好。监管部门发布的指南要求国内列入 288
计划的银行和外国银行至少分别将其净银行信贷的 40% 和 32% 投向优先领
域，其中包括住房领域。为了增强城市地方部门的融资能力，鼓励上述银行

机构通过发行债券或开展公私伙伴关系（public-private partnerships，PPP）合作去资本市场融资。尽管有这些方面的积极发展，但由于其财务状况较薄弱，大多数城市机构难以进入债券市场或通过债务筹集资源。

印度政府在将城市减贫方案和居住问题进行整合方面也做出了不少努力（Hingorani 2011）。比如，将城市贫民窟环境改善方案与一项城市基本服务的计划进行了整合，由此发布了一项被称为"面向贫民的城市基本服务"（Urban Basic Services for the Poor）的新方案。新的方案聚焦于卫生和教育领域，而且认识到安全的使用权以及在住房方面设计出能收回成本的机制对于该方案长期可持续至关重要（Mathur 2009）。1997年发布了针对提升贫民窟居住条件的"全国贫民窟开发方案"（the National Slum Development Program），由中央和各邦政府提供资金支持。为了解决以前相关方案存在的碎片化问题，将"尼赫鲁就业计划"（the Nehru employment scheme）中改善居住条件的部分与总理的消除城市贫困综合方案（the Prime Minister's Integrated Urban Poverty Eradication Programme）合并为一项"全国贫民窟开发方案"（the National Slum Development Program）。该方案鼓励非政府组织、社区组织和私营部门的参与（Mathur 2009）。

在鼓励各邦政府和城市部门实施相关方案以应对城市贫困和居住问题的同时，中央政府将其注意力转向一些直接面向低于贫困线家庭的方案。2001年发布了一项由中央政府资助的方案，即"城市住房计划"（Valmiki Ambedkar Awas Yojana），包括为低于贫困线的家庭建造住房和改善居住条件，以及通过建造社区厕所提供基本设施。该方案的一半资金来自中央政府的补贴，其余来自邦政府、地方政府、住房和城市开发公司的贷款。具体实施的责任落在邦政府，它要负责安排土地并组织债务（Hingorani 2011）。各邦从类似住房和城市开发公司等机构获得的贷款份额与其贫民窟人口的规模成比例（Mathur 2009）。

这个时期还公布了其他一些方案。"街头露宿者的夜间住宿计划"（the Night Shelter Scheme for Pavement Dwellers）于1990年发布，由住房和城市开发公司与各个市政府联手实施，提供贷款和补贴用于建设街头露宿者的夜间住宿场所以及卫生设施。1998年发布了一个雄心勃勃的计划，即"两百万套住房计划"（the Two Million Housing Programme）。这个贷款计划打算利用来自住房和城市开发公司以及其他住房金融机构的资金每年建设200万套住房（Hingorani 2011）。

289

对自由化时期的评估表明，这个时期在深化住房金融市场方面取得了很大进展，这对中等收入群体和高收入群体实现住房自有具有积极影响。但是，在土地管理方面的监管框架建设上成效不大。而且，城市贫民仍然较难获得正规融资，因为获得这些融资需要清晰的房屋产权、由地方机构批准房屋建设计划以及每月稳定的收入流水（Tiwari and Debata 2008）。

### 7.4.4　经济全球化时代（2000 年以后）

2000 年以后经济全球化的宏观经济环境巩固了城市的中心地位。全球的关注点也从国家竞争力转向了城市竞争力。在这种背景下，2002 年发布了一个更关注城市的资本投资和城市改革方案，即"尼赫鲁全国城市复兴计划"（Jawaharlal Nehru National Urban Renewal Mission，JNNURM）。由于原有法律规定扭曲了土地和住房市场的运行，因此该计划拟通过修改法律突破阻碍城市发展的一些瓶颈，使产权制度更加正规化，并在地方层面健全有效的治理结构。该计划还打算改革房产税体系，合理分配服务业关税以增强地方政府的财力，促进城市基础设施投资。该计划还被授权废除《城市土地（总额控制与管制）法》[the Urban Land（Ceiling and Regulation）Act]，此项法律将一批土地锁定在法律诉讼中，阻碍了住房供应。

2011 年发布了一个针对贫民窟居民和城市贫民的重要方案，即"拉吉夫城市住房工程"（Rajiv Awas Yojana，RAY）。该方案的筹备阶段是 2011～2013 年，实施阶段为 2013～2022 年。该方案的目标是将现有的贫民窟纳入正规体系，使之能享有基础服务设施，从而建立制度性和市场化机制以应对土地和住房方面的短期问题。该方案是一个与改革相关联的贫民窟重新开发方案，也是一个经济适用住房建设方案，能获得中央政府的资助。"拉吉夫城市住房工程"所推行的改革包括为贫民窟居民提供安全的使用权保护，调整有关城市住房的租赁和租金管制法律，审查并修正管理城市规划、开发结构和体系等方面的法律、法规和条例，以满足城市化的需要。该方案的具体内容包括供应社会租赁住房（social/rental housing），在城郊接合部建设经济适用住房（affordable housing），与私营企业合作推进贫民窟居民的重新安置工作。尽管该方案的框架很好，但是在地方工作部门和相关城市中没有得到良好反响（Planning Commission of India 2012－2017）。2015 年 6 月，"拉吉夫城市住房工程"被"全民（城市）住房计划"[Housing for All（Urban）Mission] 所取代。根据该计划，中央政府将通过各邦和联合属地在贫民窟居民就地安置方面向城市地方部门及其他执行机构提供补助，具体方式包括让私营部门参与，从而将土地作为一种资源，向经济弱势群体和低收入家庭贷款购房提供利率补贴，中央政府向各邦和城市地方部门联合私营企业建设经济适用住房提供融资扶持，并向受益群体个体建房以及经济弱势群体修缮住房提供补贴。

## 7.5　住房政策评估

印度独立以后各种方案对住房条件的影响非常有限。住房投资占预算总支出的比重一直维持在 2% 左右。对各种住房项目做客观评价较为困难，因为无法获得每种方案下新房建设数量以及改善规模的数据。但是，通过对全国住房数量以及预算分配情况的总体评价可以发现，虽然大多数方案都有良好的出发点，但是由于缺乏金融资源，因而难以实现其预定目标。过于依赖中央政府的资金，导致了一种自上而下的路径的形成。这些方案都在中央层面制定出台，虽然有时能得到一些来自邦政府一级的反馈，但是很少从执行机构以及一些实施人员处获得反馈。有时，特定的干预措施是出于政治和行政目标，而非出于经济和现状的考虑。这导致各种项目的不同措施针对相同的目标群体，而这些措施之间缺乏适当的衔接、协调和排序。这些方案在规划和实施时缺乏公众参与。自 1992 年《第 74 次宪法修正案》公布后，中央政府在增强市一级政府制定和执行政策的作用方面做出了很多努力。但是，由于没有完成金融方面的权力下放工作，城市缺乏执行资源。

291　　在前面讨论到的不同时代，中央政府和邦政府在住房领域的预算支出都较少，这说明住房一直被认为是私人问题。在政府出台的各种方案中，对住房数量影响最大的就是公共部门向其雇员提供住房的方案。印度从独立到 1970 年，通过各种方案在城区共建造 40 万套住房（Planning Commission of India 1969 - 1974）。这个时期取得的主要成绩是在邦一级促进了互助型住房协会（cooperative societies）的发展，以及建立全国建筑组织，使之承担起廉价建筑材料的研究工作。针对农村地区无地劳动者的住房建设和改善工作没有取得多大进展。更大的挑战在于，土地和财政支出的配置不仅要满足住房需求，还要应对诸如饮用水和卫生设施等方面的问题。在农村地区通过废除过渡性产权（intermediary tenures）、执行总额限制法规以及后来巩固持有权等措施获得的剩余土地都没有利用起来，因为此类土地中的大部分都被锁定在法律诉讼中。

在之后的一个年代（1970～1980年）里，城市地区新增了28万套住房，其中大部分是公共部门为其雇员所建，另有一些面向经济弱势群体和低收入家庭。这个时期取得的主要进展在农村住房上。如前所述，这个时期的政治意识形态也转向支持农村地区，当时的一些方案也体现了这种转变。通过《农村宅地及住房建设计划》（the Rural House Site-cum-House Construction Scheme），总共分配了770万个地块，建造了56万套住房（Planning Commission of India 1980 - 1985）。政策制定者也清楚地认识到公共资源匮乏的问题，因而试图通过若干种方案将公共资源引导至社区中的经济弱势群体。这段时期的主要进展还在于推动了住房金融制度框架的建设，以促进和鼓励自助购房。政府的角色已从住房供应者转向了协调者。政府的工作重心在于增加类似住房和城市开发公司及各邦住房委员会等公共机构可获得的资源，使它们能提供基础设施，从而鼓励私营企业供应住房。经济方面补贴负担不断增加（尤其是农业部门），从中得出的教训就是，这些方案应该尽量避免提供补贴。为此采取的替代性办法是，通过审查建筑标准以及使用廉价建筑材料努力减少公共住房项目的成本。对建筑材料的研究是这一时期非常重要的工作。

1980～1985年，公共部门供应住房的占比进一步下降。通过公共项目新增的住房数量，在城市和农村分别为17万套和19万套。共分配了540万个农村住房地块。政府更加注重制度建设，为私营企业建造住房提供便利。住房和城市开发公司及住房开发金融公司等金融机构以及一些互助型机构在为各个收入群体提供金融服务方面的能力上得到了增强。当这些机构将业务重心放在城市地区时，政府在农村地区应直接提供住房的做法仍然被认为是必要的。由于认识到需要大规模建设住房，因而印度的建筑法规开始评估预制技术的发展，希望将其纳入相关规范中。

1985～1992年，住房投资占中央和各邦政府预算总支出的比重约为1.3%（Planning Commission of India 1985 - 1990），但是真正的支出远远小于预算支出。由于土地配置是邦政府的职责，因而落实住房相关方案的大部分责任都落在邦政府身上。另外，配置金融资源的责任也在邦政府。这个时期，通过各种方案每年大约建造或改造100万套住房。平均每套住房获得的补贴数额仅有可怜的5000卢比，这意味着大部分补贴都用于改造住房。虽然这些住房方案聚焦于经济弱势群体，但是所动员的资源不足以产生显著影响。结果，住房方面的差距在继续拉大。这段时期较为成功之处在于强化住房金融机构。作为公共住房金融机构，住房和城市开发公司为大约 200 万套住房建设提供了融资。建筑材料和技术促进委员会（the Building Materials and Technology Promotion Council）被赋予降低建筑成本的职责，它通过提升低成本的建筑材料，开发创新性的建筑材料和技术，在全国确定了 200 家"建筑中心"（building centers），其中 70 家开始运转。

1992~1997 年，估计建造了 200 万套住房，其中 140 万套面向经济弱势群体和低收入家庭（Planning Commission of India 1992 – 1997）。真实进展与政府的计划目标有一定差距。这段时期取得的主要成绩是建立了为各种收入家庭提供住房融资的机制。这些机制包括国家住房银行向为经济弱势群体和低收入群体供应住房的机构提供的再融资渠道。"建筑中心"的数量进一步增加了，其中有 239 家能运转。农村住房方案——"印度政府农村住房福利计划"（Indira Awas Yojana）显著增加了农村地区的住房数量，1985~1997 年，总共建造了 370 万套住房。该计划主要是一项中央政府的方案，因而中央政府和各邦政府在金融资源上的分配比例是 80∶20。

进入 21 世纪后，低收入群体的住房供应主要依靠"城市贫民公共服务"（Basic Services for Urban Poor）方案、"尼赫鲁全国城市更新计划"中的住房与贫民窟开发方案（后来是"拉吉夫城市住房工程"）。但是，在 2002~2012 年，该方案只批准了 160 万套住房建设。该方案面临的最大挑战在于缺乏适用的土地，对此印度计划委员会（the Planning Commission of India 2012 – 2017）将其归罪于土地使用模式不够理想。这是由当地的管制体制造成的，这种体制缺乏长远的城市规划，而且缺乏参与性规划程序以确定土地的最有效利用方式。

"尼赫鲁全国城市更新计划"的结果及其评价较为复杂，所采取的一些措施在可持续性方面受到了质疑。该方案仍是碎片化的，其中不同部分的内容由中央政府的不同部门管理，地方层面的执行也是各自为政。这些方案在设计、规划和执行等环节都缺乏社区参与。在重新安置等问题上缺乏社区协商，导致延误了交房，而且具体方案的选择不一定最符合受益者的需求（Hingorani 2011）。尽管该计划倾向于原地重新开发，但具体方案的实施路径却更加倾向于新建。这些方案在实施过程中的延误导致成本快速上涨，这反过来使得无法以原定规模交房，也使目标群体难以负担所建住房。增强可负担能力的一个关键因素是拓展信贷服务，使城市贫民能获得所需要的信贷资源。但是，"尼赫鲁全国城市更新计划"基本上忽视了微观金融问题。旨在实现微观金融服务目标的土地改革未能取得成效。各个城市为获得"尼赫鲁全国城市更新计划"资助而制定的开发计划与城市规划程序相分离，使得该计划的实施缺乏一种清晰的重新安置政策。按照"城市基础设施和治理"（the Urban Infrastructure and Governance）计划的资助要求，贫民窟居民有可能被强行驱逐，在这种情况下更加迫切需要一种清晰的重新安置政策（Hingorani 2011）。更大的问题在于，中央、邦和城市地方部门都缺乏实施能力，而方案指南成为"尼赫鲁全国城市更新计划"一个主要的绊脚石。提高实施能力方面的开支非常少；许多邦政府还抱怨资助不能及时到位，这意味着它们需要主要依靠其他资金来推动该计划的实施。该计划鼓励地方政府从商业性的金融市场借贷，但地方政府很少这么做。同样，地方政府很少会通过使用者付费、城市土地的货币化以及房产税等方式来增强其融资能力。因而，从居住和基本服务的视角看，"尼赫鲁全国城市更新计划"的影响非常有限。

在 2015 年被一个新的方案——"全民（城市）住房计划"取代之前，"拉吉夫城市住房工程"的执行时间较短。根据印度住房和城市减贫部对"拉吉夫城市住房工程"的统计，2013～2015 年，总共批准了 117707 套住房建设，只完成了 3378 套（MHUPA 2015）。"全民（城市）住房计划"的目标是取代"拉吉夫城市住房工程"，在 2022 年彻底解决住房短缺问题。但是，中央政府在 2015～2016 年对该方案分配的初步预算额为 400 亿卢比，这个数额太少，不足以产生任何重大影响（MHUPA 2015）。

## 7.6　教训

由于全国将近 2/3 的人口生活在农村地区，因此尽管不情愿，但印度正通过偏向城市地区的政策来推进城市化。作为一个独立后以农业经济为主导的国家，城市化的概念曾被认为是反农村的（anti-rural）。在政治和政策层面对城市化不够重视，导致涌现出一些缺乏规划的城市，它们既没有良好生活品质所需的基础设施，也缺乏居住者所需的工作环境。印度的城市化不是一种期望的结果，而主要是由于经济形势变迁，以至于必须逐步摆脱农业经济的主导。缺乏规划的城市并没有描绘出令人印象深刻的城市景观，对城市化不情愿的心态仍在延续。无论是新的还是原有的城市中心都缺乏发展，这给第二产业和第三产业提出了一大挑战，这两大产业占国内生产总值的比重已达到 80%。重要的是要认识到，在不情愿的城市化与经济衰退之间形成了一种恶性循环，因为它严重影响了城市中心的基础设施和基本公共服务的数量与质量，包括住房。这种状况在图7.6中有所解释。

如图7.6所示，不情愿推进城市化而表现为土地稀缺，导致地价不断上涨，也使住房方面的土地征用成本非常高昂。在相反的情形下，城市化进程得到一种回应性政策体制的支撑，使经济增长和家庭收入增加，从而提高家庭在住房和其他基本服务方面的支付能力，并且支付能力的提高与这些物品价格的上涨幅度成正比。

295　　本文讨论了印度自独立以来制定的各种住房政策和方案。但是，由于住房基本上被认为是一种私人事务，因而这些方案没有得到足够资源的支持。结果，它们在促进新增住房方面的作用非常有限。以下是一些教训，有助于打破图7.6中所描述的恶性循环。

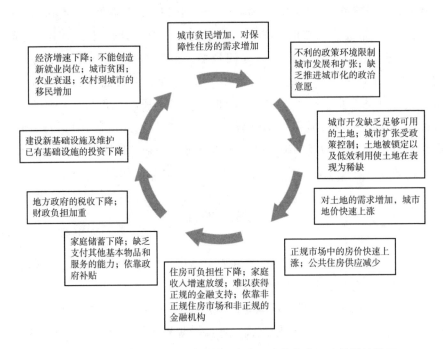

**图7.6　经济下滑、城市化缓慢以及住房可支付能力下降的恶性循环**

资料来源：作者。

296　　（1）住房的宪法地位：虽然有关这个问题的讨论在印度持续不断，但将住房作为一项可执行的权利的表述仍然是模糊的。根据《印度宪法》（the Constitution of India），住房不在中央政府或邦政府的法定义务之列。虽然当前的《印度宪法》列出了一些相关表述，如"经济和社会规划"及"劳动者的福利"，但住房并没有被清晰地纳入基本物品之列（Constitution of India 2006）。呈交给印度最高法院（the Supreme Court in India）第一例也是最重要的住房权利案件是1985年7月10日的"奥尔加·泰利斯和奥利斯诉孟买市政当局"（Olga Tellis & Ors versus Bombay Municipal Corporation）。该诉状第一次提出生活权和居住权是《保护生命和人身自由基本权利》（the Fundamental Right to Protection of Life and Personal Liberty）的重要内容。（印度）最高法院裁定，只有在为贫民窟居民和街头露宿者安排其他住宿地以后，才能强行驱逐他们。该案件之后，一大批案件在20世纪90年代交由最高法院裁定，但是这些案件都没有促使住房纳入可执行的权利之列。一项关于印度最高法院有关住房问题的最重要裁定的研究表明，它对国际人权指南的依赖既不广泛，也缺乏连贯性。住房在宪法中的地位不够明确，使住房政策在制定过程中非常"弱势"，这对改善全国的住房状况毫无帮助，因为各级政府没有法定义务供应可负担得起的住房。

（2）印度的土地权利：征收土地用于保障性住房建设的制约因素之一就是脆弱的土地所有权制度，该制度已经落后于发展形势。印度没有采用托伦斯产权体系（the Torrens title system）对所有权进行登记，而现有体系又被不透明的补偿性交易所损害，这些交易在法院遇到了挑战。政府最近为解决该问题做出了一些努力。《担保性土地所有权法案》（the Guaranteed Land Titling Bill）确保了印度城市地区土地所有权的安全，是对住房市场具有深远影响的一部法律，而近些年来大部分经济活动是在住房市场中发生的。由于在经济发展中不能很好地理解"担保性土地所有权"的重要性，中央政府在推进改革时提出了一个选项，要通过"尼赫鲁全国城市更新计划"获得中央政府对城市基础设施的资金支持，就必须实施该法案，由此促使各邦（印度政府体系中的第二层级）采取行动。不过，这种推动力还比较微弱，目前只有少数几个邦实施了该法案。将住房纳入法定权利之列会使各级政府承担起动员适当资源为低收入群体供应住房的义务。当然，没有救济的权利意义不大，需要形成适当的机制来促成该权利的实现。

（3）为保障性住房方案配置适足的金融资源：旨在改善贫民窟居住条件和建设保障性住房的大部分方案都没有取得较好成效，主要原因之一就是这些方案缺乏足够资源的支撑。中央政府将向经济弱势群体和低收入群体提供住房的责任下放给城市政府和其他城市机构的同时，却没有将金融资源同步下放，使得这些方案的实施更加缺乏资源支撑。经济弱势群体和低收入群体的住房需要政府参与，形式可以是公共租赁住房或公共产权住房（public ownership housing）。除了各政府机构通过前面讨论到的一些方案向其雇员提供很少一部分租赁住房外，印度已经基本上不存在公共住房（主要是租赁型）了。由于私人出租住房市场也很不发达，因而非常需要政府通过各种方式推动公共租赁住房建设，包括政府自己建造，以及通过公私伙伴关系引导需求或供应补贴的流向以激励建设低收入群体的住房。城市政府和其他城市机构都需要强化融资方面，使之能承担起实施这些方案的责任。"第十二个五年规划"（the Twelfth Five-Year Plan）（Planning Commission of India 2012 – 2017）提出了有关加强城市政府融资能力的三管齐下之设想——形成适当的税收和非税收的收入流、吸引私人资本投资以及将土地进行货币化处置。

（4）为保障性住房建设提供土地：除了前面讨论到的土地所有权问题外，征收土地用于保障性住房工程也是各种住房方案所面临的一种主要约束。印度大部分土地都是私有的，因而由公共机构进行征收会面临一系列挑战。在 2013 年之前，几乎不可能利用强制购买权力征收私有土地用于住房工程，因为住房不被认为是一种公共物品。但是，随着 2014 年新的土地征收法案的引入，强制征收私有土地用于公共住房建设成为可能，尽管成本比较高。土地成本高，尤其是在城市地区，进一步限制了保障性住房的供应。而且，城市范围内的可用土地极少。即便有可用土地，也可能不符合大规模建设保障性住房的要求。因而，保障性住房的大部分用地都靠近工业走廊或在城乡接合部的城市外围地区。但是，这些区位对低收入和中等收入居民都不太适合，因为他们通常都依赖公共交通。虽然 2007 年的《国家住房和人居政策》（the National Housing and Habitat Policy）规定，为低收入群体的住房建设预留开发面积的 20%～25%，但是进展缓慢，而且仅限于大城市边缘地区的开发项目。城市工作机构以及各类开发机构应该能承担起供应土地的责任，尤其是在城市内部。如果不能在城市内部供应土地，这些机构应该"创造出"新增用地，具体方式包括对基础设施走廊的扩展进行投资，开发出一些基础用地供住房开发企业购买等。

（5）建筑材料：通过国家建筑组织以及随后成立的建筑材料和技术促进委员会，政府已经推进了低成本建筑材料研发工作。全国各地设立了许多"建筑中心"，这在前面已经讨论到了。根据 Tiwari（2001）论证，相比传统建筑材料，这些新材料的使用显著降低了建筑成本。但是，这些技术还没有到能大规模采用的阶段。这些材料缺乏反响的原因可能有以下几方面：这些材料没有被纳入印度建筑法规，熟练使用低成本技术的工人较缺乏，开发商和家庭不愿意接受这些材料和技术。政府对采用低成本材料没有给予很强的激励，而且对于传统的砖石建筑也没有阻止。这些材料在市场中的接受度还不够。如 Tiwari（2001）所证明，低成本建筑材料和技术能显著降低住房成本，而不会降低住房的结构品质。而且，对于面临金融资源约束的项目，这些材料和技术还能更加省钱。

（6）将权力下放给地方政府：地方政府的能力已经阻碍了一些住房方案的实施。如果说第 74 次宪法修正案对地方政府而言是改变游戏规则，下一次宪法修正案就应该针对地方政府的治理问题。第 74 次宪法修正案没有涉及的两大领域是金融资源的下放和更清晰的治理机制。除非城市的地方机构被给予资金以履行其职能，否则地方治理仍将由各邦政府决定。"高级专家委员会"（High Powered Expert Committee）（HPEC 2011）建议金融资源直接从中央政府下放给城市的地方机构。这可能是在治理方面解决多种问题的一种手段，这些问题包括资金转移的可预见性、更好的资金杠杆以及放松邦政府对城市工作机构的控制。立法改革的第二个领域是区域治理。尽管第 74 次宪法修正案提出需要设立大都市或区域性的规划委员会，但是这些设想目前还停留在纸面上。明确区域性机构的功能，并为它们提供法定支持，推动区域转型，有助于消除区域发展的模糊性。

（7）市场分隔：印度住房市场的一个难题在于，一方面存在巨大的短缺，而另一方面，2011 年普查显示有 8% 的住房处于空置状态。虽然大多数大城市都要应对贫民窟问题，但同时也存在新建住房库存的问题，或者未售，或者空置。出现此种问题的原因在于，印度的开发企业只面向中高收入和高收入家庭供应住房。使用"黑钱"（black money）购买房地产也是印度当前普遍的做法。政府最近出台法规限制使用"黑钱"购买房地产，将抑制投资者对豪华住房的需求。

（8）促进人人享有住房的相关机构：虽然印度各种住房方案的客观成绩不是很理想，但是各种机构的建设取得了长足进展。印度已经在邦政府住房委员会和大都市相关机构方面建立起了一张覆盖广泛的网络，有能力推进住房建设。利用地方可用资源研发建筑材料和技术的建筑中心研究网络也已经形成。城市政府和其他工作机构正在地方层面建立一些民主化的机构。政府应该振兴这些机构，对其重新定位，使之承担起提供可负担住房的职责。

300 **参考文献**

Deepak Parekh Committee. 2008. *Affordable Housing for All*. Delhi: National Real Estate Development Council under the Ministry of Housing and Urban Poverty Alleviation. http://www.naredco.in/pdfs/report-high-level-task.pdf (retrieved on 4 January 2015).

Government of India. 2006. Constitution of India. Seventh Schedule, Article 246. doi:12/12/2014.

Government of India, Centre for Good Governance. 2003. *Housing for the Poor in India*. Delhi: Centre for Good Governance. http://www.cgg.gov.in/workingpapers/WP-4-PKM-Housing%20for%20the%20Poor.pdf (retrieved on 6 December 2014).

Government of India, Ministry of Home Affairs. 2011. Census of India. http://www.censusindia.gov.in (retrieved on 4 December 2014).

Government of India, Ministry of Housing and Urban Poverty Alleviation (MHUPA). 2013. *Affordable Housing in Partnership: Scheme Guidelines*. New Delhi: MHUPA. http://mhupa.gov.in/w_new/ahp-guidelines.pdf (retrieved on 2 January 2015).

Government of India, Ministry of Housing and Urban Poverty Alleviation, National Buildings Organisation (NBO). 2007. *Report of the Technical Group on Estimation of Urban Housing Shortage*. New Delhi: Government of India, Ministry of Housing and Urban Poverty Alleviation. http://mhupa.gov.in/ministry/housing/housingshortage-rept.pdf (retrieved on 29 December 2014).

——. 2012. *Housing Data Tables*. Delhi: Government of India, Ministry of Housing and Urban Poverty Alleviation. http://www.nbo.nic.in/Images/PDF/housing_data_table.pdf (retrieved on 19 December 2014).

——. 2013. *State of Housing in India: A Statistical Compendium, 2013*. http://www.nbo.nic.in/Images/PDF/Housing_in_India_Compendium_English_Version.pdf (retrieved on 19 December 2014).

Government of India, Ministry of Statistics and Programme Implementation (MOSPI). 2011. *Selected Socio-Economic Statistics, India 2011*. New Delhi: MOSPI. doi:03/12/2014.

Government of India, Ministry of Statistics and Programme Implementation, National Sample Survey Office (NSS). 2002. *Report No. 488: Housing Condition in India, Housing Stock and Construction*. Delhi: NSS. mail.mospi.gov.in/index.php/catalog/117/download/1378 (retrieved on 19 December 2014).

Government of India, Ministry of Urban Development, High Powered Expert Committee (HPEC). 2011. *Report on Indian Urban*

*Infrastructure and Services.* Delhi: HPEC. http://icrier.org/pdf/
FinalReport-hpec.pdf (retrieved on 4 January 2016).

Government of India, Planning Commission of India. 1951–1956. *First
Five Year Plan.* Chapter 35: Housing. New Delhi: Government of
India. doi:11/12/2014

——. 1956–1961. *Second Five Year Plan.* New Delhi: Government of
India. http://planningcommission.gov.in/plans/planrel/fiveyr/
index2.html (retrieved on 18 December 2014).

——. 1969–1974. *Fourth Five Year Plan.* Chapter 19: Regional
Development, Housing and Water Supply. New Delhi: Government
of India. http://planningcommission.gov.in/plans/planrel/fiveyr/
index4.html (retrieved on 18 December 2014).

——. 1980–1985. *Sixth Five Year Plan.* Chapter 23: Housing, Urban
Development and Water Supply. New Delhi: Government of India.
http://planningcommission.gov.in/plans/planrel/fiveyr/index6.
html (retrieved on 18 December 2014).

——. 1985–1990. *Seventh Five Year Plan.* Volume 2, Chapter 12: Housing,
Urban Development, Water Supply and Sanitation. New Delhi:
Government of India. http://planningcommission.gov.in/plans/
planrel/fiveyr/index7.html (retrieved on 18 December 2014).

——. 1992–1997. *Eighth Five Year Plan.* Volume 2, Chapter 14: Housing,
Water Supply and Sanitation. New Delhi: Government of India.
http://planningcommission.gov.in/plans/planrel/fiveyr/index8.
html (retrieved on 18 December 2014).

——. 2012–2017. *Twelfth Five Year Plan.* Volume 2 - Economic Sectors.
New Delhi: Government of India. http://planningcommission.gov.
in/plans/planrel/fiveyr/12th/pdf/12fyp_vol2.pdf (retrieved on 19
December 2014).

——. 2013. *Press Note on Poverty Estimates, 2011–2012.* New Delhi:
Government of India. http://planningcommission.nic.in/news/pre_
pov2307.pdf (retrieved on 3 January 2015).

Hingorani, P. 2011. *Revisiting Upgrading: Low-Income Housing and
Infrastructure.* Mysore: Indian Institute for Human Settlements
(IIHS). http://www.idfc.com/pdf/publications/Paper1-Housing-
Policy-Review-Final.pdf (retrieved on 18 May 2015).

Jones Lang LaSalle (JLL). 2010. *Upscaling Indian Real Estate: Ushering in
a Decade of Opportunities.* Delhi: JLL. http://www.joneslanglasalle.
co.in/india/en-gb/Research/Upscaling%20Indian%20Real%20
Estate-JLL.PDF?4b9a5bef-98f1-4b15-a0cb-c6aca29e1928
(retrieved on 3 January 2014).

Kumuda, D. 2014. Homeless Population in India: A Study. *Global Journal for Research Analysis* 3(8): 54–55. http://theglobaljournals.com/gra/file.php?val=August_2014_1408104924_16.pdf (retrieved on 20 December 2014).

302  Mathur, O. P. 2009. *Slum Free Cities: A New Deal for Urban Poor*. The National Institute of Public Finance and Policy (NIPFP). http://indiancities.berkeley.edu/2012/docs/Mathur-Final_Poverty_Rep.pdf (retrieved on 17 October 2015).

MHUPA. 2015. Rajiv Awas Yojana, Progress Reports, Ministry of Housing and Urban Poverty Alleviation, http://mhupa.gov.in/User_Panel/UserView.aspx?TypeID=1313 (retrieved 7 March 2016).

Sahu, G., Y. Zachariah, and S. Baksi. 2009. *National Level Background Document on Urban Issues and Concerns: Laying Foundation for Urban India Reforms Facility (UIRF) with Focus on Small and Medium Towns in India*. Mumbai: Urban India Reforms Facility, School of Habitat Studies, Tata Institute of Social Sciences. http://urk.tiss.edu/images/pdf/National-Leval-Background-Document.pdf (retrieved 6 January 2016).

Sibal, R. 2012. *The Untold Story of India's Economy*. London: LES Ideas. http://grammatikhilfe.com/IDEAS/publications/reports/pdf/SR010/sibal.pdf (retrieved 28 April 2015).

Sivam, A., and S. Karuppannan. 2002. Role of State and Market in Housing Delivery for Low-income Groups in India. *Journal of Housing and the Built Environment* 17(1): 69–88.

Tiwari, P. 2001. Energy Efficiency in Building Construction. *Building and Environment* 36(10): 1127–1135.

——. 2012. Mortgage Market, Character and Trends: India. In *International Encyclopedia of Housing and Home, Volume 4*, edited by S. J. Smith, M. Elsinga, L. Fox O'Mahony, S. E. Ong, S. Wachter, and A. B. Sanders. Oxford: Elsevier. pp. 451–458.

——. 2016. *The Towers of New Capital: Mega Townships in India*. Hampshire: Palgrave.

Tiwari, P., and P. Debata. 2008. *Mortgage Market in India*. London: Wiley Blackwell.

Tiwari, P., and J. Parikh. 2012. Global Housing Challenge: A Case Study of $CO_2$ Emissions in India. *SPANDREL Journal* 5: 96–104.

Tiwari, P., R. Nair, P. Ankinapalli, J. Rao, M. Gulati, and P. Hingorani. 2015. *India's Reluctant Urbanization: Thinking Beyond*. London: Palgrave Macmillan.

Wadhwa, K. 1988. Housing Programmes for Urban Poor: Shifting Priorities. *Economic and Political Weekly* 23(34): 1762–1767.

——. 2009. *Affordable Housing for Urban Poor*. New Delhi: National Resource Centre, School of Planning and Architecture, New Delhi. http://www.spa.ac.in/NRC/ThemePaperAffordableHousing.pdf (retrieved on 3 January 2015).

World Bank. 2015. Data: Population Total. http://data.worldbank.org/indicator/SP.POP.TOTL (retrieved on 15 June 2015).

# 第八章

## 中国（包括香港地区）的住房政策

李 惊

## 8.1 引言

本章分析中国（包括香港地区）的住房市场和住房政策，将会讨论经济和制度方面的差异如何影响到住房市场发展，以及住房政策在不同的制度和体系下如何运作。本章将回顾中国（包括香港地区）住房市场的发展历史，描述已经采取的各种住房政策，讨论不同政策手段对各种收入群体的影响，评价一些主要的住房政策，识别当前政策制定者在住房问题上面临的风险与挑战。

中国内地和香港地区的住房市场有一些共同特征，比如高度依赖房地产业维持经济增长，人口密集的城市地区有较高比例的高层建筑，过去十多年住房的可负担性在不断恶化，在婚姻与自有住房的关系上有一些文化共识，家庭收入以及住房资产上的不平等有所加剧。

但是，两个市场在经济和制度方面的差异也较明显。香港地区已经连续20年位于世界最自由经济体（the world's freest economy）之列，而中国内地仍然会沿袭一些计划经济时期的政策。香港地区已经是资本的自由港，而内地才开始推进金融自由化。香港地区已经步入后工业化阶段，而内地仍然在提升其制造业。最后，香港地区的社会福利体系偏向老年人和低收入人群（比如，更廉价的医疗服务和更高的最低工资水平，同时教育费用更高，低收入群体的所得税率更低），而内地的社会政策聚焦于年轻人和富裕人群（比如，基础教育费用和劳动力成本都更低，同时医疗服务费用更高，低收入群体的所得税率更高）。

　　不仅制度和历史背景有差异，两地的住房市场也处于不同发展阶段。香港地区在过去二十多年已经经历了一个完整的房地产周期，但在内地，许多购房者相信房价仍将继续上涨。香港地区由于土地供应较少，一直面临住房短缺问题，而在内地，由于城市化进程在加速，住房供应过多，从而推高了空置率。香港地区已经建立了较成熟的公共租赁住房（public rental housing，PRH）体系，将近30%的人口居住其中；但在内地，住房租赁市场的作用仍是微不足道的。香港地区已经取消了房产税（property tax）① 和遗产税（inheritance tax）②，而内地仍在努力促成两种税收的出台。

　　对香港地区和内地而言，有限的土地供应都使住房问题有所加剧。尽管为使房价"降温"而出台了各种措施和方案，香港地区的中位数房价与中位数家庭收入之比在 2010 年仍然维持在 11.8，到 2013 年又升至 14.9（Demographia 2015）。由于辖区内近2/3的面积是山丘，有限的土地供应成为香港地区解决住房问题的主要障碍。基于"地铁加房地产开发模式"（the railway and property development model），香港地区的规划策略是将大多数居民安置在能步行至地铁站的区域内，同时不开发或减少开发周边的绿带和周围岛屿。这种做法通过高地价和基础设施改善的方式推高了房价，而且很难逆转。

　　内地则由于其他原因而面临土地短缺问题。为了养活 14 亿人口，中国内地要维持 18 亿亩③农业用地。但是，地方政府经常无视该政策，而中央政府对强制推行该政策也缺乏兴趣。由于中央政府掌握财政资源的分配权，地方官员必须为有限的资源展开竞争，以促进地方发展。但是要从中央政府获得转移支付较为困难，所以地方官员倾向于投资，比如将城市土地出售给开发企业，将农业用地转化为城市土地，以此筹集资金用于改善当地的基础设施。这些做法经常不受公众监督④，也很少通过法律程序。

305

---

① 原文如此，可能有误。香港地区有关房地产的税收主要包括物业税（property tax）和差饷（rates）。其中，前者是直接税，是纳税人为在香港地区持有物业并出租赚取利润所缴交的税款，目前的计税公式是可收租金（除差饷外）减去维修及养护免税额20%后的15%；差饷是一种间接税，由差饷物业估价署计算每项物业的应课差饷租值，然后乘以一个百分比的差饷征收率。虽然两种税收都有一些减免情形，但并没有完全取消。比如，对于物业税，有限公司在为租金收入缴付了所得税后，便无须缴纳该税。对于差饷，香港地区曾在一些特殊情形下实施过宽免措施，比如 2003 年、2007 年以及 2015/2016 财年的第一、二季度。——译者注
② 香港从 1915 年开征遗产税，2006 年 2 月 11 日正式取消遗产税。——译者注
③ "亩"是中国用于计量土地面积的一个单位，相当于 666.5 平方米。
④ 有关强制征收土地以及城市居民重新安置没能获得补偿的事例，时有报道。

## 8.2 香港地区的住房政策

### 8.2.1 住房市场

1953 年石硖尾（Shek Kip Mei）这个外来移民的棚户区发生了一场大火，导致 5 万人无家可归，促使当时的港英政府开始提供公屋。之后在 20 世纪 70 年代，住房不足问题也开始引起政府的注意。1972 年，总人口中有 46% 居住在寮屋（squatter huts）或临时房屋（temporary housing）中；据报道，近 50% 的人口生活在需要重新安置的合住私人房屋中。

为了实现体面的居住条件，政府在 1975 年和 1976 年提出建造 18 万套住房的计划。结果，当地的开发企业在 20 世纪 70 年代末新建了许多私人住房，同时房价在 20 世纪 80 年代中期出现了快速上涨（见图 8.1）。私人住房价格在 1997 年上升到第一个顶峰，是 1984 年可比价格的 9.5 倍。1969 ~ 1997 年，地方国内生产总值（GDP）实现历史性的两位数增长，其中 1969 ~ 1974 年增长率为 14%，1976 ~ 1981 年增长率为 16%，1986 ~ 1994 年增长率为 11%。[①] 这一时期，私人住房自有率从 32% 上升至 52%。

306

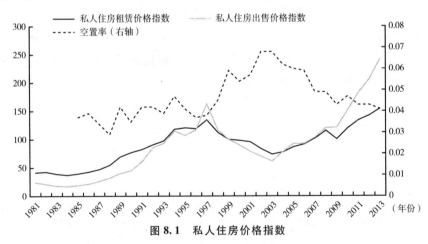

图 8.1 私人住房价格指数

资料来源：差饷物业估价署，http：//www.rvd.gov.hk/en/index.html? popup；政府统计处，http：//www.censtatd.gov.hk/home/index.jsp。

---

① 除了 1975 年、1982 年和 1984 年。

　　由于亚洲金融危机以及住房市场出现供过于求的现象，香港地区房价在1997～2003年跌幅超过了60%。市场条件变化如此迅猛，以至于政府和房地产开发企业都来不及对市场崩盘做出反应。在建的住房项目没有立即停工，按揭贷款也没有完全中断。住房供过于求使房价继续加速下跌，这给政府施加了巨大压力。随着政府停止实施其住房供应计划，私人住房的竣工量出现明显下降，市场开始通过自身进行调整（见图8.2）。

　　到2004年，房价逐渐平稳。由于认识到房价下跌和长期通货紧缩是造成当地投资和消费疲软的根本原因，政府重新确立了其在房地产市场中的角色。政策重心从供应新房转向城市更新和维护老旧建筑。政府推出了十大基础设施工程，以促进经济增长并在建筑和相关行业增加就业岗位。另外，还推出了"资本投资者入境计划"（the Capital Investment Entrant Scheme），允许非当地人士通过购买香港地区的住房获得永久居民（permanent citizenship）资格。

307

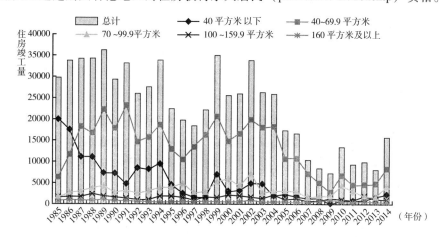

**图8.2　私人住房竣工量**

资料来源：差饷物业估价署，http：//www.rvd.gov.hk/en/index.html？popup。

　　重振当地经济并修缮老旧住房，是2003～2013年私人住房价格上涨320%的原因之一。另外一个主要原因是政府严格控制新房建设用地，这要归结于从环保角度强烈抗议相关问题，包括使用绿地、填海、开发新界（the New Territory）的土地，建设高速铁路连接香港地区和内地，后者会使两地经济往来更加紧密。①

① 反对者希望减少与内地在经济和政治上的联系，使香港地区保持一个特别管理区域的地位。

到 2014 年，68% 的人口居住在私人永久性住房①中，住房自有率为
51%。超过 15% 的自住房得到了各种住房方案的补贴，比如 "租者置其屋
计划"（Tenants Purchase Scheme, TPS）、"居者有其屋计划"（Home
Ownership Scheme, HOS）、"私营机构参建居屋计划"（Private Sector
Participation Scheme）、"中等收入家庭置屋计划"（Middle Income Housing
Scheme）、"可租可买计划"（Buy or Rent Option Scheme）以及 "按揭补贴
计划"（Mortgage Subsidy Scheme）。加上居住在公屋中的 30% 的人口，目前
超过 45% 的人口居住在政府支持的各类住房中（见图 8.3）。

308

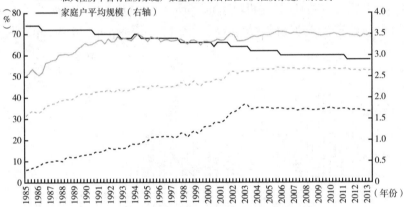

图 8.3　居民家庭的住房类型

资料来源：香港特别行政区政府统计处，"综合住户统计调查"，http：//www.censtatd.
gov.hk/surveys/ghs/index.jsp（2015 年 8 月登录）；香港特别行政区房屋委员会，"数据中的住
房"，　http：//www.housingauthority.gov.hk/en/common/pdf/about-us/publications-and-statistics/
HIF.pdf（2015 年 8 月登录）。

表 8.1 提供了不同年龄组详细的住房产权分布情况。相比其他群体，最
年轻组的自有率要低很多。要解释这种巨大的差异性，需要考虑到两种因
素：教育水平和职业结构。

从受教育年限看，年轻一代的受教育程度更高，这可能会推延他们就业
的时间（见图 8.4）。

① 相对 "临时性住房" 而言。——译者注

通常，受教育程度越高意味着拥有更好的工作前景，因而年轻一代已率先成为管理者、专业人士和辅助专业人员（见图8.5）。但是，管理岗位也需要经常轮岗，因而使年轻人更倾向于租房（Li 2014a）。

表 8.1　按年龄组分的住房产权占比

309

单位：%

| 年份 | 年龄 | 自有 | 租赁 | 年龄 | 自有 | 租赁 | 年龄 | 自有 | 租赁 |
|---|---|---|---|---|---|---|---|---|---|
| 1981 | 15～19 | 21.4 | 78.1 | 20～24 | 21.7 | 77.7 | 25～29 | 24.9 | 74.2 |
| 1986 | 15～19 | 25.1 | 72.3 | 20～24 | 24.1 | 72 | 25～29 | 28.7 | 65.6 |
| 1991 | 15～19 | 30.6 | 64.2 | 20～24 | 29.6 | 64.6 | 25～29 | 34.3 | 56.5 |
| 1996 | 15～19 | 27.6 | 61.9 | 20～24 | 28.5 | 62.3 | 25～29 | 32.7 | 56.6 |
| 2001 | 15～19 | 28.5 | 51.9 | 20～24 | 29.1 | 53.3 | 25～29 | 33.8 | 49.2 |
| 2006 | 15～19 | 30.4 | 49.9 | 20～24 | 29.1 | 48.2 | 25～29 | 34.6 | 47.2 |
| 2011 | 15～19 | 15.3 | 76.8 | 20～24 | 13.3 | 78.1 | 25～29 | 13.8 | 77.9 |
| 1981 | 30～34 | 27.2 | 72 | 35～39 | 24.5 | 74.9 | 40～44 | 25 | 74.5 |
| 1986 | 30～34 | 30.3 | 63.7 | 35～39 | 31.2 | 64.3 | 40～44 | 28.7 | 68.3 |
| 1991 | 30～34 | 35.3 | 53.9 | 35～39 | 35.4 | 55.3 | 40～44 | 36.3 | 56.7 |
| 1996 | 30～34 | 35.2 | 51.2 | 35～39 | 34.8 | 51.8 | 40～44 | 34 | 54.2 |
| 2001 | 30～34 | 36.8 | 45.8 | 35～39 | 37.4 | 44.2 | 40～44 | 35.7 | 45.2 |
| 2006 | 30～34 | 38.5 | 45.8 | 35～39 | 38.5 | 45.3 | 40～44 | 39 | 43.4 |
| 2011 | 30～34 | 13 | 81.8 | 35～39 | 10.1 | 86.2 | 40～44 | 8.8 | 87.9 |
| 1981 | 45～49 | 24.5 | 74.9 | 50～54 | 25 | 74.4 | 55～59 | 27.2 | 72.1 |
| 1986 | 45～49 | 29 | 68.4 | 50～54 | 28.6 | 68.3 | 55～59 | 28.8 | 67.5 |
| 1991 | 45～49 | 34.3 | 60.4 | 50～54 | 34.6 | 60.3 | 55～59 | 33.4 | 60.8 |
| 1996 | 45～49 | 34.5 | 55 | 50～54 | 33.2 | 57.9 | 55～59 | 33.7 | 57.3 |
| 2001 | 45～49 | 35.2 | 47.1 | 50～54 | 35.8 | 47.9 | 55～59 | 33.8 | 50.8 |
| 2006 | 45～49 | 37.5 | 42.6 | 50～54 | 36.5 | 43.7 | 55～59 | 37.5 | 43.6 |
| 2011 | 45～49 | 7.9 | 89 | 50～54 | 7.1 | 89.8 | 55～59 | 8.1 | 88.6 |
| 1981 | 60～64 | 28 | 71.3 | 65～69 | 28.9 | 70.6 | 70～74 | 29.3 | 70.2 |
| 1986 | 60～64 | 30.4 | 66.1 | 65～69 | 31.4 | 65 | 70～74 | 31.8 | 65.3 |
| 1991 | 60～64 | 32.7 | 60.6 | 65～69 | 33.8 | 60.2 | 70～74 | 34.8 | 59.4 |
| 1996 | 60～64 | 33.2 | 57.7 | 65～69 | 31.7 | 59 | 70～74 | 32.8 | 58.6 |
| 2001 | 60～64 | 33.8 | 51.1 | 65～69 | 32.7 | 52.1 | 70～74 | 32.4 | 53.3 |
| 2006 | 60～64 | 34.7 | 47 | 65～69 | 34.4 | 48.2 | 70～74 | 34.5 | 48.7 |
| 2011 | 60～64 | 10 | 86 | 65～69 | 10.5 | 84.9 | 70～74 | 13.1 | 81.6 |

资料来源：作者对普查微观数据的分析。

310

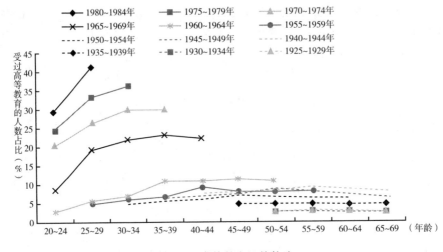

**图 8.4　高等教育组的轨迹**

资料来源：作者对普查微观数据的分析，复制自 Li（2014a）。

## 8.2.2　主要的住房政策

政府既是唯一的土地供应者，同时又是公共住房和私人住房的最大供应主体。在"地铁加房地产开发模式"下，香港房屋委员会（the Hong Kong Housing Authority）负责协调房地产开发企业与香港地铁公司（the Mass

311

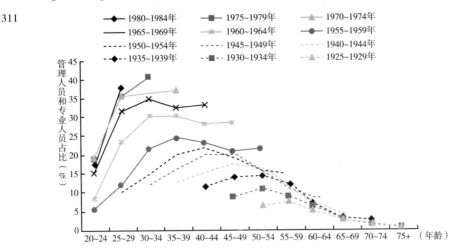

**图 8.5　管理者、专业人士及辅助专业人员的轨迹**

资料来源：作者对普查微观数据的分析，复制自 Li（2014a）。

Transit Railway Company）的住房工程项目。由于在香港回归之前对可售土地面积有限制[①]，该模式成功地将稀缺的可开发用地转化为酒店、办公楼、公园、购物中心、会议中心和公寓楼。该模式的成功之处还在于鼓励并吸纳私营部门的参与，而不是将它们挤出。直到最近，该模式在房地产市场开发方面都非常成功。[②]

作为一个非政府组织，香港房屋协会（the Hong Kong Housing Society）服务于居民的住房需求，在供应公屋和私人住房方面发挥了重要作用。1952～2013 年，它提供了 39697 套租赁住房，并向市场供应了 28373 套出售型住房（见图 8.6）。大部分租赁住房都是公屋，建于 1952～1982 年，而大部分出售型住房是在 20 世纪 90 年代按照"地铁加房地产开发模式"建于地铁沿线。除了供应住房，香港房屋协会还向公屋租户提供补贴，以满足购房需求。

312

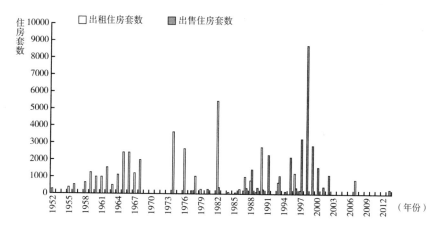

**图 8.6 香港房屋协会供应的住房数量**

资料来源：香港房屋协会，http://www.hkhs.com/eng/info/index.asp（2015 年 8 月登录）。

政府已经发布了一系列有关住房的政策文件，其中"长远房屋策略"（the Long Term Housing Strategy）最为全面。第一份策略报告发布于 1987 年，拉开了政府全面干预住房市场的序幕。该策略的目标是到 2001 年新建

---

① 香港回归之前，中国政府与英国政府在 1984 年针对香港的可售土地面积签署了一份协议。

② 启动于 2007 年和 2008 年的十大工程（ten megaprojects）引发了很多争论。最近所谓的"雨伞运动"（umbrella movement）反映出公众对房地产开发企业与政府关系的质疑。

96 万套住房，以满足市场需求。

该策略旨在以系统和渐进的方法应对主要的住房问题，比如：第一，公屋和私人住房的供需严重失衡；第二，工资上涨难以赶上房价的涨幅；第三，住房可负担程度在不断恶化；第四，年轻人越来越难以成为业主；第五，在中长期缺乏合适的住房用地。

313 但是，在 1999/2000 年之前，实际竣工量最大的 1989/1990 年也只有 53256 套（见表 8.2）。在 1998 年发布的随后一份策略中，进一步提出了一系列补贴住房的计划，以增加面向中低收入家庭的住房供应。

表 8.2　香港房屋委员会供应的住房

| 年份 | 公共租赁住房 | 中转房屋 | 居者有其屋计划或私营机构参建居屋计划 | 总计 |
|---|---|---|---|---|
| 1980/81 | 26769 | | 10178 | 36947 |
| 1981/82 | 31346 | | 4399 | 35745 |
| 1982/83 | 27879 | | 8268 | 36147 |
| 1983/84 | 28564 | | 10117 | 38681 |
| 1984/85 | 26354 | | 11576 | 37930 |
| 1985/86 | 29386 | | 18590 | 47976 |
| 1986/87 | 27073 | | 13178 | 40251 |
| 1987/88 | 19991 | | 5380 | 25371 |
| 1988/89 | 39518 | | 10946 | 50464 |
| 1989/90 | 33910 | | 19346 | 53256 |
| 1990/91 | 32619 | | 15612 | 48231 |
| 1991/92 | 21190 | | 13698 | 34888 |
| 1992/93 | 22148 | | 15322 | 37470 |
| 1993/94 | 19848 | | 24743 | 44591 |
| 1994/95 | 24440 | | 4004 | 28444 |
| 1995/96 | 14559 | | 19328 | 33887 |
| 1996/97 | 14946 | | 16878 | 31824 |
| 1997/98 | 17917 | 144 | 12040 | 30101 |
| 1998/99 | 9759 | 720 | 18020 | 28499 |
| 1999/00 | 31806 | 120 | 16558 | 48484 |

资料来源：香港房屋委员会，https://www.housingauthority.gov.hk/en/index.html（登录于 2015 年 8 月）。

年龄 - 时期 - 队列模型（age-period-cohort model）是人口学研究中广泛运用的一种模型（Yang and Land 2008），在此将其用于评价"长远房屋策略"对居民住房提升阶梯（housing career ladder）的影响。[①] 本章中，该模型通过其队列效应对家庭的按揭贷款进行风险分析，并利用年龄和时期效应检验"长远房屋策略"目标的实现程度。但是，该模型在方法论上面临的一大挑战是年龄、时期和队列等线性变量之间产生的共线性回归问题（Yang, Fu, Land 2004）。为解决该问题，引入了一种内生因子模型（an intrinsic estimator model）（Yang and Land 2008）。 314

　　图 8.7 显示了得到公屋、有补贴的私人住房、私人产权住房这三类房屋的年龄效应。三类住房都展现出共同的上升趋势。在 20～45 岁的人群中，20～29 岁的群体比其他年龄群体具有更高的住房拥有率，这意味着对于年轻人而言，购房是一个机不可失（now-or-never）的问题。由于大部分人在其二十多岁时没有足够的储蓄支付购房首付款，所以只有那些父母较富裕的年轻人才能在这个阶段登上住房阶梯（Li 2014b）。

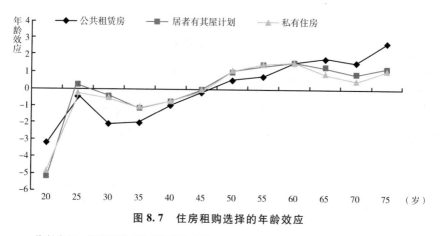

**图 8.7　住房租购选择的年龄效应**

资料来源：作者对普查微观数据的分析。

　　相比年龄效应，时期效应起到更加显著的作用。1987 年的策略提出平均每年建设 7 万套住房。在 1998 年的策略中，计划目标上升至每年 8.5 万套。1987 年，私人住房价格指数是 47；1998 年是 112.6。图 8.8 显示，1986～1990 年是最容易实现住房自有及获得公屋的时期，到 1996～2000 年时更加困难了，随后的难度不断增大。 315

<hr />

① 香港的住房阶梯通常有三个步骤：公屋（PRH）、获得补贴的私人住房（private subsidized housing）、私人产权住房（private homeownership）。最近，在 18 岁～35 岁的年轻人中，与父母合住的比例有所上升（Li 2014b）。

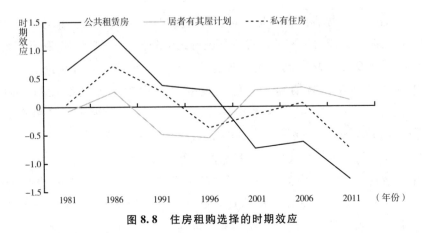

**图 8.8　住房租购选择的时期效应**

资料来源：作者对普查微观数据的分析。

　　"长远住房策略"没能解决供需缺口的问题。它不仅滞后于房地产市场运行的周期，而且实际上扩大了市场的波动性。1987 年的 7 万套住房计划可能出台得太早了，因为当时的房价已经开始上涨了。而 1998 年的 8.5 万套住房计划又可能出台得太晚了，因为当时的房价已经开始下跌了。政策效应在住房市场中的传导时间可能比政府预期的要更长。

　　总之，那些出生于 1961~1965 年的人面临融资困难或破产风险的可能性最小（见图 8.9）。这个队列的人在 1980~1984 年正好处于 25 岁~29 岁，当时的房价在过去的三十多年里是最低的。与之相反，那些生于 1980 年之后的人要登上住房阶梯是最为困难的，而"长远住房策略"从来没有很好地应对这个问题。

316

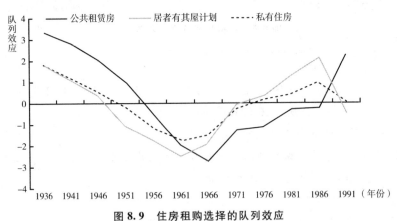

**图 8.9　住房租购选择的队列效应**

资料来源：作者对普查微观数据的分析。

### 8.2.2.1　公共租赁住房

在各种住房补贴中，公共租赁住房为香港地区不太富裕家庭的居住问题做出的贡献最大。基于轮候名单中针对申请者的一种配额与积分体系（a quota-and-points system），公共租赁住房面向年龄在 18 ~ 57 岁的非老年人申请对象。凡年满 19 岁的申请者，起步分就有 3 分，之后每年长 1 岁就增加 3 分。积分高的申请者享有优先权。目前的准入标准是，四口之家每月总收入不超过 20710 港元，且存款不超过 43.6 万港元。

为了支持公共租赁住房，政府承担了香港房屋委员会 50 亿港元的未偿还债务，并在 1980 年之后免费提供为期 40 年的土地使用权。到 2013 年底，超过 210 万人居住在公屋中。但是，由于很难监测这些家庭的情况，所以许多不符合条件的家庭仍然居住在公屋中。为了解决这个问题，对这些人员推行了优先购买居者有其屋计划中的住房以及实行完全市场化租金的做法。

### 8.2.2.2　居者有其屋计划

该计划起步于 1977 年，当时预计到 1985/86 年建成 4.2 万套住房用于出售，平均套型面积为 37 ~ 56 平方米。15 年期的分期付款利率为 7.5% ~ 9%，首付比例最低为 10%，由几家主要的银行为该类住房的购买提供信贷支持。最初，符合条件购买该类住房的家庭收入上限是每月 3500 港元。在 2003 年停止实施该计划之前，共有 22 万套住房建成并出售给低收入家庭。居者有其屋计划的一个优点在于，允许公屋租户以低于市场价格大约30% ~ 40%的折扣价购买一套住房，从而缩短了公屋申请者的平均轮候时间。该计划的缺点在于住房品质相对较低。

居者有其屋计划的申请者有两种表格形式：绿表（green form）适用于公屋承租人，而白表（white form）适用于私人住房承租人。两种表格的申请人必须年满 21 岁，家庭中必须有至少两位相关人。对于白表申请者，家庭月收入不能超过 1 万港元，而且没有任何家庭成员拥有任何私人住房。对于绿表申请者，如果他们愿意解除现有的租约，就没有收入方面的限制条件。

在 2012 年重新启动该计划时，推出了"扩展居者有其屋计划第二市场"（an extension of the HOS secondary market）至白表购房者的措施，配额是 5000 名申请者。居者有其屋计划的补贴项目包括"私营部门参建计划"（the Private Sector Participation Scheme）和"住宅发售计划"（the Flat-for-Sale Scheme），旨在缩短轮候时间，但是供应数量较为有限。

### 8.2.2.3 "8.5 万套住房计划"

在 1997 年就职时，行政长官董建华（Tung Chee-hwa）承诺在之后 10 年内使住房自有率从 52% 上升至 70%，公屋轮候的平均时间从 6.5 年降为 3 年。这个雄心勃勃的目标推动了 1999/2000 年之后公屋和私人住房的建设，被称为"8.5 万套住房计划"（the 85000 Plan）。该计划是指，为了实现行政长官提出的目标，政府和开发企业每年新建 8.5 万套公屋和私人住房。

只有 2000/2001 年的新房实际竣工量达到了 8.5 万套的水平（见表 8.3）。许多批评者认为该计划的主要问题在于其提出的时机正好在亚洲金融危机之后，因而加速了房地产泡沫的破裂，也使许多贷款购房者陷入负资产的泥潭。① 但是，该计划有一些优点，因为它使公屋申请者的平均轮候时间从 6 年下降至 3 年。

318

表 8.3　"8.5 万套住房计划"的主要绩效指标

| 主要绩效指标 | 1999/00 目标 | 2000/01 目标 | 2001/02 目标 | 2002/03 目标 | 2003/04 目标 | 2004/05 目标 | 2005/06 目标 | 2006/07 目标 |
|---|---|---|---|---|---|---|---|---|
| 新房建成数量（套） | 58000 (48500) | 90000 (89000) | 40000 (25100) | 36100 (29032) | 23800 (7860) | 21000 (22000) | 20000 (11400) | 7200 |
| 公屋平均轮候时间 | 全体为 6 年，老年人为 3.5 年 | 全体为 5 年，老年人为 3 年 | 全体为 4 年，老年人为 3 年 | 全体为 3.5 年，老年人为 2 年 | 全体为 3 年，老年人为 2 年 | 全体为 3 年，老年人为 2 年 | 全体为 3 年，老年人为 2 年 | 全体为 3 年，老年人为 2 年 |
| 用于出售的住房数量（套） | 52500 | 58100 | 35000 | | | | | |

资料来源：香港房屋委员会，https：//www. housingauthority. gov. hk/en/index. html（于 2015 年 8 月登录）。

### 8.2.2.4 租者置其屋计划

该计划开始于 1998 年，结束于 2006 年。旨在帮助公屋租户购买所居住的住房。所选择的楼宇按比例提供给租户购买。② 合法的租户必须年满 18 岁才符合购买条件，在家庭规模、收入及房产权等方面都没有限制。该计划允许购买者以 30% ~45% 的折扣价购买住房（见表 8.4）。具体折扣率取决

---

① 这些未曾料想到的效应也在很大程度上导致了董建华于 2005 年提前退休。

② 下列住房除外，比如老年人和小型家庭居住的住房、社会福利用途的住房以及有公用入口和公用设施的住房。

于住房品质和区位。

虽然供应很有限，而且执行时间较短，但是该计划帮助了大约 15 万租户购买住房。

表 8.4　租者置其屋计划的住房

| | 阶段 1 | 阶段 2 | 阶段 3 | 阶段 4 | 阶段 5 | 阶段 6A/6B |
|---|---|---|---|---|---|---|
| 折扣率 | 70% | 55% | 60% | 55% | 55% | 60%/55% |
| 住房数量（套） | 26900 | 27100 | 27500 | 26414 | 25728 | 25766/23290 |

资料来源：香港房屋委员会，https：//www. housingauthority. gov. hk/en/index. html（登录于 2015 年 8 月）。

### 8.2.2.5　自置居所贷款计划

该计划的目的在于重新安置一部分现有的公屋租户，这些租户的收入高于轮候申请者的上限。当公屋申请者轮到分配房源时，对于同一套住房可以有租赁和购买的选择。如果选择购买，能得到低于市场价 45% 的折扣，还能获得 13 年期 80 万港元的免息贷款，或 20 年期 60 万港元的免息贷款。平均购买成本相当于公屋租金的 2.7 倍，每月的购置成本相当于中位数家庭月收入的 30%。所出售住房的房龄必须在 30 年以内。

许多租户发现该计划缺乏吸引力，因为实际购买成本大约是租金的 3.5 倍，而且没有改善居住条件。相对于租赁，购买一套住房还需要付出维修等方面的额外成本。另外，与居住在同一套住房中的其他租户签订协议还会存在一些困难。不过，相比其他住房补贴方式，该计划对购房者而言是最便宜的。

### 8.2.2.6　夹心层住房计划

该计划旨在帮助中等收入家庭，这些家庭的收入水平（每月 30001～60000 港元）不符合公屋或居者有其屋计划的条件。该计划的成功申请者最多可获得相当于住房总价的 25% 或总额为 55 万港元的贷款，首次贷款购房者的按揭贷款利率在最优惠利率基础上增加 1% 或 2%。地价的一半以及所有的建设成本都由香港房屋协会支付。对于第二次贷款购房者，香港房屋委员会推行了 3 年期利息补贴计划和 5 年期免息还贷假期（repayment holiday）。① 这些措施将实际还贷利率降至比最优惠利率高出 2.12% 的水平。

---

① 即通过申请，向银行阐明当前所面临的困难，在银行批准的情况下，可以有一段时期暂时不偿还贷款。——译者注

由于香港房屋委员会面临财政方面的约束，该计划于 2002 年转交给香港按揭证券有限公司（the Hong Kong Mortgage Corporation）。超过 5700 户家庭受益于该计划，平均获得的贷款额为 47.5 万港元，但是在亚洲金融危机之后，就很难获得按揭贷款支持了。

### 8.2.2.7　首次置业贷款计划

首次置业贷款计划面向私营市场的首次购房者。该计划向符合条件的购房者提供低息贷款（利率为 2% ~ 3.5%），具体条件是月收入不超过 7 万港元，在香港地区没有产权房屋，而且近五年也不曾拥有过产权房屋。无法支付首付款的首次购房者可以获得相当于住房总价 30% 或总额为 60 万港元的贷款（两者以较低者为准）。在该计划下，超过 3.3 万户家庭和单身人士总共获得了 148 亿港元以上的贷款。然而，其中可能存在滥用该项贷款购买高端住房的现象，因为只有 20% 的成功申请者将贷款真正用于购买公寓住房。

### 8.2.2.8　反向抵押贷款计划

2011 年，香港按揭证券有限公司推出了反向抵押贷款计划，鼓励银行向 55 岁以上的老年人提供反向抵押贷款。表 8.5 详细说明了不同年龄组在不同付款期限下的相应情况。

**表 8.5　每月支付额度（以 100 万港元房产价值为单位）**

单位：港元

| 起步年龄 | 55 岁 | | 60 岁 | | 70 岁 | |
|---|---|---|---|---|---|---|
| 付款期限 | 一位借款人 | 两位借款人 | 一位借款人 | 两位借款人 | 一位借款人 | 两位借款人 |
| 10 年 | 3200 | 2800 | 3700 | 3300 | 5100 | 4600 |
| 15 年 | 2400 | 2150 | 2800 | 2500 | 3800 | 3500 |
| 20 年 | 2050 | 1800 | 2400 | 2100 | 3300 | 3000 |
| 终身 | 1650 | 1450 | 2000 | 1800 | 3100 | 2800 |

资料来源：香港按揭证券有限公司，http://www.hkmc.com.hk/eng/（登录于 2015 年 8 月）。

截至 2014 年，该计划只收到 624 份申请。申请数量较少的原因可能在于对该计划缺乏认识和了解，而且预期房价还将上涨。

### 8.2.2.9　辣招

所谓"辣招"（spicy measures），是香港立法会（the Legislative Council）和香港金融管理局（the Hong Kong Monetary Authority）为使过热的房地产市场"降温"，于 2010 年底联手采取的一系列限制性措施（见表

8.6）。"辣招"在短期对减少交易数量有一些影响，但对降低房价没有多大作用。

**表8.6　"辣招"详情**

| 措施 | SSD | 加强版 SSD | BSD | 双倍 AVD |
|---|---|---|---|---|
| 全称 | 额外印花税 | 加强版额外印花税 | 买家印花税 | 双倍从价印花税 |
| 起始时期 | 2010 年 11 月 | 2012 年 10 月 | 2012 年 10 月 | 2013 年 2 月 |
| 详情 | 出售持有时间在 6 个月以内的住房征收 15% 的额外印花税，6～12 个月的征收 10%，12～24 个月的征收 5% | 出售持有时间在 6 个月以内的住房征收 20% 的额外印花税，6～12 个月的征收 15%，12～24 个月的征收 10% | 对非香港永久居民购买任何类型住房征收 15% 的印花税 | 对所有类型的房产交易征收双倍从价印花税，包括住房和非居物业 |
| 即时效应 | 对减少住房交易量的影响较为有限 | 实施 3 个月后，由法人机构和非本地人士购买住房的交易量占总成交量的比重从 17% 迅速降至 4% | | 对抑制房价上涨的影响较为有限 |

资料来源：作者。

## 8.2.3　政策工具小结

表 8.7 概括了香港地区自 20 世纪 70 年代以来推行的主要住房政策。

**表8.7　香港地区住房政策矩阵**

| 名称 | 反向抵押贷款计划 | 居者有其屋计划 | 租者置其屋计划 | 自置居所贷款计划 | 首次置业贷款计划 | 夹心层住房计划 | 公屋 | 8.5 万套住房计划 | 辣招 |
|---|---|---|---|---|---|---|---|---|---|
| 时期 | 2011 年以来 | 1977～2003；2012 年至今 | 1998～2006 | 1988～2002 | 1998～2002 | 1993 年以来 | 1953 年以来 | 1997～2003 | 2010 年以来 |
| 政策目标 | 帮助老年业主改善退休生活 | 让境况更好的家庭退出公屋，为更需要住房的人腾出空间；为家庭提供私营市场以外的购房机会 | 帮助公屋租户以可承受的价格购买所承租的住房 | 鼓励购买私营市场的住房，为更需要住房的家庭释放并改造现有的租赁住房 | 帮助中低收入的首次购房者购买自有住房 | 帮助不符合公屋或居者有其屋计划的中等收入群体在私营市场购买自有住房 | 使有工作但收入较低的家庭居住在体面的住房中 | 在十年内使住房自有率从 52% 增加至 70%，将公屋轮候时间从 6.5 年降至 3 年 | 使过热的房地产市场降温 |

续表

| 名称 | 反向抵押贷款计划 | 居者有其屋计划 | 租者置其屋计划 | 自置居所贷款计划 | 首次置业贷款计划 | 夹心层住房计划 | 公屋 | 8.5万套住房计划 | 辣招 |
|---|---|---|---|---|---|---|---|---|---|
| 政策对象 | 年龄在55岁及以上有房产的居民，通常是富裕老人 | 居住在公屋中的低收入家庭，由于收入较低且存款少，难以在私营市场中购房 | 首次购房的公屋居民，进入住房提升阶梯的第一步 | 每月收入低于3万港元的公屋租户 | 每月收入低于7万港元的首次购房者 | 中等收入家庭（每月收入在30001~6万港元） | 低收入家庭 | 所有家庭 | 投机者，非本地购房者，高收入家庭 |
| 手段和政策内容 | 由香港按揭证券有限公司提供反向抵押贷款，相关银行收取费用并担保风险 | 符合条件的租户可以购买一套居者有其屋计划的住房，比估计的市场价便宜30%~40% | 由香港房屋委员会提供折扣价，相当于市场评估价的55%~70% | 由香港房屋委员会实施，最长20年的无息贷款或48个月的补贴 | 由香港房屋协会作为政府代理人进行管理，家庭收入低于3万港元的利率为2%，家庭收入在3万~7万港元的利率为3.5%，每年大约6000笔贷款 | 起初由香港房屋协会管理，后来移交给香港按揭证券有限公司，土地半价，所有建安成本由相关机构支出，房价略低于市场价 | 根据年龄和轮候时间，对符合条件的申请者实行配额和积分体系 | 使用一系列关键绩效指标去监测相关进展（新房筹措数量、公屋平均轮候时间、住房出售数量、住房贷款供应数量） | 执行额外印花税、买家印花税以及从价印花税，取消资本投资者入境计划 |
| 优点 | 灵活的支付和赎回条款，终身不用偿还，将房产释放为老年人定期且持续的现金流 | 1980~2004年，居者有其屋计划共成交22万套住房 | 共成交15万套住房，购房者享受了30%~45%的优惠 | 对于中等收入家庭是最便宜的购房方式 | 超过3.3万家庭和个人平均获得了45万港元贷款 | 超过5700户家庭平均获得了47.5万港元贷款 | 截至2013年底，超过210万人居住在公屋中 | 所有人的公屋轮候时间下降至3年，老年人的轮候时间降至2年 | 对抑制房价只有短期效应，抑制非本地人和投机者购房 |

续表

| 名称 | 反向抵押贷款计划 | 居者有其屋计划 | 租者置其屋计划 | 自置居所贷款计划 | 首次置业贷款计划 | 夹心层住房计划 | 公屋 | 8.5万套住房计划 | 辣招 |
|---|---|---|---|---|---|---|---|---|---|
| 缺点 | 不适用于低收入和无房者，参与率较低，但如果参与人数较多，又会拉大收入差距 | 将正好高过购买门槛的群体排除在外，而且高档住房较短缺 | 由于香港住房委员会在财政上面临困难，供应较少，实施时间较短 | 对公屋租户缺乏激励，而对大多数潜在购房者而言又不具有可支付性，另外签订出售协议的门槛较高 | 可能存在滥用贷款购买高档住房的现象，只有20%的贷款真正用于购买公寓，有批评者认为助长了房地产泡沫 | 1997年之后房价大跌，使得很难获得按揭贷款 | 很难监测家境改善的情况，因而一些不符合条件的人仍居住在公屋中，租金标准不能根据市场情况进行调整 | 出发点很好，但时机不对，正好碰上亚洲金融危机，被认为导致本已脆弱的房地产市场最终崩盘 | 只对成交量有一些短期效应，对抑制房价没有太多作用 |

资料来源：作者。

# 8.3　中国内地的住房政策

324

## 8.3.1　住房市场

在20世纪90年代以前，中国内地实行福利住房体系（a welfare housing system），向国有企业（state-owned enterprises，SOEs）职工提供公共住房。在该体系下，城市人口的人均居住面积从1949年的4.5平方米/人增加至1978年的6.7平方米/人（Gao 2010）。但是该体系给国有企业施加了沉重的负担，因而降低了住房供应效率。

为了解决住房供应效率不高以及数量不足的问题，在20世纪80年代中期，政府挑选了一些城市进行住房出售试点，以逐步改革福利住房体系。因此，市场从福利住房供应体系过渡到双轨体系（a dual-track system），包括福利住房和补充住房（1986~1995年），随后又过渡为商品住房体系（1995~1998年）。从1986年开始，四个城市在住房出售试点中将住房成本分成三大类：国家、地方企业和个人。经过15年的探索和试错，一种商品住房市场体系最终在1998年得以建立。自那以后，房地产市场飞速发展，城市化进程不断加速。到2013年，超过53%的人口生活在城市，而且人均居住面积也增加至 30.1 平方米/人。① 城市地区和农村地区的住房自有率分别增至 88% 和 96%，总体空置率接近 23%。②

虽然中国内地的城市化进程较快，但也出现了一些经济和社会问题。其中之一就是新毕业的大学生缺乏就业机会。由于缺乏高端就业机会，甚至连一些硕士和博士毕业生都发现找工作越来越困难。在大学求学时间更长通常意味着二、三线城市缺乏受过教育的劳动力，但对像北京、广州和上海这样的一线城市却并非如此。这是由于大部分顶尖大学都在一线城市，因而这些城市受过良好教育的劳动力供应过剩。而对于二、三线城市，情况却是相反的，因为这些城市在工资和城市多样性方面对受过良好教育的劳动力缺乏吸引力。

325 　　另一个问题是住房空置。由于实行独生子女政策，大多数在城市中出生于 20 世纪 80 年代和 90 年代的年轻人都没有兄弟姐妹。不过，该政策在农村地区的执行力度相对宽松些。这种差异导致城乡人口增长不平衡，也使租赁市场出现了扭曲。在 2000 年以后，在独生子女政策下出生于 1980 年以后的一代人陆续到了适婚年龄。由于住房方面的财富在家庭内部代际传递，城市夫妇可能面临拥有多套住房的情况，由此导致不少住房空置。但是，对于出生于农村地区选择在城市工作的人而言，这些存量住房难以负担。他们中的大多数人只有选择租房，因为房价租金比比房价收入比高。

实践中，全民所有的土地的使用权及其出让收益都由地方政府决定并归集。所有权与租赁权的分离使地方政府愿意征用更多土地用于更紧迫的用途，比如改善当地的基础设施，以低地价甚至零地价吸引外来直接投资。由于更高的经济增速会增加政治晋升的机会（Li and Zhou 2005），地方官员的最优策略是获取更多的土地批租收入以支撑 GDP 增长。而且，由于地方官员通常任期是五年，本届政府的决策成本往往由其继任者偿还。因此，借得越多，就越不可能由其自己偿还。土地出售价格和房价在过去十多年快速上涨也是预料之中的事了（见图 8.10）。

1994 年，中国内地启动了税收和财政改革，以取代之前自由裁量式的财政包干体系（the discretionary fiscal contract system）。根据新的财政分配体系，3/4 的制造业可变商品税（the variable product tax）被重新分配给中央政府

---

① 中国国家统计局，http：//www. stats. gov. cn/english/statisticaldata。

② 西南财经大学：《中国家庭金融调查》，http：//www. chfsdata. org/。

（见图 8.11）。为了支撑经济增长，地方政府不得不寻找其他收入来源。因而，土地批租收入成为弥补地方财政收入与支出之间缺口的重要渠道。2009 年的财政刺激政策增强了房地产市场与实体经济之间的关联，使地方官员在推动经济发展方面更加依赖土地批租（Deng et al. 2011）。

326

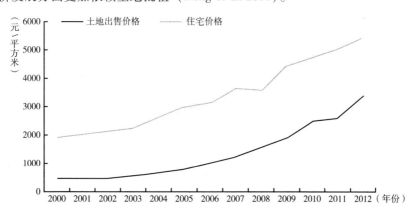

**图 8.10　土地出让价格和房地产价格**

资料来源：（中国）国家统计局，http：//data. stats. gov. cn/。

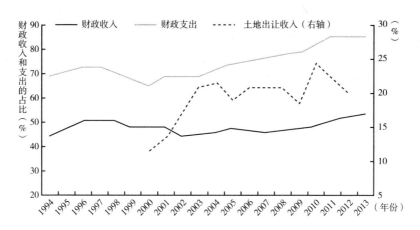

**图 8.11　地方政府财政收入和支出的占比**

资料来源：（中国）国家统计局，http：//data. stats. gov. cn/。

### 8.3.2　主要的住房政策

327

政府起初设定的目标是，80％的人居住经济适用房（Economic and Comfortable Housing，ECH），15％的人居住廉租房（Cheap Rental Housing，

CRH)，其他人居住私人住房。但是，1998/99 年的通货紧缩压力迫使政府放弃了这个目标，转而采取一些支持措施推动商品住房发展（见表 8.8）。

**表 8.8 推动住房市场发展的支持措施**

| 启动时间 | 发布机构 | 主要内容 |
|---|---|---|
| 1998 年 7 月 | 国务院 | 宣布建立商品住房市场 |
| 1999 年 2 月 | 中国人民银行 | 将一年期个人住房贷款利率降至 5.58% |
| 1999 年 9 月 | 中国人民银行 | 将五年期住房公积金贷款利率降至 4.14% |
| 1999 年 10 月 | 中国人民银行 | 将个人住房贷款偿还期限延长至 30 年 |
| 1999 年 10 月 | 国家税务总局 | 对住房公积金免税 |
| 2000 年 9 月 | 国家税务总局 | 租金收入税降至 3% |

资料来源：Li and Chiang (2012)。

2003 年，国务院正式宣布放弃将经济适用房作为主要供应房源的计划，市场进入了快速扩张时期。2003～2012 年，全国平均房价增长了 147%。这一时期实施了许多管制性和限制性的政策（见表 8.9），但是大部分措施都未能使市场降温，原因在于中央政府与地方政府之间的委托 – 代理问题（Gao 2010；Li, Liang and Choy 2011）。

过去二十多年，除了经济和金融政策外，还制定、采取了许多住房方案和措施。

### 8.3.2.1 经济适用房

1994 年《关于深化城镇住房制度改革的决定》中提出的经济适用房，是以全成本价或标准价向中低收入家庭供应的住房，其中标准价相当于全成

**表 8.9 为稳定市场而采取的管制性和限制性措施**

| 启动时间 | 发布机构 | 主要内容 |
|---|---|---|
| 2003 年 6 月 | 中国人民银行 | 最低首付款比例提高至 20% |
| 2005 年 3 月 | 中国人民银行 | 最低首付款比例提高至 30% |
| 2006 年 5 月 | 国家税务总局 | 对二手房交易征收营业税 |
| 2006 年 7 月 | 国家税务总局 | 对二手房交易征收增值税 |
| 2006 年 9 月 | 国家外汇管理局、住房和城乡建设部 | 禁止外国人购买商品房 |
| 2007 年 3 月至 2008 年 8 月 | 中国人民银行、住房和城乡建设部 | 先后 6 次提高住房贷款利率，13 次提高存款储备金率，6 次提高住房公积金贷款利率 |
| 2010 年 4 月 | 国务院 | 限制购买，限制贷款 |

资料来源：Li and Chiang (2012)。

本价加上不超过 3% 的利润（Li 2012）。该政策赋予省级及以下的地方政府相关自主权，包括制定经济适用房建设计划、识别符合条件的低收入家庭、为经济适用房的建设储备土地。地方政府被要求承担各项补贴成本并提供土地资源。中央政府不对价格优惠提供补贴。

考虑到收益问题，地方政府和房地产开发企业在这种制度安排下都没有建设经济适用房的动力。因为这种住房对地方政府的财政收入没有贡献，而 3% 的利润对房地产开发企业也没有吸引力。2000 年，经济适用房在房地产总投资中占 11%，2007 年降到只有 3%（见图 8.12）。大多数经济适用房是在地方政府和房地产开发企业的妥协合同（compromised contracts）下建成的；一旦开发企业希望竞得一些土地，就会被地方部门要求建设一些经济适用房。

329

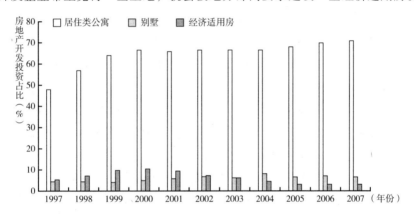

图 8.12　房地产投资的比例

资料来源：Li（2012）。

不过，地方官员有其他方面的激励供应经济适用房。2006～2010 年，北京市政府建设了 1500 万平方米经济适用房，用于安置因 2008 年奥运会而动迁的当地居民（Li 2012）。

如果开发企业与地方官员的关系很好，它们也会认为经济适用房项目有利可图。在南京，2002～2010 年由 34 家房地产开发企业承建的 76 个保障性住房项目中，有 65 个项目是由与地方政府关系紧密的开发企业承建的（You，Wu，Han 2011）；46 个项目由政府下属的 18 家房地产开发企业承建；14 个项目由 9 家从政府部门转制而来的房地产开发企业承建；5 个项目由 4 家国有企业下属的房地产开发企业承建。

由于没有取得显著成绩，经济适用房在 2008 年之后逐渐从政府文件中淡出了。

### 8.3.2.2 住房公积金

住房金融体系通常有两类：一种是融入更广泛金融体系中以市场为基础的机制，另一种是与金融体系中其他机构相互隔离的自助型封闭机制（Chen and Deng 2014）。住房公积金属于后者，是一种强制储蓄计划，为住房融资提供自助型信贷。作为一种自下而上的制度创新，住房公积金借鉴于新加坡的中央公积金制度。

公共部门和国有企业的单位与职工都要向住房公积金个人账户缴纳职工月收入 5% 的费用，由住房公积金中心负责日常管理。这些费用将用于职工今后购房的融资。

以往的研究已经列出了住房公积金的许多好处，比如稳定的存款流（Zhang 2000），清楚界定了政府和开发企业的角色与义务（Yeung and Howes 2006）。事实上，住房公积金也的确降低了为分配合适的住房而维持个人关系的交易成本。

截至 2012 年，住房公积金已有 1 亿多的缴纳者（Chen and Deng 2014）。最新的五年期及以上的住房公积金贷款利率是 4.7%，五年以内的贷款利率是4.2%。公积金贷款的最初期限是 30 年，最高额度是 104 万元。但是，自主就业和非正规就业的人员以及那些在私营企业工作的职工没有进入该体系；因此，全部城市职工中大约只有 1/4 的人进入了公积金体系（Wei, et al. 2014）。

### 8.3.2.3 廉租房

经过十多年改革，廉租房在"十一五"规划中重新成为推进的措施之一。2006 ~ 2010 年，计划建设 1100 万套保障性住房，2011 ~ 2015 年又安排了 3600 万套建设任务。新的廉租房准入标准是月收入低于 570 元，人均居住面积低于 7 平方米。

由于收入要求太低，大多数居民都不符合条件，因而廉租房没有得到很好的发展。而且，只有具有城市户口的居民才符合条件；新市民被排除在外。缺乏中央政府的强制执行，也使其效应有所减弱（Wei, et al. 2014）。该政策本来还可以促进政府重新利用老旧的空置住房以及改造棚户区。2014年，廉租房与其他形式的低租金住房合并为公共租赁住房。

### 8.3.2.4 "70/90 政策"

"70/90 政策"或"适当的住房发展计划"（the Adequate Housing Development Scheme），是指在 2006 年以后的新建商品住房中，套型面积 90

平方米以下的住房所占比重必须在 70% 以上。该政策旨在降低平均套型面   331
积，从而抑制不断上涨的房价，但几乎从一开始就失败了。在政策实施后，
新建住房中面积为 90 平方米以下的占比低于 35%：2007 年只有 22%，之后
若干年一直没有超过 33%（见图 8.13）。

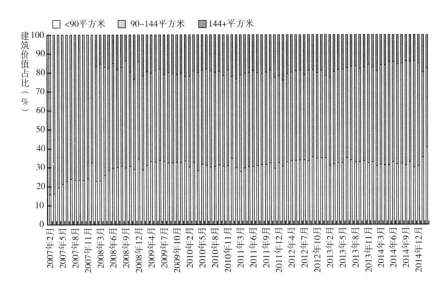

**图 8.13　新建住房的比例分布**

资料来源：（中国）国家统计局，http：//data. stats. gov. cn/。

对于此项政策，房地产开发企业设计出新的住房建筑方式，既能满足
90 平方米以下的建设要求，又能在出售时超过 90 平方米。其中一种方式是
在两套小户型住房中间添加分隔墙，每一套都符合"70/90 政策"，但两套
同时出售给一个购房者。随后，业主可以推倒这面墙，或者在墙上安装一道
门，将两套住房打通。另外一种方式是将两套住房——楼上楼下各一套——
出售给一个购房者，然后安装一个楼梯将两层打通。①

**8.3.2.5　限制购买和限制贷款**   332

2010 年 4 月 30 日，为了使过热的房地产市场降温，国务院发布了限制购
买（"限购"）政策。该政策对购房者的购买数量设定了上限。在 40 个大城
市，拥有本地户口的居民或特殊人才最多可以购买两套住房，非本地户籍人士

---

① 因此，购房者也成了建筑工人。这也就能解释为什么中国内地至今仍有 90% 的新房是未做
任何装修而出售的（被称为"毛坯房"）。

和外国人只能购买一套住房，而且购买第二套住房的间隔时间必须不少于2年。

与其他住房政策一样，限购政策在一开始就强调"为了抑制房价过快上涨"。这种表述传递了两层含义：第一，如果房价继续上涨，将是不能容忍的；第二，如果房价从现在开始下跌，是不合适的。事实上，政府希望看到房价继续呈上升态势，因为房地产行业在经济运行中比该行业增加值在总增加值中的占比表现得更为重要（Zhang，Han，Chan 2014）。

为了探究限购政策的效应，有研究采用了"右侧扩展的迪基－富勒检验"（a right-tailed augmented Dickey-Fuller test）。该检验被设计为前向递归方式（a forward-recursive manner），以识别出房地产泡沫的起始时间和崩盘时间（Phillip，Wu and Yu 2011）。该模型的假设是，住房市场的房价－租金比（the housing price-rent ratio）和股票市场中的价格－收益比（the price-earnings ratio）具有相似的泡沫模式，这种模式与 Case and Shiller（2003）界定的非理性泡沫（the irrational bubble）是一致的。

图8.14检测了东部沿海城市的住房泡沫情况。在99%的置信水平上，15个城市中有6个在2006/07年有泡沫迹象，但是在2007/08年只有深圳一个城市有泡沫迹象，而在2008/09年和2009/10年又分别有6个城市出现了泡沫迹象。在执行限购政策后，15个城市中没有一个城市在2010/11年出现泡沫迹象。但是，到了2011/12年，又有8个城市出现了泡沫迹象。在2012年以后，大多数城市都出现了泡沫迹象。

图8.15概述了对中部内地城市的泡沫检测情况。在99%的置信水平上，除呼和浩特外，大多数城市在2009/10年都没有发现房地产泡沫迹象。但是由于所有大城市都实施了限购政策，大多数中部内地城市自2011/12年以后史无前例地出现了泡沫。

与此相似，大多数西部内地城市在2010年以前都没有泡沫迹象，但由于限购政策抑制了刚性住房需求，2012年以后这些城市令人吃惊地出现了泡沫（见图8.16）。

333

**图8.14 东部沿海城市的住房泡沫**

|  | 2006/07 | 2007/08 | 2008/09 | 2009/10 | 2010/11 | 2011/12 | 2012/13 | 2013/14 |
|---|---|---|---|---|---|---|---|---|
| 北京 | × | × | × | ○ | × | × | ○ | × |
| 天津 | × | × | × | ○ | × | × | ○ | × |
| 大连 | × | × | ○ | × | × | × | × | ○ |
| 沈阳 | ○ | × | × | × | × | × | ○ | ○ |

续图

| | 2006/07 | 2007/08 | 2008/09 | 2009/10 | 2010/11 | 2011/12 | 2012/13 | 2013/14 |
|---|---|---|---|---|---|---|---|---|
| 济南 | × | × | × | × | × | ○ | ○ | ○ |
| 青岛 | × | × | ○ | × | × | ○ | ○ | ○ |
| 南京 | × | × | × | ○ | × | ○ | ○ | ○ |
| 上海 | × | × | × | ○ | × | ○ | ○ | ○ |
| 杭州 | ○ | × | ○ | × | × | ○ | ○ | ○ |
| 宁波 | ○ | × | ○ | × | × | ○ | ○ | ○ |
| 福州 | ○ | × | × | × | × | × | ○ | ○ |
| 厦门 | × | × | × | × | × | ○ | ○ | ○ |
| 广州 | × | × | ○ | × | × | ○ | ○ | × |
| 深圳 | ○ | ○ | ○ | ○ | × | × | ○ | × |
| 海口 | × | × | × | ○ | × | × | ○ | ○ |

注：○表示存在 3 个月及以上的泡沫；×表示其他情形。

资料来源：作者。

**图 8.15 中部内陆城市的住房泡沫**

| | 2006/07 | 2007/08 | 2008/09 | 2009/10 | 2010/11 | 2011/12 | 2012/13 | 2013/14 |
|---|---|---|---|---|---|---|---|---|
| 哈 尔 滨 | × | × | × | × | × | ○ | ○ | ○ |
| 长 春 | × | × | × | × | × | × | × | × |
| 石 家 庄 | ○ | × | ○ | × | × | ○ | ○ | ○ |
| 太 原 | × | × | × | × | × | × | ○ | ○ |
| 郑 州 | × | × | ○ | × | × | × | ○ | ○ |
| 合 肥 | × | × | ○ | × | × | ○ | ○ | × |
| 武 汉 | × | × | × | × | × | ○ | × | ○ |
| 南 昌 | × | × | × | × | × | ○ | ○ | ○ |
| 长 沙 | × | × | × | × | × | ○ | ○ | × |
| 呼和浩特 | ○ | × | × | ○ | ○ | × | ○ | × |

注：○表示存在 3 个月及以上的泡沫；×表示其他情形。

资料来源：作者。

**图 8.16 西部内陆城市的住房泡沫**

334

| | 2006/07 | 2007/08 | 2008/09 | 2009/10 | 2010/11 | 2011/12 | 2012/13 | 2013/14 |
|---|---|---|---|---|---|---|---|---|
| 西 安 | × | × | × | × | × | ○ | ○ | ○ |
| 兰 州 | × | × | × | × | × | ○ | ○ | × |
| 银 川 | × | × | ○ | ○ | × | × | ○ | × |
| 西 宁 | × | × | × | × | × | × | × | × |
| 乌鲁木齐 | ○ | × | × | ○ | ○ | × | × | × |
| 成 都 | × | × | × | × | × | × | × | × |
| 重 庆 | × | ○ | × | × | × | × | × | × |
| 昆 明 | × | × | × | × | × | × | × | × |
| 贵 阳 | × | × | ○ | × | × | × | × | × |
| 南 宁 | ○ | × | × | × | × | × | × | ○ |

注：○表示存在 3 个月及以上的泡沫；×表示其他情形。

资料来源：作者。

限购政策看来出台得非常及时。在 2010 年以前，35 个大城市的房价没有显著高于其基本面所决定的价格，尽管上海和深圳的普通商品住房市场以及北京和南京的高档住房市场出现了一些估值过高的迹象（Ahuja et al. 2010）。在 2009 年之后，可负担问题有所恶化，因为北京、杭州、上海和深圳等地的房价租金比已经超过了 40（Wu，Gyourko，and Deng 2012）。

与限购政策一样，中国人民银行在同一时期执行了限制贷款（"限贷"）政策。购买小于 90 平方米的首套住房，最低首付款比例是 20%。购买第二套住房，首付款最低比例是 50%。购买第三套住房，银行可以拒绝提供按揭贷款。在这种背景下，首付款最低比例是 30%。

虽然限购政策的初衷是抑制房价过快上涨，但是看来这些措施无法压制刚性住房需求。2013 年以后 70 个大（中）城市房价出现反弹，在 35 个城市中大部分都监测到房地产泡沫迹象，这些情况可能都是该政策的副作用。但是，在使过热的房地产市场降温方面，它比限贷政策更为有效（Li and Xu 2015）。

### 8.3.2.6  房产税试点

上海和重庆在 2011 年之后一直监测到有泡沫迹象，这也许能解释为什么这两个城市在 2011 年 1 月启动了房产税试点。这项试点旨在改变偏爱自有住房的相关政策，类似政策在低收入家庭对公积金使用不足问题上就有所体现。房产税收入将用于建造更多的廉租房，而且房产税本身也希望能引导业主出售空置住房。每年的应缴税额的计算方法为房价 ×（1 − 减免率）× 1.2% 或住房租金 × 12%。[①] 在上海，主要对新购买的住房征收房产税。而在重庆，主要对高档住房征收。

这项试点于 2014 年 12 月结束[②]。目前在建立房产税体系方面尚无具体

---

①  原文如此，可能有误。根据《上海市开展对部分个人住房征收房产税试点的暂行办法》，征收对象为该市居民家庭在上海新购且属于该居民家庭第二套及以上的住房（包括新购的二手存量住房和新建商品住房）和非该市居民家庭在上海新购的住房，计税依据目前为应税住房的市场交易价格，适用税率为 0.6%，特殊情况（应税住房每平方米市场交易价格低于全市上年度新建商品住房平均销售价格 2 倍的）税率暂减为 0.4%。根据《重庆市人民政府关于进行对部分个人住房征收房产税改革试点的暂行办法》，征收对象是独栋别墅、高档公寓以及无工作户口无投资人员所购第二套及以上住房，计税依据为房产交易价，适用税率分为几种情形（比如独栋商品住宅和高档住房交易单价在上两年该市主城九区新建商品住房成交均价 3 以下的住房，税率为 0.5%，3 ~ 4 倍及 4 倍以上的税率分别为 1% 和 1.2%，无户籍、无企业、无工作的个人新购第二套及以上住房的，税率为 0.5%）。——译者注

②  原文如此，可能有误。试点并没有结束。——译者注

时间表。令人惊奇的是，房产税试点似乎没有受到地方官员的欢迎，尽管它会增加地方财政收入。一方面，地方政府担心房地产收入的分配问题，因为明确规定并未出台，而1994年财税改革对希望财政收入最大化的地方政府而言又成了一个教训。另一方面，对于二三线城市而言，还没有对存量住房征税的迫切需要，因为这些地方政府仍然还有土地可以出售。不过，也许最重要的是，地方官员对于在全国建立一个能跟踪房地产所有权和销售成交情况的系统不感兴趣。

### 8.3.3 政策工具小结

表8.10概述了过去二十多年中国内地推行的主要住房政策和方案。

表8.10 中国内地住房政策矩阵

| 名称 | 住房公积金 | 经济适用房 | 廉租房 | 70/90政策 | 限购 | 房产税试点 |
|---|---|---|---|---|---|---|
| 时期 | 1991年以来 | 1995年以来 | 1999~2014年 | 2006年以来 | 2010年以来 | 2011年以来 |
| 政策目标 | 归集储蓄用于住房融资 | 为中低收入家庭提供可负担且体面的住房 | 帮助最低收入群体享受体面的居住条件 | 新建住房中90平方米以下的要占到70% | 抑制投机，限制已有两套房以上的业主，减少空置，强化对住房泡沫的监测，解决"70/90"政策的问题 | 抑制对高档住房的投机，限制新购，在全国加快建立一个房地产所有权和销售交易的系统 |
| 政策对象 | 公共部门和国有企业的职工 | 中低收入家庭 | 最低收入家庭 | 中等收入家庭 | 中等和高收入家庭 | 中等和高收入家庭 |
| 政策内容 | 单位与职工都要向住房公积金个人账户缴交职工月收入5%的费用，用于职工购买住房 | 全成本价或标准价，其中标准价相当于全成本价加上不超过3%的利润 | 月收入低于570元，人均居住面积低于7平方米 | 套型面积90平方米以下住房面积所占比重必须在70%以上；地方土地和建设部门履行监管职责 | 47个城市限购，非本地居民和外国人只能购买一套房，购买第二套住房的间隔时间不得少于2年 | 在上海和重庆试点，每年应缴税额被设定为，等于房价×（1-减免率）×1.2%或住房租金×12%，主要面向新购行为和高档住房 |

336~337

续表

| 名称 | 住房公积金 | 经济适用房 | 廉租房 | 70/90 政策 | 限购 | 房产税试点 |
|---|---|---|---|---|---|---|
| 时期 | 1991 年以来 | 1995 年以来 | 1999～2014 年 | 2006 年以来 | 2010 年以来 | 2011 年以来 |
| 优点 | 现金形式的住房补贴，稳定的储蓄，清晰界定了政府和开发企业之间的义务 | 在从福利住房体系向商品住房体系的过渡时期稳定了房价 | 促进政府重新利用老旧的空置住房以及改造棚户区 | 增加 90 平方米以下住房的供应 | 在控制房价过快上涨方面有积极作用（效应持续了 2 年），便于监测不符合条件的富裕家庭购买经济适用房 | 符合在试验和纠错中不断学习的传统 |
| 缺点 | 自主就业和非正规就业的人员以及那些在私营企业工作的职工没有进入该体系 | 地方政府面临沉重的财政负担，一些申请者的资格条件常常受到质疑 | 只有当地的城市居民才有资格申请，外来人员被排除在外，缺乏强制执行措施 | 分隔套型和分隔墙破坏了该政策的有效性，继续为购房者提供大户型 | 扭曲了市场运行，地方政府不愿意执行，在压制刚性需求方面过于严厉 | 地方政府很不愿意执行，全国住房信息系统的建设不断推延可体现这一点 |

资料来源：作者。

# 8.4 结论

338

内地和香港地区的经济体系有差异。内地是社会主义市场经济体制，而香港地区的自由市场特征更加明显。但在住房政策方面，"一国两制"的区分趋势较为模糊，因为香港地区有较多社会福利要素，而内地有较多市场竞争要素。

通过比较内地和香港地区执行的主要住房政策可以发现，相比促进公共住房或低收入住房发展的政策（比如住房补贴），鼓励私人住房和高收入群体住房发展的政策（比如扣减抵押贷款利息）在实现住房供应目标方面更为有效。在稳定住房价格方面，影响市场需求的政策（比如限制购买）比影响市场供应的政策（比如降低居住标准）更为有效。

内地的主要政策包括扣减抵押贷款利息（如住房公积金）、降低居住标准（如"70/90政策"）、管制贷款价值比和债务收入比（如限制房地产贷款）、在自住市场限制新购以及租赁市场的租金控制。香港地区的主要政策包括住房补贴、扣减抵押贷款利息、在自住市场对购买住房设定各种税收（如"辣招"）以及租赁市场的公屋。

通过审视这些住房政策，会发现其中一些已经偏离了预期效果。一些实证研究还发现，由于执行时机不当，一些政策事实上还加剧了房地产市场的波动。回顾这些政策可以得到不少教训。

从香港地区的"8.5万套住房计划"中可以得到的一个教训是，政策意图很好，但出台时机不当，会影响政策效果。对于政府更有效地回应市场变化的一个建议是，保留"勾地制度"（the land transaction application system）。该制度起步于1999年，在2013年被取消。"勾地制度"要求政府在出售土地之前，公开拟推出开发的地块。大型开发企业可以对感兴趣的地块按照事先与政府协商过的价格提出申请。该措施能稳定住房供应和需求，因为决策由市场做出，而不是政府。但是，该制度面临的主要批评是它也鼓励了政府与开发企业之间的共谋。

对照内地采取的限购措施，香港地区应吸取的另一个教训是，"辣招"在降低房价方面没有取得预期效果。这是由于增加交易成本和降低交易成本对经济效率的影响是不对称的，相比通过降低交易成本促进房价上涨，增加交易成本以降低房价的有效性更差。因此，内地的限购政策在长期改变房价上涨趋势方面是缺乏有效性的。但是，如果政府仅仅是想在短期内控制房价过快上涨，限购政策看来是能实现其目标的。事实上，相比一个市场导向的体系，限购政策在一个更加传统的计划体系中会更加有效。

香港地区主要的住房政策都是帮助公屋租户成为私有业主，但该目标远未实现，主要原因在于这些政策提供了不同类型的住房补贴——在激励自有住房方面，这是一种效率较低的方法（Yoshino，Helble and Aizawa 2015）。与此相似，内地的经济适用房计划也没有提高低收入家庭的住房自有率。相反，住房公积金在扣减抵押贷款利息方面取得了成功——在鼓励自有住房方面，这是一种更加有效的措施（Yoshino，Helble and Aizawa 2015）——这也是内地住房自有率较高的原因之一。

对于住房财富分配不均以及住房可支付性越来越低等其他一些住房

问题，目前还没有很好的解决办法。虽然针对房产税改革提出了一些富有价值的建议（Gao 2010），但是全国房产税体系建设不断被推迟的事实表明，中央政府与地方政府之间的关系较为复杂，这使得住房不平等的问题更难处理。一种建议是将农村居民安置到城乡接合部的住房中，从而增加土地供应。在这种情况下，农村居民依然难以获得教育和医疗资源，前者与年轻一代息息相关，而后者对老年人非常重要。通过向农村居民提供一次性补偿，地方政府获得了不少农村地区的集体土地。但这与政府当前的城镇化战略有所不同，城镇化战略更加关注安置从农村到城市的流动人口，这些人主要是中年人，而且在城市务工。长期目标是要提高农村地区年轻人的教育水平，并向老年人提供更好的医疗服务。其中涉及的补偿、个人发展及医疗卫生方面的资金可以从多方面筹集，比如中央政府的转移支付，奖学金还款和毕业生捐赠，用于城市发展的

340 自愿投资基金，类似于日本出现的家乡投资信托基金（the hometown investment trust fund）（Yoshino and Taghizadeh-Hesary 2014），以及养老基金和健康保险等方面的强制性计划，类似于香港地区的强制性公积金（the Mandatory Provident Fund）。

**参考文献**

Ahuja, A., L. Cheung, G. Han, N. Porter, and W. Zhang. 2010. Are House Prices Rising Too Fast in China? International Monetary Fund (IMF) Working Paper WP/10/274. Washington, DC: IMF.

Case, K. E., and R. J. Shiller. 2003. Is There a Bubble in the Housing Market? *Brookings Papers on Economic Activity* 2003(2): 299–362.

Chen, J., and L. Deng. 2014. Financing Affordable Housing through Compulsory Saving: The Two-Decade Experience of Housing Provident Fund in China. *Housing Studies* 29(7): 937–958.

Demographia. 2015. 11th Annual Demographia International Housing Affordability Survey. http://www.demographia.com/

Deng, Y., R. Morck, J. Wu, and B. Yeung. 2011. Monetary and Fiscal Stimuli, Ownership Structure, and China's Housing Market. National Bureau of Economic Research (NBER) Working Paper w16871. Cambridge, MA: NBER.

Gao, L. 2010. Achievements and Challenges: 30 Years of Housing Reforms in the People's Republic of China. Asian Development Bank (ADB) Working Paper 198. Manila: ADB.

Hong Kong Housing Authority. 1987. *Long Term Housing Strategy*. Hong Kong, China.

———. 1998. *Homes for Hong Kong People into the 21st Century*. Hong Kong, China.

Li, H., and L. A. Zhou. 2005. Political Turnover and Economic Performance: The Incentive Role of Personnel Control in China. *Journal of Public Economics* 89(9): 1743–1762.

Li, J. 2012. What Causes Insufficient Affordable Housing Provision in China? *Hong Kong Institute of Planners Journal* 27(1): 46–57.

Li, J., and Y. H. Chiang. 2012. What Pushes up China's Real Estate Price? *International Journal of Housing Markets and Analysis* 5(2): 161–176.

Li, J., Y. H. Chiang, and L. Choy. 2011. Central–Local Conflict and Property Cycle: A Chinese Style. *Habitat International* 35(1): 126–132.

Li, J., and Y. Xu. 2015. Evaluating Restrictive Measures Containing Housing Prices in China: A Data Envelopment Analysis Approach. *Urban Studies*. 0042098015594594 doi: 10.1177/0042098015594594.

Li, J. V. 2014a. Economic and Social Restructuring: Housing Implications for Young People in Hong Kong. SSRN Working Paper 2476268. Hong Kong, China: City University of Hong Kong Urban Research Group.

———. 2014b. 'I Am Not Leaving Home': Post-80s' Housing Attitudes and Aspirations in Hong Kong. SSRN Working Paper 2347914. Hong Kong, China: City University of Hong Kong Urban Research Group.

National Bureau of Statistics of China. http://www.stats.gov.cn/english/statisticaldata

Phillips, P., Y. Wu, and J. Yu. 2011. Explosive Behaviour in the 1990s NASDAQ: When Did Exuberance Escalate Asset Values? *International Economic Review* 52(1): 201–226.

Southwestern University of Finance and Economics. China Household Finance Survey. http://www.chfsdata.org/

Wei, Y., P. T. Lam, Y. H. Chiang, and B. Y. Leung. 2014. The Changing Real Estate Supply and Investment Patterns in China: An Institutional Perspective on Affordable Housing. In *Proceedings of the 17th International Symposium on Advancement of Construction Management and Real Estate*, edited by J. Wang, Z. Ding, L. Zou, and J. Zuo. Berlin, Heidelberg: Springer.

341

Wu, J., J. Gyourko, and Y. Deng. 2012. Evaluating Conditions in Major Chinese Housing Markets. *Regional Science and Urban Economics* 42(3): 531–543.

Yang, Y., and K. C. Land. 2008. Age–Period–Cohort Analysis of Repeated Cross-Section Surveys: Fixed or Random Effects?. *Sociological Methods & Research* 36(3): 297–326.

Yang, Y., W. J. Fu, and K. C. Land. 2004. A Methodological Comparison of Age Period Cohort Models: The Intrinsic Estimator and Conventional Generalized Linear Models. *Sociological Methodology* 34(1): 75–110.

Yang, D. T., J. Zhang, and S. Zhou. 2012. Why Are Saving Rates So High in China? In *Capitalizing China,* edited by J. Fan and R. Morck. Chicago: The University of Chicago Press.

Yeung. S., and R. Howes. 2006. The Role of the Housing Provident Fund in Financing Affordable Housing Development in China. *Habitat International* 30(2): 343–356.

Yoshino, N., M. Helble, and T. Aizawa. 2015. Housing Policies for Asia: A Theoretical Analysis by Use of Demand and Supply Model. ADB Institute (ADBI) Working Paper Series 526. Tokyo: ADBI.

Yoshino, N., and T. Taghizadeh-Hesary. 2014. Hometown Investment Trust Funds: An Analysis of Credit Risk. ADBI Working Paper Series 505. Tokyo: ADBI.

You, J., H. Wu, and S. S. Han. 2011. Origin and Diversity? The Chinese Property Developer in the Nanjing Affordable Housing Market. Paper prepared for the 17th Pacific-Rim Real Estate Society Annual Conference. Gold Coast, Australia. 16–19 January.

Zhang, W., G. Han, and S. W. W. Chan. 2014. How Strong Are the Linkages between Real Estate and Other Sectors in China? Hong Kong Institute for Monetary Research (HKIMR) Working Paper 11/2014. Hong Kong, China: HKIMR.

Zhang, X. Q. 2000. The Restructuring of the Housing Finance System in Urban China. *Cities* 17(5): 339–348.

342

# 索　引

──────

页码后所附的“f”，“n”和“t”分别指图、注释和表。

Green belts
    Hong Kong, China, 304
    Switzerland, 232
    United Kingdom, 218–19, 230, 254–55
Guangzhou, PRC, educated labor in, 324
Gyourko, J., 252

**H**
Hall, P. G., 219
Harvey, J., 44
Helble, Matthias, 1, 3, 4, 17, 62, 174
Hembre, E., 251
Hendershott, P. H., 252
Highly regulated markets, housing affordability and accessibility in, 100n2
Hilber, C. A. L. (Christian), 5, 210
    on housing markets, fiscal incentives in, 252
    on land restrictiveness, differences in, 220n8
    on mortgage subsidies, impact of, 226
    on regulatory constraints, 217
    on stamp duty increase, 229
    on subsidies for housing, 211n1
    on supply-side reforms, 230
    on Switzerland, primary home prices in, 242
    on Switzerland, tax increase in, 231–32
    on UK land planning system and housing prices, 218n4, 220–21, 220n8, 246n21
    on US, MID in, 37, 244, 250
Hingorani, P., 284
Hoesli, M., 234
Hohhot, PRC, housing bubbles in, 332, 333f
Home-equity loans, 119
    United Kingdom, 225
    in United States, interest deductions of, 37
Homeless population
    India, 268, 268t, 274
Homeownership and homeownership rates. *See also entries beginning "Owner-occupied"*
    Germany, 127
    Hong Kong, China, 305, 307, 339
    housing policies promoting, 7–8t, 12
    Japan, 12, 127, 127f, 146
    PRC, 324, 339

# 译后记

住房问题，既关乎民生，又涉及发展，是各国公共政策的关注重点。基于不同的国情和制度背景，各国住房体系都有所差异。即便同一国家在不同发展阶段，所采取的政策组合也会有所变化。因而，比较和分析各国住房政策，不能脱离基本制度因素。但是，住房政策比较必须要有一个理论框架，否则会成为各种案例的简单罗列。

这本由亚洲开发银行研究院牵头编写的著作，很好地处理了政策比较的难题，是住房政策研究的一本佳作。该书紧紧围绕住房的可负担问题，立足于亚洲新兴经济体快速推进城市化的背景，既借助一个模型化的理论框架开展数值模拟分析，又依据不同制度背景对典型国家（地区）的住房政策开展了深入分析。

在全面推进住房制度改革以来的二十年时间里，中国的住房发展取得了举世瞩目的成绩，但同时也面临不少挑战。尤其是近些年来，随着一些热点城市的房价不断快速上涨，房地产市场问题引起了各方高度关注。为了抑制房价过快上涨，先后出台了一系列调控措施。但从房地产市场平稳健康发展的角度看，我国的住房体系和基础性制度还有待健全。为此，中央多次强调要加快研究建立符合国情、适应市场规律的基础性制度和长效机制，要完善一揽子政策组合，既要抑制房地产泡沫，又要防止出现大起大落，实现房地产市场动态均衡。

要建立健全短期和长期相结合的长效机制和基础性制度，既需要理论指导，也需要借鉴国外有益经验。因而，本书的内容具有很高的参考价值。因为它不仅从理论上对各类住房政策的经济社会效应做出了模拟分析，而且全面介绍了一些国家（地区）所采取政策的积极效果与负面影响。希望住房政策制定者、研究者以及相关人士在仔细研读本书之后，都能获得一些启发。

　　在当前工作状况下，要独立完成译作，的确极具挑战性。但是为了在推进中国住房政策完善方面贡献绵薄之力，我仍然欣然接受了挑战。尽管在几个月里几乎付出了所有的业余时间，但在看到译稿初成时，我还是倍感欣慰。在此，我要感谢很多人，谢谢你们的指导、帮助和理解！由于水平有限，翻译中有不对不当之处，请各位不吝赐教。

　　最后，谢谢我的爱人琪和女儿珊姗，你们的支持永远是我不断前行的动力！

严　荣

上海市房地产科学研究院

2017 年 3 月 3 日

图书在版编目（CIP）数据

亚洲新兴经济体的住房挑战：政策选择与解决方案 /
（日）吉野直行，（ ）马蒂亚斯·赫布尔主编；严荣译
. --北京：社会科学文献出版社，2017.10
（亚洲研究丛书）
书名原文：The Housing Challenge in Emerging
Asia：Options and Solutions
ISBN 978 - 7 - 5201 - 0799 - 0

Ⅰ.①亚… Ⅱ.①吉… ②马… ③严… Ⅲ.①住房政
策 - 研究 - 亚洲 Ⅳ.①F299.3

中国版本图书馆 CIP 数据核字（2017）第 102983 号

亚洲研究丛书
亚洲新兴经济体的住房挑战：政策选择与解决方案

主　　编／吉野直行　马蒂亚斯·赫布尔
译　　者／严　荣

出 版 人／谢寿光
项目统筹／祝得彬
责任编辑／仇　扬　李　敏

出　　版／社会科学文献出版社·当代世界出版分社（010）59367004
　　　　　地址：北京市北三环中路甲 29 号院华龙大厦　邮编：100029
　　　　　网址：www. ssap. com. cn
发　　行／市场营销中心（010）59367081　59367018
印　　装／三河市尚艺印装有限公司

规　　格／开　本：787mm × 1092mm　1/16
　　　　　印　张：22.25　字　数：383 千字
版　　次／2017 年 10 月第 1 版　2017 年 10 月第 1 次印刷
书　　号／ISBN 978 - 7 - 5201 - 0799 - 0
著作权合同
登 记 号　／图字 01 - 2017 - 4122 号
定　　价／88.00 元

本书如有印装质量问题，请与读者服务中心（010 - 59367028）联系